Wolfgang Mecklenburg

Ex libris Buchkunst und angewandte Graphik

Wolfgang Mecklenburg

Ex libris Buchkunst und angewandte Graphik

ISBN/EAN: 9783743629967

Hergestellt in Europa, USA, Kanada, Australien, Japan

Cover: Foto ©ninafisch / pixelio.de

Weitere Bücher finden Sie auf **www.hansebooks.com**

# ZEITSCHRIFT

FÜR
BÜCHERZEICHEN — BIBLIOTHEKENKUNDE
UND GELEHRTENGESCHICHTE.

Organ des Ex-libris-Vereins zu Berlin.

Jahrgang IV.

GÖRLITZ,
1894.

Auftragsweiser Verlag von C. A. Starke, Königl. Hofl.

Inhalts-Verzeichniss zum IV. Jahrgang.

	Seite
Benoit, A., Die Ex-libris unter der ersten französischen Republik	14.
Bibliothekzeichen des Fürsten Ferdinand I. von Bulgarien	43.
Burger, Konrad, „Elzii et amicorum"	11.
„ Bücherzeichen von Ludwig Burger	98.
„ Bücherzeichen Otto Jahn's	98.
Deneken, Friedrich, Ein dithmarsisches Bücherzeichen vom Jahre 1582	80.
Eisenhart, A. von, Das Bücherzeichen des Passauer Kanonikus Rosinus	3.
„ Clemens August, Herzog von Bayern, Kurfürst von Köln etc.	8.
„ Die Ex-libris der deutschen Klöster	11.
„ Die Ex-libris der deutschen Klöster. Fortsetzung	48.
„ Die Ex-libris der deutschen Klöster. Schluss	92.
„ Zwei Bücherzeichen des Wolfgang Rehlinger zu Augsburg	20.
„ Anfrage, betreffend die Bücherzeichen der 13 Ritterkantone	37.
„ Dürer's Aeusserung über das Bücherzeichen des Michael Behaim	47.
„ Das grösste und das kleinste Bücherzeichen	54.
„ Mancherlei	63.
„ Conrad Peutinger und dessen Bücherzeichen	70.
„ Notiz	91.
„ Waaren- oder Firmen-Zeichen	98.
„ Zur Litteratur der Bücherzeichen: „J. Guigard, nouvel armorial du bibliophile"	100.
„ Bücherzeichen der Mandel von Deutenhofen	116.
„Elsässische Büchermarken bis Anfang des 18. Jahrhunderts, herausgegeben von Paul Heitz"	33.
Gerster, L., Jakob Christoph Blarer von Wartensee	114.
Leiningen-Westerburg, Karl Emich Graf zu, Verschiedenes	16.
„ „Ex-libris Ana"	23.
„ Ex-libris mit Ortsansichten	24.
Nochmals über: „Bücherzeichen"	64.
Romstoeck, Franz Sales, Erasmus Vendius	7.
Rosen, G. von, Liber domini Zütpheldi Wardenberg	7.
Rundschreiben des Ex-libris-Vereins an die Officier-Kasinos	60.
Seyler, Gustav A., Walter Hamilton über die deutschen Bücherzeichen. Eine Erwiderung	60.
Stiebel, Heinrich Eduard, Bücherzeichen einer Königin von Spanien	83.
„ Bücherzeichen mit Ortsansichten	88.
„ Bücherzeichen des Johann Cuspinianus (Spiessheimer) aus Schweinfurt	112.
„ Das Bücherzeichen des Sebastianus Linck	113.
„ Das Bücherzeichen der Bibliotheca Gottlobiana	118.

		Seite
Warnecke, Friedrich,	Ein Bücherzeichen-Muster von 1464	4.
"	Bücherzeichen des Dr. jur. Christophorus Hos	9.
"	Zur Kupferplatte eines Bücherzeichens des Martin Gerun in Waldsee	10.
"	Ex-libris Adolphi Schiel	15.
"	"English Book-Plates, by Egerton Castle"	21.
"	Ein Geberzeichen der Familie von Deizisau aus dem Jahre 1469	42.
"	Ein noch unbeschriebenes Bücherzeichen Johann Fischart's genannt Mentzer	44.
"	Hieronymus Wolf, geb. 1516, gest. 1580	46.
"	Das Bücherzeichen der Glücksbrunner Bergbibliothek	53.
"	Bücherzeichen, entworfen und gedruckt in der Reichsdruckerei	53.
"	Das Bücherzeichen eines Oesterreichischen Herolds aus dem ersten Drittel des 16. Jahrhunderts	56.
"	Das Bücherzeichen der reichsfreien Benediktiner-Abtei S. S. Ulrich und Afra zu Augsburg	57.
"	Die heraldischen und die Ex-libris-Vereine	58.
"	Ein Bücherzeichen mit dem Buchstaben W. H.	78.
"	Dr. med. Georg Wirth	82.
"	Ein elsässisches Bücherzeichen Derer von Gottesheim	83.
"	Colonel-Lieutenant Abraham Jaeger	86.
"	Das Bücherzeichen des Magisters Paul Crusius aus Mühlberg i. Th.	87.
"	Mittelalterliche Bücherschliessen	88.
"	Das Bücherzeichen der Frau Mathilde Abel geb. Berend	99.
"	J. Philipp von Stuffis	111.
"	Johannes Maximilian zum Jungen	115.
"	Die Bücherzeichen der schweizerischen Familie Perronan (Proroman).	117.
"	Dr. med. Christoph Salomon Schinz	118.
"	Ein französisches Ex-libris von 1779	119.
"	Das Bücherzeichen George Pflüner's	119.
"	Geliehene Bücher!	120.
"	Neue Ex-libris Litteratur	121.
19. Sitzung des Ex-libris-Vereins		1.
20. " " "		2.
21. " " "		39.
22. " " "		39.
23. " " "		40.
24. " " "		75.
25. " " "		75.
26. " " "		77.
27. " " "		109.
28. " " "		109.
29. " " "		110.
Redaktionelle Mittheilungen		34, 68, 102, 123.
Briefkasten		37, 74, 108, 127.
Tauschverkehr		74, 108, 127.

Verzeichniss der Abbildungen des IV. Jahrgangs.

Besitzer des Bücherzeichens:	Verfertiger:	Entstehungs-jahr:	Seite
Mathilde **Abel** geb. Berend	Josef Sattler	1893	99.
Anonym (Oesterreichischer Herold)		15..	56/57 (Beilage.)
Artillerie-Regiment	Richard Böhland	1894	67.
Augsburg, Evangel. Colleg	L. M. Steinberger	ca. 1500	25.
Auguste Victoria, deutsche Kaiserin u. Königin von Preussen	Georg Otto	1893	76/77 (Beilage.)
Kloster **Benediktbeuern**		ca. 1530	101.
Jacob Christoph **Blarer** von Wartensee		15..	114/115 (Beilage.)
Boudinot — Marrier du Vassery	P. Marillier del. D. Launay sc.	1770	118/119 (Beilage.)
Bücherzeichen-Muster v. 1494		1494	5.
Fürst Ferdinand I. von **Bulgarien**	A. de Foras del. Hirsch sc.	189.	43.
Ludwig **Burger**	Ludwig Burger	18..	58.
Paul **Crusius**		15..	87.
Johann **Cuspinianus** (Spiessheimer)		15..	112/113 (Beilage.)
von **Delzisau**		1499	42/43 (Beilage.)
O. U. **Ecker** Freiherr von Käpfing		1705	91.
Johann **Fischart** gen. Mentzer	Jost Amman	15..	44/45 (Beilage.)
Nicolaus **Franke**'s Bücherschliessen		15..	80.
Sebastian **Fridlin**		15..	122.
Adolf **Fritze**	Schulte vom Brühl	1893	36.
Johann **Gadner**	P. J. Jouer	16..	56.
Garde du Corps-Regiment	E. Doepler d. J.	1894	67.
Martin **Gerum**		16..	10/11 (Beilage.)
Glücksbrunner Bergbibliothek	J. H. Meil	17..	53.
von **Gottesheim**		15..	85.
Bibliotheca **Gottlobiana**	J. G. Bruchholz	17..	118.
Carleton **Greene**	Miss E. A. Greene	1893	31.
W. **H(aering)**		1536	78/79 (Beilage.)
Hauseck		16..	98.
Heidelberg (Conventus Societatis Literariae?)	Egidius Verelst	176.	27.
Christophorus **Hoe**		15..	8/9 (Beilage.)
Abraham **Jaeger**	Abraham Jaeger	1771	86.
Otto **Jahn**	Ludwig Richter	18..	98.
Infanterie-Regiment Grossherzog Friedrich Franz II. von Mecklenburg-Schwerin (4. Brandenb.) No. 24.	Ad. M. Hildebrandt	1894	67.
Joh. Max **zum Jungen**		15..	115.
Christoph Friedrich **Kress** von Kressenstein		ca. 1690	26.
K. E. Graf zu **Leiningen-Westerburg**	Ernst Krahl	1893	20.

Besitzer des Bücherzeichens:	Verfertiger:	Entstehungs-jahr:	Seite.
Sebastian **Linck**		15..	113.
Mandel von Deutenhofen		16..	116/117 (Beilage.)
Marine-Akademie zu Kiel	Georg Otto	1804	67.
École **Massillon**	Cl. E. Thiéry	188.	32.
Oelhafen von Schöllenbach		16..	47.
Perroman (Praroman)		1606	117.
Conrad **Peutinger**		1516	80/81 (Beilage.)
George **Plümer**	Reinhold Thiele	189.	120/121 (Beilage.)
Boguslaw von **Rautenberg-Garczynsky**	Clemens Kissel	1803	65.
W. von **Rehlingen**		15..	20/21 (Beilage.)
desgl.		15..	21.
Reichsdruckerei			
Amts-Büchersammlung	⎫	180.	54/55 (Beilage.)
Muster-Sammlung	G. Voigt	189.	90/91 (Beilage.)
Ex-libris-Rahmen	⎭	189.	54/55 u. 90/91 Beil.
Stephanus **Rosinus**	Dürer's Schule	15..	4/5 (Beilage.)
Adolph **Schiel**	E. Doepler d. J.	1803	10
Christoph Salomon **Schinz**	D. Chodowiecki	1792	118.
von **Stallburg**	Peter Fehr	17..	24/25 (Beilage.)
J. Philipp von **Stuffis**	Monogramm M. A.?	15..	111.
Marcus **Swyn**		1582	82/83 (Beilage.)
Zütphen **Wardenberg's** Bücherschliessen		15..	6/7 (Beilage.)
Winterthurer Stadtbibliothek (2 Varianten)	J. R. Schellenberg	17	17.
Georg **Wirth**		15..	83.
Hieronymus **Wolf**		157.	46/47 (Beilage.)

Zeitschrift

für

Bücherzeichen — Bibliothekenkunde

und Gelehrtengeschichte.

IV.   Berlin, im Januar 1894.   **№ 1.**

Der jährliche Preis der „Ex-libris-Zeitschrift" beträgt für Mitglieder 12 (sonst 15) Mark. — Anzeigen für die „Ex-libris-Zeitschrift" werden von C. A. Starke, Kgl. Hofl., Görlitz, Salomonstr. 39 entgegengenommen.

19. Sitzung des Ex-libris-Vereins.
Berlin, den 13. Juni 1893.

Vorsitzender: Herr Geh.-Rath Warnecke.

Der Herr Vorsitzende zeigte unter Anderem:

1. Das Bücherzeichen mit dem Monogramm M. A. (welches in dem Oktoberheft der Zeitschrift näher beschrieben ist). — Herr Prof. E. Doepler d. J. bemerkt, das Blatt sei ein feiner Ornamentstich des 16. Jahrhunderts, wohl von einem Goldschmiede.

2. Mehrere Arbeiten des † Ludwig Clericus (zum Theil für den eigenen Gebrauch); Bücherzeichen des Waisenhauses zu Halle; des Freih. Valentin Ferd. v. Gudenus (Wappen mit 5perliger Freiherrnkrone).

3. Das von Herrn Grafen zu Leiningen-Westerburg eingesandte Bücherzeichen des Königl. bayer. I. Kürassier-Regiments Prinz Karl, welches der Vorlegende als ein nachahmenswerthes Beispiel bezeichnet. Herr Amtsrichter Dr. Béringuier empfiehlt den Erlass eines Rundschreibens an die verschiedenen Regimenter zur Einführung von Bücherzeichen für die Regiments-Bibliotheken. Auf mehrfache Anregung verspricht Herr Dr. Béringuier den Entwurf eines Cirkulares in die nächste Sitzung mitzubringen.

Herr Prof. E. Doepler d. J. zeigte das von dem Maler Grafen Ferdinand von Harrach für sich selbst gezeichnete Ex-libris.

Herr Georg Otto legte die Originalzeichnung zu einem Bücherzeichen für das Stift Kremsmünster in Oesterreich vor; Herr Amtsrichter Dr. Béringuier ein Buchhändler-Zeichen des Französischen Gymnasiums vom Jahre 1835 für Ludwig B.

Herr Wolfgang Mecklenburg machte auf einen in der Pariser Zeitschrift L' Eclair vom

21. Mai 1893 enthaltenen längeren Aufsatz über Bücherzeichen aufmerksam.

Berlin, den 16. Juli 1893.

Der Schriftführer:
Seyler.

20. Sitzung des Ex-libris-Vereins.

Berlin, den 26. September 1893.

Vorsitzender: Herr Geh.-Rath Warnecke.

Wegen Umbau des Vereinslokals wurde diese Sitzung des Ex-libris-Vereins am 26. statt am 10. September abgehalten, wovon die Mitglieder durch besondere Zuschriften rechtzeitig benachrichtigt worden waren.

Der Herr Vorsitzende legte verschiedene interessante Bücherzeichen seiner Sammlung vor, so dasjenige des aus einer Schweizer Familie stammenden Johann Peyer von Flach, einen Kupferstich aus dem 17. Jahrhundert; das Bücherzeichen des Wilhelm Alex. Balavs, ein von Tyroff gestochenes Bibliothek-Inneres mit dem Spruch: „Ducimur his ducibus. Divae sub Tecta Minervae."; ein Bücherzeichen mit der lithographischen Inschrift: „Universität Erlangen. Extrabewilligung von vierzigtausend Mark 1892/93. Zum Gedächtniss der vom Landtage der Universität für Nachschaffung von Büchern bewilligten 40000 Mark"; sodann das Ex-libris von G. Schuh, dessen Inschrift, zugleich als Beitrag zu den in der Ex-libris-Zeitschrift früher bereits veröffentlichten Bücherzeichen-Inschriften, hier folgen möge:

„Liebes Büchlein lass' Dir sagen,
Wenn Dich Jemand will forttragen,
Sag' nur gleich: Lass mich in Ruh! —
Ich gehör' dem Georg Schuh."

Herr Schatzmeister Max Abel zeigte das Bücherzeichen eines Hamburger Kaufmanns Rahmeyer, der sich, der in der Aufschrift enthaltenen biographischen Notiz zufolge, noch im hohen Alter ein Bücherzeichen anfertigen liess. Die betreffende Aufschrift lautet:

„Benedix Wilhelm Rahmeyer, alt 80 Jahr. Kaufmann, Bürger zu Hamburg. Geb. Oct. 29. Ao. 1705. Coelum quid quaerimus vltra!"

Ferner liess Herr Geh.-Rath Warnecke ein von Joseph Sattler gefertigtes für Herrn Friedrich Franz Grafen von Hahn-Basedow bestimmtes Bücherzeichen cirkuliren. Das dunkelgrün gehaltene, mit Gold zart touchirte Blatt stellt ein Bibliothek-Inneres dar und trägt an einer Säule einen Wappenschild mit dem Darguner rothen Hahn. Herr Regierungsrath von Rosen zu Stralsund hatte den Gypsabguss zweier alter Metall-Bücherschliessen gesandt, von denen die eine die Inschrift trägt:

Lib. d. Zutpheldi wardebarch

die andere:

Archidiaconi Rostochen(sis).

Die Versammlung giebt dem Wunsche Ausdruck, dass diese beiden Bücherschliessen in der Ex-libris-Zeitschrift zur Abbildung gelangen mögen und Herr von Rosen demzufolge ersucht werde, den Originalband auf einige Zeit dem Verein leihweise zu überlassen. Die Eignerbezeichnung auf den Buchschliessen dürfte sich nur bei sehr wenigen Büchern befinden.

Herr K. E. Graf zu Leiningen-Westerburg in München hatte 6 anonyme Bibliothekzeichen aus dem 17. 18. u. 19. Jahrhundert eingesandt mit dem Ersuchen, dieselben in der Sitzung cirkuliren zu lassen und eventuell ihm die Namen der einstigen Besitzer anzugeben. Eine genauere Auskunft konnte jedoch von den anwesenden Mitgliedern nicht ertheilt werden.

Eine Zuschrift des Herrn von Zobeltitz, Redakteurs des „Daheim", an die Redaktion unserer Zeitschrift gelangte zur Verlesung, wonach ein längerer, mit Abbildungen versehener Artikel über Ex-libris in einer der nächsten Nummern des „Daheim" zur Veröffentlichung kommen soll.

Die Versammlung nahm ferner von der Absicht des Herrn George Ravenscroft Dennis in London, ein englisches Werk über deutsche Bücherzeichen zu publiciren, Kenntniss und gab der Hoffnung Ausdruck, dass der Herr Verfasser namentlich werthvolle, bisher unveröffentlichte Originale der älteren Zeit, wie sie in den Sammlungen von Mr. Augustus W. Franks u. A. enthalten sein sollen, berücksichtigen werde.

Die Juli-August- und Septemberhefte des englischen Ex-libris-Journals wurden mit einigen erläuternden Worten in der Versammlung zur Besichtigung herumgereicht.

Berlin, 10. Oktober 1893.

In Vertretung des Schriftführers:

Wolfgang Mecklenburg.

Dem Ex-libris-Verein sind als Mitglieder ferner beigetreten:

1. Bibliothek des Börsen-Vereins der Deutschen Buchhändler zu Leipzig.
2. Miss Edith Anne Greene, 14 Royal Park, Clifton, Bristol, (England).
3. Charlotte Freifrau Grote, geb. Freiin Grote, auf Schloss Wedesbüttel bei Meine (Prov. Hannover).
4. Herr A. E. Bartz, Direktor, Berlin, N.O., Kaiserstrasse 39/40.
5. Henry Blackwell, Esq., Woodside, Long-Island, New-York, U. S. A.
6. Herr Konrad Burger, Kustos am Deutschen Buchgewerbe-Museum und Bibliothekar des Börsenvereins der Deutschen Buchhändler, Leipzig (Buchhändlerhaus).
7. Herr Dr. Oskar Eisenmann, Königl. Museumsdirektor, Kassel, Richardsweg.
8. Herr Pfarrer L. Gerster, Kappelen bei Aarberg, Kanton Bern, Schweiz.
9. Herr Edward Habich, Kassel, Karlhäuserstrasse 17.
10. Colonel Acton C. Havelock, Bolingbroke, Ealing near London.
11. Herr Franz Freiherr von Lipperheide, Berlin W., Potsdamerstrasse 38.
12. Herr Verlagsbuchhändler Paul Parey, Premier-Lieut. a. D., Berlin S.W., Hallesche Strasse 28. II.
13. Herr Dr. med. Gottlieb Schaumlöffel, Kassel, Hohenzollernstrasse.
14. Herr Adolf Schiel, Kapitain der reitenden Artillerie der südafrikanischen Republik (Transvaal), Rossbach, Distrikt Zoutpansberg.
15. Herr Moriz Maria Edler von Weittenhiller, Hoch- und Deutschmeisterischer Rath, Wien I. Hegelgasse 6.

Das Bücherzeichen des Passauer Kanonikus Rosinus.

Auf dem in diesem Hefte trefflich wiedergegebenen Blatte sehen wir unter einem von kannelirten Säulen getragenen und von Laubgewinden gezierten Renaissance-Rundbogen das bei Warnecke unter No. 1787 beschriebene Wappen des Rosinus, dessen quer getheilter Schild in der Mitte des (herald.) rechten Feldes eine Rose, im linken einen wachsenden Adler zeigt. Über dem Schilde sind Helm und Krone angebracht; ersterer von einer meisterhaft behandelten Decke eingefasst, welche sich zu beiden Schildseiten herabzieht. Als Kleinod prangt ein stattlicher Adler, dessen ausgebreitete Flügel mit je einer Rose besteckt sind. Seitlich von diesem (rechts) befindet sich ein kleiner Altar — auf dem Bilde Gott Vater mit der Weltkugel — eine bei klerikalen Ex-libris jener Zeit bisweilen wiederkehrende Darstellung.

Ob nun der Holzschnitt aus Dürer's Künstlerhand hervorgegangen, mag dahin gestellt bleiben, dagegen dürfte die prachtvolle Behandlung der Decke mit Sicherheit auf Dürer's Schule weisen. Die schwungvolle, korrekte Zeichnung, verbunden mit feinem Stilgefühle, lässt uns dieses Bücherzeichen den besten aus dem ersten Drittheile des 16. Jahrhunderts zur Seite stellen.

Wie ärmlich stechen dagegen die meisten Helmdecken des vorigen Jahrhunderts ab, in welcher Zeit das Verständniss für Wappenkunst fast völlig abhanden gekommen war. . . . Auffallend erscheint, dass die Decke (mantling) in der englischen Heraldik eine so unkünstlerische und irrige Behandlung gefunden. Während sie auf den alten „armorial-plates" (1680—1720) durch je 3 schneckenartige Wulste gebildet wird, erscheint sie auf den modernen Wappen-Bücherzeichen — wenn sie überhaupt vorkommt — in der Regel als steife Arabeske, welche zu beiden Seiten des Helmes und der oberen Schildhälfte herumflattert.

Von dem Eigenthümer des Blattes können wir nur berichten, dass er nach der Aufschrift Kanonikus in Passau a. d. Donau war, dem Hauptsitze des gleichnamigen, damals reichsständischen Bisthums unter Herzog Ernst von Bayern, statt dessen von 1514—1540 ein Koadjutor Bisthum und Land verwaltete.

E.

Ein Bücherzeichen-Muster von 1494.

Der im 15. Jahrhundert unternommene Versuch, für die Besitzer von Büchersammlungen ein Ex-libris-Vorbild herzustellen, scheint damals wenig Anklang gefunden zu haben. Dies geht schon aus einem Beispiel hervor, das ich in meinem Werke „Die Deutschen Bücherzeichen", Seite 12, anführte.

Einen zweiten Versuch, das Bücherzeichen zu schablonisiren, unternahm der aus Augsburg gebürtige Buchdrucker Erhart Ratdolt, welcher im Jahre 1493 in seiner Vaterstadt „das Buch der lehenrecht"*) druckte und dasselbe — vermuthlich des besseren Absatzes wegen — mit einem sogen. Schmutzumschlag umgab, der übrigens erst später hinzugefügt wurde. Es befanden sich darauf zwei breite, weisses Ranken- und Blattwerk auf schwarzem Grunde zeigende Rahmen, symmetrisch angeordnet und ausgespart. Während der erstere den vollständigen Titel des erwähnten Buches nebst der Jahrszahl MCCCCLXXXXIIII umgab, war auf dem anderen Rahmen ausser Ornamenten noch ein leerer Wappenschild befindlich**), in welchen der Besitzer des Buches offenbar sein Wappen einzeichnen sollte. Das Buch ist denn auch mit einem eingemalten Wappen: Halbgespalten und getheilt von Weiss, Roth, Blau versehen. Es ist das Wappen der von Schaumberg in Franken.***)

Neuerdings hat die Spemann'sche Verlagsbuchhandlung in Stuttgart den Versuch gemacht, ein von Jedem zu benutzendes Exlibris gleich vorn in den Band einzukleben, wie uns scheinen will, ein wenig empfehlenswerthes und nebenbei unpraktisches Verfahren! Empfehlenswerth nicht, weil es Manchem förmlich widerstrebt, sich eines solchen Gemeinguts zu bedienen, unpraktisch deshalb, weil viele Käufer ihr eigenes Bücherzeichen besitzen und dasselbe oft nicht gross genug sein wird, um damit den „En-tout-cas" zu überkleben. — —

---

*) Im Germanischen National-Museum. Siehe Beschreibung im Anzeiger desselben von 1893, Seite 112.
**) Vom Herrn Direktor Bösch ist uns das Cliché des zweiten Rahmens zur Abbildung freundlichst geliehen worden.
***) Das Buch mag ursprünglich ein Domherr aus diesem Geschlechte besessen haben. Ein Peter v. S. war 1424—60 Bischof von Augsburg und Kardinal.

STEPHANVS ROSINVS CANONICVS PATAVIEN.

Wir möchten hier noch einmal darauf hinweisen, dass ein Bücherzeichen kein Rebus sein darf, sondern den Namen seines Eigen- Besitzers Zeugniss ablegen und bestätigen soll, dass demselben das künstlerisch Schönste gerade gut genug ist.

thümers, möglichst auch den des Verfertigers, tragen und — was sehr wünschenswerth erscheint! — von dem guten Geschmacke des Besitzers Zeugniss ablegen und bestätigen soll, dass demselben das künstlerisch Schönste gerade gut genug ist.

Lieber kein Bücherzeichen als ein unbedeutendes und geschmackloses!

F. W.

Liber domini Zütpheldi Wardenberg.

Die Art und Weise der Bezeichnung des Eigenthums an einem Buche ist eine sehr verschiedenartige gewesen. Am wenigsten gefällig ist das Einschreiben des Namens des Besitzers im Innern des Deckels, auf das Vorsatzblatt oder gar auf den Titel des Werkes. Kaum schöner ist das Aufdrucken eines Farbenstempels an diesen Stellen. Hin und wieder findet sich eine Einpressung in den Schnitt. Äusserst interessant sind die Bücherzeichen (Ex-libris), denen ja diese Zeitschrift gewidmet ist und über welche sie eingehend berichtet. Sehr eigenthümlich erscheint die Angabe des Namens des Eigners auf einer Metallschliesse und wird es sowohl wegen des Inhabers, als des Buches interessant sein, darüber zu berichten. Die an Handschriften reiche Rathsbibliothek zu Stralsund bewahrt nämlich eine Handschrift, die 428 Blätter stark in grösstem Folio das Werk des Baldus von Perugia „Lectura super secunda parte Digesti veteris" enthält und deren reicher Einband mit Metallschliessen versehen ist. Auf einer dieser Krampen*) ist eingegraben:

„Lib' d. (d. i. liber domini)
Zutpheldi wardebrg" (d. i. Wardenberg).
auf der anderen:
„Archidiaconi Rostochen(sis)".

Das Buch ist einer der gelehrten Kommentare, wie solche aus der Juristenschule von Bologna im dreizehnten und vierzehnten Jahrhundert hervorgegangen sind; und zeugt dessen Ausstattung für den hohen Werth, den der gelehrte Besitzer auf dasselbe gelegt hat.

---
*) Der Verfasser dieses interessanten Artikels, Herr Regierungsrath a. D. G. von Rosen, hat es auch übernommen, die für die Lichtdruck - Reproduktion benöthigte Zeichnung nach dem Originale herstellen zu lassen. Letztere ist in äusserster Sorgfalt und Genauigkeit von Herrn Zeichenlehrer O. Möller zu Stralsund gefertigt worden. Anm. d. Red.

Auf der mit farbenprächtiger Initiale und mit gleichreichen farbigen Randleisten geschmückten ersten Seite der Handschrift findet sich der Name: Sytwald Hoyer verzeichnet. Derselbe war ein Neffe Zütpheld Wardenbergs und hat das Buch also wahrscheinlich ererbt. Von ihm ist es an die verwandte Familie Charisius übergegangen und schliesslich vom Bürgermeister Johann Ehrenfried Charisius der Rathsbibliothek zu Stralsund geschenkt worden.

Was nun den ersten Besitzer des Buches betrifft, so stammt Zütpheld Wardenberg aus einer schon 1409 in Stralsund genannten Familie und war ein Sohn des um 1505 verstorbenen Bürgermeisters Henning Wardenberg. Z. W. war etwa 1470—80 geboren und trat früh in den Dienst der Kirche, in dem er zu hohen Ehren aufstieg. Doktor des geistlichen Rechts und der freien Künste, ward er päpstlicher Protonotarius; Dechant des Domkapitels zu Güstrow, dann zu Schwerin, Praepositus der Kollegialkirche zu Lübzow und Archidiakonus zu Tribsens, in welcher Eigenschaft er zu Stralsund, seinem gewöhnlichen Sitze, die Jurisdiktion in geistlichen Sachen ausübte. Seine Wirksamkeit und sein Einfluss erweiterten sich ausserordentlich als dem erst siebenjährigen Herzoge Magnus von Mecklenburg das Bisthum Schwerin verliehen und gleichzeitig Zütpheld Wardenberg mit der gesammten Verwaltung des Sprengels betraut wurde. Die ihm zugefallene Machtfülle macht es erklärlich, dass er von sich gesagt haben soll: er sei die dritte Person, welche die Welt regiere, wodurch er sich dem Papste und dem Kaiser an die Seite stellte.

Schwer ward Wardenbergs Herrschsucht und Hoffarth in Stralsund empfunden. Es kam auch zu ärgerlichen Zusammenstössen mit der Stadtobrigkeit, namentlich in Rechtssachen, da es öfters zweifelhaft war, ob

Zwei Bücherschliessen mit dem Namen des **Zütpheld Wardenberg**.
Nach einer Zeichnung des Herrn Zeichenlehrers O. Müller zu Stralsund.

ein Fall der weltlichen oder der geistlichen Gerichtsbarkeit unterlag. Wardenberg hatte in seinem Hofe ein eigenes Gefängniss und fragte, wie es in Bergmanns Chronik heisst, nichts nach dem Rathe. Dieser beschuldigte ihn in einer 1529 beim Reichskammergericht zu Speier eingereichten Schrift namentlich auch eines empörenden Verfahrens gegen Frauen. Er habe den Namen ehrbarer Personen auf die Kanzel gebracht und sie öffentlich gescholten; so dass sich selbst Unschuldige veranlasst gesehen, ihm nach Rang und Vermögen 40—50 Mark zu geben, nur um weiteren Schmähungen zu entgehen. Der Krieg der Hansa gegen Christian II. von Dänemark brachte grosse Geldnoth und veranlasste den Rath, auch die Geistlichkeit mit Steuern zu belegen. Dem widersetzte sich Wardenberg und entwich, da die Zahlung der Steuer unter Androhung von Freiheitsstrafe gefordert ward, heimlich aus der Stadt.

Er ging nun nach Rom, wo er fortanblieb und dort auch seinen Tod fand. Als Rom nämlich 1527 von den Kaiserlichen mit stürmender Hand genommen wurde und Plünderung und Blutvergiessen dort wütheten, suchte er Zuflucht in einem Spital, wo er sich unter den Kranken bergen zu können hoffte. Er ward dort aber von den Kaiserlichen aufgefunden und erschlagen. So fand er nicht unter dem Grabsteine, den er sich in der Marienkirche zu Stralsund hatte bereiten lassen, seine Ruhestatt, und weiss, wie der Bürgermeister Sastrow sagt, Niemand, ob und wo Wardenberg begraben ist.

Ausser dem obenerwähnten merkwürdigen Buche in der Stralsunder Rathsbibliothek hat sich noch ein weiteres Andenken an diesen merkwürdigen Mann erhalten. Es ist dies ein sogenannter Wangelstein d. i. ein Stein, mit dem die vor seinem Hause befindliche Steinbank ihren Abschluss fand. Dieses merkwürdige Stück, welches im Stralsunder Museum aufbewahrt wird, ist kunstvoll verziert und bearbeitet und trägt ausser dem Wappen und den Zeichen der Würde seines Besitzers dessen Wahlspruch:

Justiciam exerce re et verbo.

G. von Rosen.

Erasmus Vendius.

In seinen „deutschen Bücherzeichen" beschreibt F. Warnecke unter No. 2316 u. 2317 zwei Ex-libris von Erasmus Vend (Vent, Fennd, Fend). Im Jahrgang 1893 unserer Zeitschrift pag. 54 u. 93 knüpft an dieselben K. E. Graf zu Leiningen-Westerburg einige Bemerkungen. Da Vend eine zu seiner Zeit sehr einflussreiche Persönlichkeit gewesen ist, so möchte ich obigen Bemerkungen einige biographische Daten hinzufügen. Erasmus Vend ist im Jahre 1532 zu Amberg in der Oberpfalz (Bayern) geboren. In den Jahren 1549—1553 finden wir ihn in Ingolstadt, an der Universität daselbst höheren Studien obliegend. Hier wird er auch Baccalaureus und Magister. Schon 1554 tritt er in die Dienste des bayrischen Herzogs Albrecht's V. als dessen Geheimsekretär. Unter Herzog Wilhelm V. wird er Hofrath. Unter beiden Herzögen ist er Bibliothekar u. Archivar gewesen. Er war auch herzoglicher Kanzler in oder vor dem Jahre 1566, wie aus den auf den Ingolstädter Professor Wolfgang Zettel gedichteten Epithalamiis erhellt. Im Jahre 1563 erhält er unter'm 1. August einen offenen Brief Kaiser Ferdinand's aus Wien, in welchem das alte adelige Herkommen des Geschlechtes der Fenden bestätigt und er, wo von Nöthen, von Neuem in den Adelstand erhoben wird. Unter'm 19. Juli 1566 giebt ihm Papst Pius V. den Titel eines Hofpfalzgrafen: „Sacri palatii nostri et aulae Lateranensis

comes et nobilis ac auratae militiae miles."
Im Jahre 1585 stirbt er. Vend hat in die religiösen Wirren seiner Zeit vielfach thätig eingegriffen. In dem bekannten Streite, den die artistische Fakultät der Ingolstädter Universität lange Zeit hindurch gegen die Jesuiten führte, hat Vend als Vertrauensperson der bayrischen Herzoge eine hervorragende Rolle gespielt. Er hinterliess einen Sohn, Namens Johann, der nachmals Rath des Herzogs Maximilian u. Pfleger zu Stamheim u. Erding war, und zwei Töchter. Das bayrische Nationalmuseum besitzt ein auf Holz gemaltes Portrait Vend's und seiner Hausfrau mit den beiden Familienwappen und folgender Aufschrift: „Año 1583. Erasm. Feund rat alters 51 jar. Catherina Parthin sein hausfrau alters 41 jar." Es sind von ihm auch einige Werke in Druck erschienen, die sich bei Kobolt, Gandershofer und Lossen verzeichnet finden. Briefe und Memoralien Vend's aus den Jahren 1576—85 finden sich im bayrischen Staatsarchiv. Das Vorstehende und viele andere biographisch interessante Einzelheiten sind verzeichnet in folgenden Quellen:

1) Kobolt, bayrisches Gelehrtenlexikon p. 707.
2) Gandershofer, Ergänzungen zu dem Gelehrtenlexikon p. 416 u. 417.
3) Mederer, Annales Univers. Ingolst. Bd. I. p. 213 u. 214.
4) Prantl, Geschichte d. Universität Ingolstadt-Landshut-München. Bd. I. p. 229, 250, 259, 262, 266, 280, 295.
5) Nuntiaturberichte aus Deutschland nebst ergänzenden Actenstücken. Dritte Abtheilung 1572—1585. p. 258.
6) Lossen, Das Incendium Calvinisticum. (Sitzber. der philos. philolog. und hist.

Klasse d. München. Akad. der Wiss. 1891. p. 144—150).

Eichstätt, am 13. Oct. 1893.

Franz Sales Romstöck,
Professor.

Clemens August
Herzog von Bayern, Kurfürst von Köln etc. etc.

G. Böhm hat in seinem trefflich geschriebenen Aufsatze:*) „Die neueste Sammel-Leidenschaft (Ex-libris)" die Vermuthung ausgesprochen, dass das von H. G. Bähre gestochene Wappenblatt ein Ex-libris des Herzogs Clemens August von Bayern sei; dieselbe Ansicht findet sich in dem im vorhergehenden Hefte dieser Zeitschrift enthaltenen Artikel „Fürstliche Ex-libris."**) Wir wollen die Richtigkeit dieser Annahme nicht bestreiten, doch sei es gestattet, die entgegenstehenden Bedenken geltend zu machen.

Das anonyme Blatt zeigt in einem Oval lediglich das zweitheilige kurbayrische Wappen ohne die bischöflichen Insignien (Inful und Stab), welche auf allen Episkopal-Blättern vorzukommen pflegen, und besteht die Beziehung zwischen dem Blatte und dem Herzoge ausser dem Wappen lediglich darin, dass der Stecher desselben zu gleicher Zeit an dem Orte wohnte, wo Clemens August seinen Bischofssitz hatte. Letzterer, am 5. Dezember 1671 geboren, wurde bereits 1685 — also im jugendlichen Alter von 14 Jahren — zum Bischof von Regensburg und zugleich zum Bischof von Freising erwählt. Nun ist es aber doch zweifelhaft, ob er damals schon eine Bibliothek besass***), ebenso, ob er wirklich in Regens-

*) Zeitschrift des Münchner Alterthums-Vereins. Neue Folge I. Jahrg. Seite 72, Note.
**) Ex-libris-Zeitschrift, Jahrg. III. Heft 4. Seite 82. Spalte 2.
***) Es handelt sich um ein persönliches Ex-libris des Bischofs, nicht um ein solches des Bisthums.

Bücherzeichen des Christophorus Hos, J. V. D.

burg residirte, zumal die Priesterweihe erst 1706, die Bischofsweihe aber am 1. Mai 1709 zu Ryssel (Lille) stattfand. Clemens August blieb nun allerdings mit kurzer Unterbrechung bis zu seinem Tode (1723) Bischof von Regensburg; allein am 19. Juli 1688 fiel auf ihn die Wahl zum Erzbischof und Kurfürsten von Köln. Es ist aber unseres Erachtens undenkbar, dass auf einem Bücherzeichen nach 1688 jene hohen und seltenen Würden völlig unberücksichtigt geblieben wären!

Das Blatt bringt in den vier Ecken die Namen der vier dem Kurfürsten Max Emanuel vorangehenden bayrischen Herrscher (Albertus-Guilelmus-Maximilianus-Ferdinandus) mit allegorischen, deren Herrscher-Eigenschaften repräsentirenden Figuren. Da nun vom Tode Albrecht des IV. (24. Oct. 1579) bez. dem Regierungsantritte Wilhelm des V. bis zum Tode Ferdinand Maria's (26. Mai 1679) gerade hundert Jahr verstrichen, so dürfte die Annahme Raum gewinnen, dass das in Rede stehende Blatt kein Ex-libris sondern ein Jubiläums- und Centenar-Blatt ist zum Andenken an jene hundertjährige Regierungs-Periode in Bayerns Herrscherhaus, welche Annahme noch durch den Umstand unterstützt wird, dass das Blatt unseres Wissens bisher in keinem Werke als Bücherzeichen gefunden wurde. S. m.

v. Eisenhart.

Bücherzeichen des Dr. jur. Christophorus Hos.

In der Heraldik treten recht eigenthümliche Wappenbilder zu Tage, welche meistens ihre Entstehung dem Umstande verdanken, dass Jemand sich ein auf seinen Namen bezügliches Wappen zulegen wollte. Wenn man „Hos" heisst, so macht das, sollte man meinen, hierbei weiter keine Schwierigkeiten; man nimmt als redendes Wappen — „ein Beinkleid". Aber weit gefehlt! Auf den Namen „Hos" passt eben nur eine Hose, nicht ein Paar, da im Mittelalter das Beinkleid aus zwei Theilen bestand. Daher der noch heute gebräuchliche Ausdruck „ein Paar Hosen". —

Man sieht, wie die Heraldik uns nie im Stich lässt! — — —

Das in der ersten Hälfte des 16. Jahrhunderts entstandene, kräftig und schön in Holz geschnittene, 10,7 mm breite und 15,7 mm hohe Bücherzeichen des Dr. Hos ist angeblich, jedenfalls also wohl bis dahin ein Unikum, wo ein zweites Exemplar auftaucht. Auf unserem Blatte wird das im Giebel der architektonischen Umgebung angebrachte Wappenschildchen zum Einschreiben der Buchnummer bestimmt gewesen sein; eine Verwendung, welche uns heute nicht überrascht, damals aber gewiss nicht häufig vorkam. — —

Unser Doktor war in der juristischen Welt anscheinend kein „Lykurg", da sich über ihn und sein Wappen, sowie über seine Familie — falls diese heute nicht etwa unter dem Namen „Hosius" oder „Beinkleid" fortlebt[*]) — etwas Näheres nicht hat ermitteln lassen.

So möge dem guten Manne mit dem beinkleidernen Hosen-Wappen wenigstens von den Ex-libris-Sammlern ein freundliches Andenken beschieden sein!

F. W.

---

[*]) Bekannt ist in dieser Beziehung, dass manche Wandlungen eines Namens vorkommen; so bei der Familie „Blei." Sie latinisirte ihren Namen in „Plumbum". Spätere Geschlechter dachten dabei an eine plattdeutsche Abstammung dieses Wortes und schrieben sich „Plumbom", bis ein „Gebildeter" in der Familie sich hochdeutsch fühlte und „Pflaumbaum" nannte. So schreibt sich denn die Familie noch heute!

Zur Kupferplatte eines Bücherzeichens des Martin Gerum in Waldsee.

Unter den alten, in meiner Sammlung vorhandenen Kupferplatten befinden sich ausser einer ganz vorzüglichen, in meinem Werke über die deutschen Bücherzeichen Seite 15 näher beschriebenen, nur wenige, welche ich der Abbildung in unserer Zeitschrift werth erachte, da letztere möglichst nur das Allerbeste bringen soll. Ein nicht auf der Höhe der Kunst stehendes Ex-libris wird gleichwohl aus anderen gewichtigen Gründen der Aufnahme gewürdigt werden können, wenn es sich um das Bücherzeichen einer geschichtlich merkwürdigen Persönlichkeit, oder um ein in kulturhistorischer und sonstiger Beziehung beachtenswerthes Blatt handelt.

Zu denjenigen Kupferplatten, deren Abdruck sich allenfalls noch rechtfertigen lässt, gehört die des Magisters Martin Gerum, insofern als die Anordnung und Umgebung des Wappens an bessere Vorbilder des 16. Jahrhunderts erinnert. Trotzdem darf das Ganze nicht als Muster, sondern ähnlich dem in der letzten Nummer des Jahrgangs 1893 abgebildeten Wappen des Georg Seifrid Coler nur dadurch einigen Anspruch auf Beachtung machen, als es der Abdruck einer alten Original-Kupferplatte ist, deren es nur noch recht wenige giebt. — —

Die Entstehung unserer Platte wird in das zweite Drittel des 17. Jahrhunderts zu setzen sein, da der Wappenschild bereits schraffirt erscheint. Man ersieht aus demselben, dass im goldenen Felde eine blaue, von 2 . . (?) Sternen begleitete und einen dritten Stern über silbernem Dreiberg einschliessende Spitze dargestellt werden sollte — ein Beweis dafür, dass das Wappen nicht vor den 30er Jahren des gedachten Jahrhunderts, in welchen man die Schraffirung überhaupt erst erfand, entstanden sein kann.

Im vergangenen Sommer erwarb ich in Donauwörth ein altes, dem vorliegenden ganz ähnliches Bücherzeichen, auf welchem weder die Sinnsprüche:

„*Nec stemma, nec stellae, sed virtus*"

und

„*Ad stellatas sedes perdveit*"

noch alle sonstigen charakteristischen Merkmale des Blattes fehlten, das aber der zweizeiligen Unterschrift:

„*Ex bibliotheca M. Martini Gerem Waldseensis*"

entbehrte. Was lag näher als der Gedanke: die Umschrift ist später auf einem angelötheten Stück Kupfer der alten Platte hinzugefügt! Bei dem zu Hause vorgenommenen Vergleiche beider Gegenstände stellte sich jedoch heraus, dass dieselben in Wirklichkeit sich freilich ausserordentlich ähnelten, aber dennoch verschieden waren, auch die Platte aus einem Stück bestand. Dies ergab sich auf dem Blatte ohne Namen — das wie das hier abgebildete 50 mm breit und 85 mm hoch ist, mit dem Namen aber in der Höhe 95 mm misst — besonders beim Helm, dessen Bruststück mit 7 Nägeln und am Visir mit einer kleinen Rosette versehen war, während sich bei dem benannten Blatte an dieser Stelle nur ein kleiner Ring befand. Sehr wahrscheinlich wurde die ältere, stark abgenutzte Platte später einer, die ursprüngliche Darstellung etwas verändernden Überarbeitung unterworfen, was allerdings nur dadurch begreiflich erscheint, wenn bei derselben unten noch ein unbenutztes Stück der Platte verblieb. Dass dies wirklich der Fall war, glaube ich aus einer bei dem namenlosen Bücherzeichen vorhandenen schwachen Andeutung des unteren Plattenrandes schliessen zu dürfen. —

Bücherzeichen des **Martin Gerum** aus Waldsee.
Gedruckt von der Original-Kupferplatte.

Über den zu Waldsee im Donaukreise des Königreichs Württemberg ansässig gewesenen Ex-libris-Besitzer habe ich bis jetzt Nichts ermitteln können.

F. W.

„Elzii et amicorum".

Das Ex-libris von Fr. Nicolai (Warnecke 1453 und 1454) ist die Veranlassung zu folgender artigen Geschichte geworden, die von Bretschneider in seinen Briefen an Nicolai mittheilt*).

„Warum muss mir doch Ihr Witz immer Verdruss zuziehen? In Berlin hält man mich für den Verfasser des Sebaldus, und hier hat mir Ihre Devise „Fr. Nicolai et amicorum" Händel verursacht. Ein Weinhändler, Namens Elz, der ein alter Mann ist, und eine schöne junge Frau hat, die die Lektüre liebt, besitzt einen ansehnlichen Büchervorrath, und will sich gern eine Devise in Kupfer stechen lassen, um sie in neue Bücher zu kleben. Ich erzähle ihm ein Mal bei einer anderen Gelegenheit, dass mir die Ihrige gefallen, und der gute Mann lässt, um seiner Frau ein Vergnügen zu machen, ihr Portrait, als eine sitzende Minerva, in Kupfer stechen, und diese Worte darunter setzen: Elzii et amicorum. Nun will kein Mensch diesen Spruch auf die Bücher anwenden, sondern auf die Frau; und jedermann beschuldiget mich einer Bosheit, die mir gar nicht ähnlich sieht".

Das erwähnte Ex-libris befindet sich nicht in der sehr reichhaltigen Sammlung des Börsenvereins der deutschen Buchhändler zu Leipzig; auch Herr K. E. Graf zu Leiningen-Westerburg besitzt es nicht in seiner überaus reichen Kollektion. Sollte einer unserer Leser im Besitze dieses Bücherzeichens sein?

K. B.

*) Reise des Herrn von Bretschneider nach London und Paris nebst Auszügen aus seinen Briefen an Friedrich Nicolai. Hrsg. v. L. F. G. v. Göckingk. Berlin und Stettin 1817. 8. Seite 206.

Die Exlibris der deutschen Klöster.

Von A. v. Eisenhart.

In den Zeiten des Tiefstandes allgemeiner Bildung waren die Klöster bemüht, durch Errichtung öffentlicher Schulen, Entsendung von Lehrern, Abschriften werthvoller Werke und Anlage von Bibliotheken das geistige Leben des Volkes zu wecken und zu fördern.. Nach Entdeckung der Buchdruckerkunst erweiterten sie ihre Bibliotheken und versahen, der damals entstandenen Übung folgend, ihre Bücher zur Bekundung des Besitzstandes mit Bücherzeichen. So behaupten denn Letztere unter den deutschen Ex-libris eine hervorragende Stellung; nicht blos wegen der einst kulturellen Bedeutung der Klöster, sondern auch wegen ihrer grosser Anzahl und der frühen Entstehung vieler hübscher Blätter.

Da in meiner Sammlung monastische Bücherzeichen reichlich vertreten sind, habe ich sie nach den grossen Orden zusammengestellt, deren Klöster alphabetisch gereiht, die einzelnen Ex-libris innerhalb der Klöster aber chronologisch aufgeführt.*)

Ich beginne mit dem ältesten und zugleich angesehensten Orden, dem der Benediktiner, welchen der heilige Benedikt 529 auf Monte Casino bei Neapel gestiftet. Diesen werden sich die verwandten Cisterzienser anreihen, welche ihren latinisirten Namen von Cistaux (Cisternium) bei Dijon tragen, wo der Benidiktiner-Abt Robert von Champagon in strengerer Handhabung der Benediktus-Regeln 1098 ein von Papst Paschalis II. bestätigtes Männerkloster gründete. —

*) Keineswegs Vollständigkeit beanspruchend, bin ich für Beiträge und Aufschlüsse Dritter sehr dankbar. v. E.

Hier lasse ich nun die Liste folgen, welche die Klöster und deren Ex-libris aufführt.

Name des Klosters und Abtes.*)	Zeit.	Stechername.	Bemerkungen.
A) Benediktiner-Orden.			
1. **Admont.** [Steiermark]			
a) Antonius [Gratia-Dei]	1483—91		handschrftl.
b) Anselm Abbate [Luerzer v. Zechenthal]	1707—18		W. 10.
2. **Altomünster** [b. Aichach]			
a) Monast. Althomünst.	1542		W. 32 handschrftl.
b) do. do.	1543		W. 33 do.
3. **Andechs** [beim Ammersee]			
a) anon. [3 Schilde unter Infnl und Stab]	16. Jahrh.		W. 41.
b) do. (David Aichler?]	1588—90.		W. 42.
c) Ex bibl. Mon. S. A. [Doppelwappen]	17. Jahrh.		W. 43.
d) Ad bibl. S. Mont. A. [Kloster-Wappen]	do.		W. 44.
e) J[oh] B[ergmann] A. M. S. A.	1775—90		W. 45.
f) Ex bibl. M. S. A. [Madonna mit Kind]			W. 46.
g) Gregorius Abb.	18. Jahrh.		W. 47. typogr.
4. **Attl a. Inn.**			
Sum Dominici 11. Abb.	do.		W. 61. typogr.
5. **Augsburg** [S. Ulrich & Afra]			
P. P. Benel. Lib. & Imp. Monast. etc.			W. 61. zwei Varianten.
6. **Banz** [Unterfranken]			
anon. [Valerius Molitor] 5 Wappen-Schilde	1781—1800		
7. **Benediktbeuern** [Oberbayern]			
a) Iste Lib. est Mon. Benedictenpewren	1492		handschr. auf Pergament-manuskript in 8º
b) Ludovicus [II] Perczl Abb.	1548—70		
c) Hic Lib. spectat ad Mon. B. Dieselbe Darst.	do.		W. 165.
8. **Donauwörth** [Werden Heilig-Kreuz]			
a) G[allus Hammerl] A. S. C. W. 3 Schilde	1776—93		W. 400.
b) G. A. S. C. W. Abtwappen	do.		
9. **Ebersheimmünster** [i. Elsass]			
anon. Apri Monast. Wappen			
10. **Ettal** [Oberbayern]			
R[omanus] A. Z. E. oder dessen Nachfolger	1675—95		W. 484.
Romualt	1695—1705		
11. **Sct. Gallen** [Schweiz]			
anon. Sig. Mon. Sanc. Galli. Klosterwappen			Stempeldruck auf Pergam.
12. **Garsten** a. d. Steyer			
Anselm. celeberrim. Mon. etc. Abb.			W. 604.
13. **Irrsee** b. Kaufbeuren			
Honorius Abt	180.		W. 952. typogr.
14. **Kremsmünster** [Ober-Oesterreich]			
a u. b) Erhardus Voit Abb.	1587		2 Grössen, die kleinern sehr selten.
c) Alexander III [Fintmiller]	1731		Superlibros und Stempeldr.
d) Berthoddus III [Vogel]	1750		
e) B[erth] V[ogel] A. C.	1750		
f) E[renbert] M[aier] A. C.	1771		
g) Wolfgangus [H Leuthner]	1800-12		
h) Ex-lib. Bibl. Cremifanensis etc.	1893	G. Otto, Berlin	2 Grössen. Bibliothek-Interieurs.
15. **Lambach** a. d. Traun			
Maximilianus [Pagl.] D. G. A.	1705—25		Superlibros auf Leder.
16. **Mallersdorf**			
Ex bibl. M. Mon. O. S. B. reich umrahmt	18. Jahrh.	Mayr sc. Ratisb.	W. 1233.

*) Bei fehlenden Abtnamen ist die auf dem Blatte befindl. Inschrift — wenn nötig gekürzt — angegeben.

— 13 —

Name des Klosters und Abtes.	Zeit.	Stechername.	Bemerkungen.
17. **Maria Zell** [Klein-Maria Z.] N.-Öst. Jacob Pach Abb. cellae Mariae	N.-Öst. 1752—83		Superlibros.
18. **Mettes** a. d. D.			
a) R[omanus II. Märkl.] Ab. 3 Wapp.-Schilde	1706—20		W. 1297.
b) Ex Lib. Mon. M. O. S. B.	19. Jahrh.		W. 1298. typogr.
19. **München** [St. Bonifacius]			
a b) Bibl. Mon. ad. S. Bonifac. 3 Wapp.-Schilde	1864	Pet. Herwegen, München.	W.1355.2 Papier-Farb.-Var.
c d) Abb. ad S. B. Legatum Reithmayr	[1872]	do.	W.1356. Braun-u.Schwarzdr.
20. **Münster-Schwarzach** [Unter-Franken]			
Ex Lib. M. Sch. [Hndschr.] Christoph Abb.	1741		
21. **Muri** [S. Martin, Kant. Aargau]			
Mon. Murens. Wappen in Einfass.	18. Jahrh.		W. 1417. 18. Zwei Grössen.
22. **Neresheim** [Reichsstift-Württemberg]			
Ex bibl. J.M.N.—M.A.Z.N. 3 Wapp.-Schilde	1788	J. M. M. P. sc.	W. 1434.
23. **Niederaltaich** [S. Moriz a. d. Donau]			
a) Bibl. S. Mauritii, Wappen.	1622		W. 1458.
b) Joscius Abb. LXXII.	1700		W. 1459.
c) J[oscius] A. J. A., 2 Schilde	do.		W. 1460. Superlibros in Goldpressung.
d) Marianus [Pusch] Abb. 2 Schilde	1730—46		W. 1461.
24. **Oberaltaich** [Altaha superior]			
a) J[oseph]M[aria]A.O.darunterWapp.-Schild	18. Jahrh.		W. 1482.
b) dies. Darstellung kleiner, ohne Initalen	do.		W. 1481.
c) Mon. Alt. S. compar. Herm. Schollinger	17. .		W. 1478. typograph.
d) Ebenso mit anderer Randleiste	do.		W. 1479. do.
e) Alt. sup. comp. Bela Abb.	1796		W. 1490. do.
25. **Ochsenhausen** [Schwaben]			
a) „Ochsenhausen", darunter ein aus einem Kirchenportale schreitender Ochse	16. Jahrh.		W 1494 Stempeldruck.
b) Dieselbe Darstellung mit Umschrift Sig. bibl. Ochsenhusan			W. 1493. Stempeldruck.
c) Dieselbe Darstellung mit Ill. Georg	1681		
26. **Raigern** [Raybrad] bei Brünn			
a) Mon. Raybrad O. S. B. 2 Wappen-Schilde	18. Jahrh.		
b) Insignia Raybrad mit 2 Chronogrammen	1787		Biblioth.-Intrieur.
c) Dieselbe Darstellung in etwa 3 facher Verkleinerung	do.		Ebenso, selten.
27. **Regensberg, S. Emeram** [gefürstete Reichsabtei]			
a) anon. 3 Bischöfe m. Attrib. u. 3 W.Schilden	1571		W.1668. Springer'scheSammL W.1669.Warneeke-scheSammL
b) M. M. S. E. W. Schild mit Krone	18. Jahrh.		
c d) Ad. Bibl. S. Emm.Wapp.-Schild J.O. G. D.	do.	B. G. Fridrich sc. in Regensp.	W. 1670. 71 Schwarz- und Braun-Druck.
e) Ebenso	do.		Variante in Aufschrift und Schleife.
f) ad S. Emer. Ratisb. Wappen in Kartusche	du		W 1672.
g) Coel. Steiglehner, ult. Princ. Abb.	1791—1802		W. 1673.
28. **Rheinau** [Rinowe, Kant. Zürich]			
a) [hndschr.] Sub. Abb. Geroldi II. Wappen mit 2 Helmzierden	1697—1735		W. 1721.
b) S. Abb. [hndschr.] Geroldi II. ov. Schild	1727 hndschr.		
c) Sub. Abb. Bernardo I. [Rusconi]	1744—63		W. 1722.
d) Sub. Abb. Romano I. [Effinger]	1753—58		W. 1723.
e) Sub. Abb. Jannario I. [Dangel]	1758—75		W. 1724.
f) S. Abb. Bonaventura II. [Lacher]	1775—1789	Viotte sc.	W. 1727.
g) Dasselbe kleiner, ähnlich wie d, e	do.	I. C. Müller sc.	
h) S. Abb. Jannario II. [Frey]	1805—31	Jacob. Jose: Clausner sc. Tugy	W. 1726.
i) Ad abbat. Rhenoviensem [2 Zeilen]	19. Jahrh.		W. 1725. typograph.

Name des Klosters und Abtes.	Zeit	Stechername.	Bemerkungen.
29. **Salzburg** [Sankt Peter] a) Mon. S. Petri Salisb. Garten u. 2 allegorische Figuren b c d] Ex bibl. antiquo-nova Mon. ad. S. P.	1836 1767		3 typogr. Varianten.
30. **Sankt Blasien** [im Schwarzwalde] gefürstete Abtei Martinus II. [Gerber] Abh. etc.	1764—93		W. 214.

[Fortsetzung folgt.]

Die Ex-libris unter der ersten französischen Republik.

Während der Schreckenszeit unter der ersten französischen Republik haben, namentlich gegen den Adel, die unerhörtesten Gewaltakte stattgefunden und auch Angst und Entsetzen unter der Gilde friedlicher Bücherfreunde verbreitet.

Ist es doch geschehen, dass im Jahre 1794 ein armer Teufel eingesperrt wurde, weil er angeklagt war, im Besitze einer gusseisernen Herdplatte mit Wappenzeichen zu sein, und im Urtheil gegen ihn wurde verfügt, sein Haus dem Erdboden gleich zu machen. Die Angst war allenthalben so gross, dass auch furchtsame Leute mit Schrecken an ihre Wappenzeichen in den Ex-libris dachten. Einige zaghafte Bücherbesitzer beseitigten ihre Ex-libris ganz, andere entfernten sorgsam die Wappen und Titelbezeichnungen, andere wieder übergossen mit Druckerschwärze die Wappenbilder. Noch Andere, in Erwartung besserer Zeiten, begnügten sich, die Wappenzeichen mit Papier zu überkleben oder liessen neue Bücherzeichen anfertigen, zum Ersatze für die alten, welche von Rechtswegen (par la loi) verboten waren. Unter den Letztern, ist in erster Linie der Vicomte de Bourbon-Busset zu nennen, ein richtiger Sprosse des königlichen Hauses Bourbon, welcher sein bisheriges Ex-libris durch eine neue Zeichnung ersetzen liess, die ihn als Bürger der grossen Republik bezeichnete. Siehe Ex - libris - Zeitschrift I. 1. pag. 13.

Poulet-Malassis nennt ferner Alexis Foissey de Dunkerque (Nord), welcher die Krone auf seinem Ex-libris im Rococo-Stile, durch ein gleichzeitiges Dreieck ersetzen liess. Aus einer mehr bescheidenen Sphäre ist das Ex-libris derselben Zeit „de la Bibliothèque de Nic. Franç. Jos. Richard, Avocat en parlement, Résid¹ à St. Dié", welches ersetzt wurde durch:

De la Bibliothèque de Nicolas-François Joseph **RICHARD** Citoyen de St. Dié.

Dieser Gesetzeskundige (Richard) des Vogesen-Departements war stolz auf seinen Titel als Bürger, obgleich im Grunde genommen jedem die Bezeichnung „Bürger" beigelegt wurde, mit alleiniger Ausnahme der Gefangenen und des verdächtigen Adels. —

Während der ersten französischen Republik war es nicht üblich — oder es gebrach an Zeit — sich der Untersuchung von Ex-libris zu widmen. Man sammelte seine Kräfte für andere Aktionen, als zu solch stiller Beschäftigung mit den friedlichen Kunstblättern. Poulet-Malassis berichtet trotzdem über die beiden nachstehend beschriebenen Ex-libris zweier Mitglieder der National-Convention: Dasjenige des Königsmörders (le régicide) J. B. Michaud homme de loi à Pontarlier

(Doubs), Abgeordneten der Assemblée législative und der Convention Nationale, der 1815 gezwungen wurde, sein Vaterland zu verlassen. Unter einer phrygischen Mütze folgende Bezeichnung:

Ex-libris J. B. **Michaud** Pontissalliensis legati in Nat!!. Conventu. 1791. (1793.)

Hierüber standen auf einer Bandrolle die phrasenhaften Worte: „la Liberté ou la mort". —

Zweitens dasjenige von P. M. **Gillet**, député des Departements Morbihau (wer kennt diesen Volksvertreter?). Auf diesem Ex-libris befand sich die rothe Mütze mit der Devise: „Liberté! égalité!" (Fraternité bestand nicht, da die Köpfe schockweise abgeschlagen wurden.)

Noch seien einige Aufschriften anderer Ex-libris aus jener Zeit erwähnt:

Ce livre appartient au
Citoyen **Delorme**
homme de Loi à Epinal
en l'an 5 (1797) de la République
françoise

und

De la Bibliothèque du Citoyen **Hast** homme de loi

L'adjudant général **Vilatte**, geboren zu Longwy im Jahre 1770, gestorben zu Nancy im Jahre 1834 als General-Lieutenant a. D., liess sich im Jahre 1799 ein Ex-libris machen, welches wenig Kosten verursacht hat. Er liess seinen Namen und seinen Grad als adjudant-général zwischen zwei kleinen Druckerstäben anbringen. Darüber befand sich le faisceau égalitaire, überdacht von der Freiheits-Mütze und zwei sich schnäbelnde Tauben — ein Rahmen welcher stets zur Anfertigung der öffentlichen Bekanntmachungen des Staates benutzt wurde. Und fertig war das Bücherzeichen — schnell und billig. Trotz der Zeichnung der rothen Mütze auf seinem Ex-libris wurde General Vilatte doch Royalist.

Nach Verlauf der Juli-Tage im Jahre 1830, und obgleich er kein Vermögen besass sondern von seinem Gehalte leben musste, suchte er seinen Abschied nach und wurde seines Kommandos als Divisions-General in Metz entbunden.

Zum Schlusse unserer kleinen Arbeit führen wir noch das hübsche Bücherzeichen an, welches unter dem Consulat erschienen ist. Dieses Zeichen ist Eigenthum der Schule von David und ist mit grossem Fleisse gestochen. Ein junges Mädchen, aufrecht stehend, in griechischer Tracht, hält ein Buch und stützt seinen entblössten rechten Arm auf eine Konsole, auf deren Vorderseite man liest:

Tullus Maria
Guerrerius
Hyeronimi
Filius.
Anno 1800.

Da die hier beschriebenen Bücherzeichen zum Theil recht selten sind, so werden nicht viele Sammler dieselben besitzen. Aber ein wahrer Sammler giebt ja bekanntlich nicht so leicht die Hoffnung auf und schliesslich findet er doch, wonach er so lange gesucht hat.

A. Benoit.

Ex-libris Adolphi Schiel.

Gelegentlich seiner Anwesenheit in Deutschland ist für den einer alten Frankfurter Familie angehörigen Kapitain der reitenden Artillerie der südafrikanischen Republik (Transvaal) Herrn Adolf Schiel zu Rossbach, Distrikt Zoutpansberg, das hier abgebildete aus E. Doepler's Meisterhand hervorgegangene Bücherzeichen gefertigt worden. Es zeigt von dem in J. B. Rietstap's Armorial général, Band II, Seite 690 aufgeführten Wappen: „in von Schwarz und Gold getheiltem Schilde ein grün bekränzter, in den beiden Fängen ein Schwert mit goldenem Griff haltender Greif; auf dem schwarz-golden bewulsteten Helme mit gleichfarbigen Decken der Greif, wachsend" — unter einem Bibliothek-Innern nur den Schild, umgeben von einem Schriftbande mit Namen und Jahreszahl. —

Die Ex-libris werden nun in Afrika, falls sie dort nicht schon vertreten sind — worüber bis jetzt jede Kenntniss fehlt — Verwendung finden, und möge die alte schöne Sitte des Gebrauchs derselben auch in diesem Welttheile bei den gebildeten Ständen bald allgemein zur Einführung gelangen!

F. W.

Verschiedenes.

I. Nachdem wir das Bibliothekzeichen des französischen Seminars zu Berlin von Chodowiecki in dieser Zeitschrift schon wiederholt — in II. 1. S. 14, II. 4. S. 24 und III. 4. S. 91 — behandelt finden, bringe ich heute 2 Ex-libris der „bibliotheca civica Vitodurana", Stadtbibliothek von Winterthur, Schweiz, zur Kenntniss, welche in ihrer Zeichnung, das gleiche Motiv aufweisen, wie dasjenige des französischen Seminars.

Letzteres ist von ca. 1772*), die von Winterthur dürften naher an die Wende des 18. auf 19. Jahrhunderts zu datiren sein. Beide Winterthurer Ex-libris sind wohl schwerlich gleichzeitig enstanden, und ist vermuthlich das runde nach dem ovalen nach Abnützung der ersten Platte entstanden; diese beiden Blätter sind im Grossen und Ganzen Spiegelbilder von einander mit geringen Abweichungen hinsichtlich der Landschaft.**) Vergleicht man das des französischen Seminars in Berlin — abgebildet in II. 1. S. 4 — mit den beiden, nach meinen Exemplaren in Originalgrosse ausgeführten Reproduktionen der Winterthurer Ex-libris in dieser Nummer, so sieht man sofort, dass der eine Meister das Werk des Anderen fast genau kopirt hat.

Von Daniel Nicolaus Chodowiecki***) wissen wir, dass er 1726 zu Danzig geboren sich Anfangs der Handlung, später aber der Kunst widmete und es zum weitberühmten Zeichner und Kupferstecher brachte; 1764 wurde er Rektor der Akademie der bildenden Künste in Berlin, 1788 Vicedirektor derselben; 1801 starb er.

Der Verfertiger der Bibliothekzeichen von Winterthur Johann Rudolf Schellenberg. Maler und Kupferstecher, ist 1740 zu Konau geboren und war der Schüler seines (1709 zu Winterthur geborenen) Vaters, des Malers Joh. Ulr. Schellenberg; Joh. Rud. Schellenberg, von dem wir mehrere Ex-libris, z. B. Diethelm Lavater, Pfarrer Bauer in Zürich

---
*) Siehe II. 1. S. 14.
**) Von gen. Bibliothek zu Winterthur besitze ich noch ein drittes, ein Wappen-Ex-libris aus dem 17. Jahrhundert.
***) Da man diesen Namen oft verschieden aussprechen hört, so ist die Bemerkung wohl am Platze, dass die einzig richtige Aussprache: „Kodowiëzki" (nicht: Chodowiki!) ist.

(2 Exemplare der 3 vorhandenen Grössen; W. 2294 und 2295), Dr. H. Ulrich· Hegner (W. 789), J. H. (W. 86) kennen, starb 1806 zu Töss bei Winterthur; er zeichnete mit der linken Hand, weil seine rechte lahm war.*) Da Schellenberg die Platten für Basedows Elementarwerk zu bearbeiten hatte, so kam er hierdurch mit Chodowiecki in freundschaftlichen Briefwechsel und wurde auch mit dem berühmten Schweizer Johann Caspar Lavater bekannt, für den er viel zu stechen bekam.

342 Kupfertafeln und zahlreichen anderen Kupfern und Vignetten, Leipzig 1775—78). Nagler sagt von Schellenberg, dass er „nach dem Geschmack damaliger Zeit alle Frauenzimmer zu Schäferinnen und alle Männer zu Gartenliebhabern und Blumisten machte."*)

Wer hat nun den anderen in Bezug auf unsere Ex-libris kopirt?

Da Chodowiecki entschieden der bedeutendere der beiden Meister ist, auch um 14 Jahre älter war und länger zeich-

Mit Chodowiecki (und Anderen) zusammen und „nach Chodowieckis Zeichnungen"**) schuf Schellenberg eine grosse Anzahl von Bildnissen für Lavaters „Physiognomische Fragmente, zur Beförderung der Menschenkenntnis und Menschenliebe" (4 Bände mit

*) Seinen Namen setzte er auf die Platte immer in richtigstehender, gewöhnlicher Schrift, so dass die Abdrücke denselben stets in Spiegelschrift, umgekehrt, zeigen.
**) cfr. über Schellenberg: Nagler, Künstlerlexikon, XVB. and.

nete, als Schellenberg, — das Ex-libris des französischen Seminars ausserdem 1772 schon fertig war**) und ferner die 2 Winterthurer Ex-libris in ihrer Umrahmung und überhaupt einen jüngeren Eindruck machen, so geht meine Ansicht dahin, dass in diesem Falle Schellenberg der Kopist ist und das ihm, bei dem lebhaften Briefwechsel wohl nebst manchem anderen Muster von Chodowiecki zugegangene Seminar-Bibliothekzeichen ab-

*) cfr Nagler a. a. O.
**) Siehe II. 1. S. 14 u. III. 4. S. 91.

gezeichnet hat. Ich möchte noch weiter bemerken, dass die Darstellung der, junge Bäumchen pflanzenden alten Männer — welche Jünglinge, Schüler und deren Lehrer bedeuten — pragmanter auf ein Seminar und dessen Erziehungszwecke passt, als auf eine Bibliothek, welche — ebenfalls im Sinne jener Zeit allegorisch gedeutet — nicht erst pflanzt, sondern bereits gepflanzte junge und alte Bäume zur Weiterentwickelung bringt. Errare humanum est; mich bedünkt aber nach all diesem, dass die Priorität des Gedankens, wie des ausgeführten Bibliothekzeichens Chodowiecki zuzusprechen ist, während Schellenberg dieses Blatt bloss benützt und nachgezeichnet hat.

II. Mit Bezug auf die in voriger Nummer — III. 4. S. 73 — erwähnten von **Gymnich'schen** Ex-libris trage ich folgendes nach:

Es giebt von Carl Otto Freiherrn von Gymnich dreierlei Bibliothekzeichen, die sich sowohl durch die Grösse, als auch durch die Form der Kartusche unterscheiden; bei allen 3 Exemplaren sieht man das (rothe) Wappenkreuz in flotter Rococoumrahmung; in einer unteren Füllung sind Blumen und Bienen mit dem Spruche: „Non nisi mella" dargestellt; oben befindet sich die Inschrift „ex bibliotheca Caroli Ottonis L : B: de et in Gymnich;" beim grossten (94 : 144 mm), das oben heraldisch rechts die Formatinschrift „Fol. N." enthält, kommt oben aus dem Rahmen ein Palmzweig, beim mittleren (80 : 106 mm) mit der ebenfalls herald. rechts angebrachten Formatbezeichnung „4to N. et 8° N." befindet sich an der sonst fast gleichen, nur in wenigen Schnörkeln abweichenden Kartusche oben ein besonderer Schnörkel, und beim kleinsten (60 : 95 mm) mit der Bezeichnung „Oct. et 12mo N." sind am oberen Theil der fast gleichen Kartusche einige Blumen angebracht. Die in III. 4. S. 73 gemachte Mittheilung über den Gründer der Bibliothek zu Schloss Harff ist*) dahin zu berichtigen und zu ergänzen, dass als Begründer derselben Werner von Gymnich zu nennen ist, welcher jülichscher Marschall und Droste, Gesandter auf den Reichstagen zu Augsburg 1547, Frankfurt 1562, Köln 1570 und Aachen 1580 war und 1582 gestorben ist.

Dessen Sohn, der kurkölnische Rath Adolf von Gymnich, vermehrte die Büchersammlung, und rührt von ihm der erste, noch vorhandene Katalog her, welcher 1136 Werke, (darunter nur 3 aus dem 17. Jahrhundert, die andern alle aus dem 16.) aufweist; Adolf starb 1614.

Dessen Ururenkel war der genannte Carl Otto Freiherr von Gymnich, von dem die 3 oben genannten Ex-libris herrühren; er lebte meist auf seinem Gute Gymnich bei Lechenich, sowie in Köln und starb ca. 1775.

Sein Sohn Clemens August Freiherr von Gymnich war kurmainzer General und übergab als solcher 1792 Mainz an General Custine; vermählt war derselbe mit einer Gräfin Velbrück, der Schwester der Urgrossmutter des heutigen Grafen von Mirbach-Harff; als Clemens August Freiherr von Gymnich 1806 verstarb, hinterliess er die Bibliothek dem Grafen Johann Wilhelm von Mirbach, in dessen Familie sich dieselbe heute noch befindet. Während diese alte reichhaltige Bibliothek von 1825 bis 1803 kaum um 50 Bände zunahm, hat sich dieselbe seit dieser Zeit fast verdoppelt.

Von obengenanntem Clemens August Freiherrn von Gymnich rührt das Bibliothekzeichen her, welches vor einem säulengeschmückten Portal auf einem Stein die Inschrift trägt „Le Baron de Gymnich", neben welchem sich 2 Amoretten mit dem Wappen befinden (80 : 53 mm. W. 706).

Ich weise hier noch auf die, meines Wissens noch nicht besprochene Thatsache hin, dass das Muster der Rococokartusche im grössten ex-libris des Freiherrn CarlOtto von Gymnich noch

---

*) zufolge gefälliger Mittheilung des Bibliothekbesitzers, Herrn Grafen Mirbach, an mich.

einmal beim Bibliothekzeichen des wohl jedem Sammler bekannten „P. S." (W. 1824, 25) — 2 Grössen; dreierlei Varietäten in Schwarz (mit und ohne Randlinie) und Roth — vorkommt; statt des Kreuzes in jenem findet sich bei diesem ein, dem Zeichencharakter jener Zeit und den Rococoschnörkeln entsprechender, reichlich gespreizt dargestellter, springender Hirsch (in Gold auf grünem Boden); an Stelle von Blumen und Bienen steht „P. S." Diese Buchstaben sind mir als „P. Steinhorst aus Westfalen" bezeichnet worden; trotz verschiedener Nachforschungen in Westfalen konnte ich noch nichts Genaues hierüber eruiren; jedenfalls sind die Gymnich'schen und P. S.-Blätter von einem Zeichner und Stecher, (vielleicht in Köln?) oder mindestens ist das Eine bei der Herstellung des Anderen benützt worden.

III. Zu dem in voriger Nummer (III. 4.) Seite 92 genannten Bibliothekzeichen des kgl. französischen Senators Petre de Maridat zu Metz, ca. 1700, bemerke ich, dass in dem Wort „libris" des dort mitgetheilten Verses mit Bezug auf die vom Mohren gehaltene Waage(libra) ähnlich ein Wortspiel — liber-Buch und libra-Waage — vorliegt, wie auf den fünferlei Ex-libris des C. M. von Woog (1750; W. 2517, 8, 9), auf denen die Waage-libra und gewogen-libratus in Vers und Bild mit dem Namen Woog-Waage in Verbindung gebracht wird: beliebte Spielereien des vorigen Jahrhunderts. Zu erwähnen ist, dass das Maridat'sche Ex-libris auch schon in J. Leicester Warren's Guide to the Study of bookplates, London 1880, S. 116, besprochen ist, sowie dass der Name des Betreffenden auf neuem Exemplar nur „Peter Maridat", ohne „de", lautet.

IV. Ich möchte nicht unterlassen, unsere kunstliebenden Leser, insbesondere unsere Herren Ex-libris-Künstler auf nachfolgende Werke aufmerksam zu machen, weil deren Inhalt in gewisser Beziehung unseren Bibliothekzeichen verwandt ist, und die in diesen Monographieen befindlichen Abbildungen interessante Muster und Motive für solche Ex-libris abgeben, welche im Stile des 15. und 16. Jahrhunderts gezeichnet werden sollen. Diese, manche neue Idee anregenden Blätter, nur „Buchdruckermarken*)" und „Verlegerzeichen" enthaltend, weisen vielfach schöne heraldische Ausschmückung mit Schilden und Schildhaltern, sowie Darstellungen häuslicher Scenen, schreibender Gelehrter mit Büchern etc. auf; auch sind sie eine Fundgrube für gothische Initialen und Schriftproben. Die Titel lauten:

1) Gravures sur bois tirées des livres français du XV. siècle 4° Paris, Ad. Labitte 1868 (Sammlung von ornamentalen Buchdruckermarken des 15. Jahrhunderts, Buchhändlersignete und Wappen etc. in Facsimilereproduktion), ursprünglich 30 Mark, jüngst offerirt bei Lüneburg für 14 Mark, bei v. Zahn und Jaensch für 16 Mark, bei Volckmann und Jerosch für 17½ Mk., bei Krebs für 18½ Mk., bei Völcker für 20 Mk!

2) Elsäss. Büchermarken bis Anfang des 18. Jahrhunderts von P. Heitz und Dr. K. A. Barack, Strassburg 1892.**)

3) Die italienischen Buchdrucker- und Verlegerzeichen bis 1525, von Dr. P. Kristeller. Ebd. 1893.

V. Ferner mache ich auf „The Studio, an illustrated magazine of fine and applied art" aufmerksam, da in dieser Zeitschrift ab und zu interessante englische Ex-libris abgebildet werden (so z. B. in No. 1 und 4, 1893; Preis: Sixpence; Adresse: 16 Henrietta Str., Covent Garden, London).

---
*) So ist der von den Herausgebern im Gegensatz zu unseren Ex-libris-Bibliothekzeichen gewählte Titel für diejenigen Druckerzeichen — auch Buchherrsignete genannt —, welche sich meistens auf dem gedruckten Titelblatt unten oder am Schlusse eines Werkes befinden.
**) Eine eingehende Erwähnung dieses trefflichen Werkes ist in den „Redaktionellen Mittheilungen" dieser Nummer enthalten. Anm. d. Red.

VI. Mein eigenes neuestes, hier abgebildetes Bibliothekzeichen ist 1903 nach meinen Angaben von Herrn Ernst Krahl in Wien gefertigt und im Stile eines herzoglich bayrischen Wappens des Virgil Solis gehalten*); im Gegensatz zur traditionellen Wappen-Zusammensetzung, welche in der Verfallzeit der Heraldik nach Verschmelzung der alten Stammschilde in ein, 2 Häuser umfassendes Familienwappen nicht nach guten altheraldischen Regeln erfolgte und in Feld 1 und 4 Leiningen,

2 und 3 Westerburg und im Mittelschild**) Laurwig zeigte, liess ich es auf diesem Blatte in historischer Anordnung und nach heraldischen Regeln darstellen; Feld 1 und Helm I (Mitte): Westerburg goldene Kreuze in Roth, bzw. Adlerflug'; Feld 2 und Helm II

*) vergl. „Adler" 1875, S. 129 und Warnecke, heraldische Kunstblätter 2, Bl. 42, No. 158.
**) in dem z. B. der Hauptstammschild Westerburg gehören würde!

(rechts): Leiningen silberne Adler in Blau, bzw. Lindenbaum'; Feld 3 Laurwig (goldener Löwe mit silberner Streitaxt in Roth'; Feld 4 und Helm III (links: Schaumburg blaues Kreuz in Gold bzw. Pfauschweif. Das in der Unterschrift vorkommende Wort „Semperfrey", welches wohl nicht allgemein bekannt sein dürfte, ist dem ur- und hochadeligen Westerburger Dynastengeschlechte seit dem frühsten Mittelalter zu eigen und wurde von jedem männlichen und weiblichen Mitgliede des Hauses hinter dem Namen geführt; ausser Westerburg führten diesen Zusatz nur noch die Geschlechter Schenk von Limpurg, Thusis und Aldenwahlen, von denen die letzteren 2 ausgestorben sind. Der Ausdruck hat mit „Semper"-„immer" nichts zu thun, sondern ist verderbt aus „Sendbarfrei", frei vom Send d. h. vom Sendgericht; die Angehörigen eines solchen sendbarfreien Geschlechtes konnten nicht vor ein Sendgericht geladen, sondern nur von dem Kaiser selbst belangt werden. Der Ausdruck deckt sich somit mit dem späteren „reichsunmittelbar."*)

München, December 1903.

K. E. Graf zu Leiningen-Westerburg.

Zwei Bücherzeichen des Wolfgang Rehlinger zu Augsburg.
(W. 1674. 1675.)

Beide Blätter, von denen sich das Grössere durch kraftvolle Behandlung auszeichnet, enthalten das Wappen der Rehlingen**), vermehrt mit dem Misbeckischen.

*) Siehe ausführliche Behandlung dieses Titels in Dr. E. Brinkmeier und K. E. Graf zu Leiningen-Westerburg, General-Geschichte des etc. Hauses Leiningen und Leiningen-Westerburg; Braunschweig, Sattler, 1890—91 II. S. 4—7.
**) auch Rehling oder Rhelinger.

Bücherzeichen des **W. von Rehlingen** zu Augsburg.

Die Rehlingen sind ein sehr altes, aus dem bayrischen Landadel hervorgegangenes Geschlecht, welches seit frühesten Zeiten die Herrschaft Rehlingen am Lech mit dem Schlosse Schernegg unweit Augsburg nebst der Hof-Mark Au bei Landshut besass. Als Stammeltern der noch blühenden Hainhofer Linie werden Heinrich v. Scheregg und Anna Marschallin zu Pappenheim genannt, welche um die Mitte des 13. Jahrhunderts lebten. Im Jahre 1300 verzog sich der grössere Theil der Familie nach Augsburg, kam bald ins Patriciat, und nahm, mit einflussreichen Geschlechtern versippt, lange Zeit in hervorragender Weise Antheil am städtischen Regimente. 1503 heirathete Bernhard die Erbtochter des elsässischen Edelgeschlechtes der Misbeck und vereinigte mit seinem Wappen das seiner Ehehälfte, indem er es in das 2. und 3. Feld des Schildes aufnahm. Unter Kaiser Maximilian II. erfolgte 1564 abermals eine Wappenänderung, indem Hans Bernhard gemäss kaiserlichen Diploms zu seinem Familienwappen das der erloschenen Münchrichshausser fügte, welcher Umstand für die Entstehungszeit unserer Blätter einigen Anhalt bietet.

Auf dem kleineren Ex-libris ist in vergilbter Schrift zu lesen: „Obstehender*) Bernhardt Rehlinger**) ist Wolff Rehlingers der obiges geschriben vndt dessen wappen hier vorgestellt, leiblicher Vatter gewest, der dan dass Buch seinem Eniglken (Enkel: neinlich besagten Wolff Rehlingers Sohn, meinem lieben Vättern See(lig) verehrt hatt, welches hernachmals Ao. 1588 an mich erblich kommen ist, das bezeug ich, Carol (?) Rehlinger, als obigen Bernhardt R's, vhr Enigll. mit dieser meiner aigen handtschrift.

---

*) Das Vorhergehende fehlt, da es auf die innere Seite des Buchdeckels geschrieben. Ebenso ist uns das hier erwähnte Buch unbekant. —
**) Zweifellos der vorgenannte Bernhard R.

de dato 9 Juny Ao. 1638 meines alters im 76. J." —

Aus dieser Notiz erfahren wir, dass sich die auf dem grösseren Bücherzeichen befindlichen Initialen: W. R. Z. R. auf Wolfgang Rehlinger zu Rehlingen beziehen, dass Letzterer ein Sohn des mehrgedachten Bernhard war, und dass er, da sein Enkel Karl 1572 zur Welt kam, muthmasslich vor 1510 geboren ist.

In des Bucelinus bändereicher Germania topo-stemmato-graphica habe ich bei summarischer Durchsicht die Rehlingen nicht entdeckt; das Citat Kneschke's ist irrig. (v. Stetten Gesch. d. adeligen Geschlechter Augsburgs. S. 86. Kneschke, Adels-Lexikon B. VII. S. 403.)

v. E.

English Book-Plates. *Ancient and Modern. By Egerton Castle. London: George Bell & Sons, York Street, Covent Garden, 1893. II. Aufl. Geb. 10 sh. 6 d.*

Kaum ein Jahr ist dahin geschwunden seit dem Erscheinen der ersten Auflage dieses überall freudig begrüssten, vortrefflich ausgestatteten und recht billigen Buches mit seinen 200 entweder in den Text gedruckten oder auf (15) Tafeln beigegebenen Kupferplatten und farbigen Abbildungen! Inzwischen sind nicht weniger denn 1000 Exemplare abgesetzt! Wie steht es in dieser Beziehung bei uns in Deutschland?! Es ist im hohen Grade beschämend, bekennen zu müssen, dass wissenschaftliche Bücher bei uns häufig nur in einer kleinen, oft 1—200 Auflage nicht übersteigenden Anzahl, auch nicht selten auf Kosten des Autors, gedruckt werden können, während davon erst nach Jahren die Hälfte der Bücher — wenn's glückt! — verkauft wird. In dem schnellen, in grosser Auflage erfolgenden Absatz eines guten Buchs beruht das Geheimniss, weshalb man im Auslande, z. B. in England, so sehr billig kaufen kann. Können gleich 1000 und mehr Exemplare gedruckt werden, so ist der Verleger im Stande den Preis des Buches ausserordentlich niedrig zu setzen. Er wird dabei mehr Vortheil finden, als der deutsche Verleger, der für ein gleich gutes, oft weit besseres Buch nur wenige Abnehmer findet, und eine Auflage von 200 drucken lässt, deren Herstellungskosten — das Papier und die geringen Druckkosten abgerechnet! — fast die gleichen sind als bei 1000 Exemplaren! —

Nach diesem Stossseufzer kommen wir nochmals auf das obige Buch zurück, dessen Nützlichkeit und Brauchbarkeit schon bei dem Erscheinen der ersten Auflage hervorgehoben ist. Die zweite verdient in noch höherem Grade unseren Beifall, da der Herausgeber das Buch nicht nur durch eine erhebliche Anzahl von Bücherzeichen vermehrt, sondern auch im Text verschiedene Verbesserungen vorgenommen hat.

Grosses Lob verdienen die neueren englischen Ex-libris, weil auf denselben die nicht gerade schönen, jedenfalls oft recht nüchternen englischen Wappen weniger in den Vordergrund treten, welche in Massen aufgetischt die grösste Langeweile verursachen und einen förmlichen Gähnkrampf hervorrufen. Dass die ersten und tüchtigsten englischen Künstler es nicht, wie viele deutsche, unter ihrer Würde finden, diese Kleinkunst zu fördern, ist ein besonders erfreuliches Zeichen. Sie leisten darin so Tüchtiges, dass man an die Arbeiten eines Joseph Sattler erinnert wird, dessen Bücherzeichen — freilich bis jetzt noch Wenigen bekannt — bald ein ebenso berechtigtes Aufsehen erregen, vielleicht die englischen übertragen werden! Die in grosser Anzahl abgebildeten neueren englischen Bücherzeichen machen fast ohne Ausnahme Anspruch auf Beachtung und wir können mit gutem Gewissen selbst den sich nicht mit dem Sammeln der Ex-libris Beschäftigenden, den wohlgemeinten Rath geben, sich dieses vortreffliche Werk zuzulegen. Dass unsere bahnbrechenden Meisterwerke des 15. und 16. Jahrhunderts in dem Buche recht stiefmütterlich behandelt sind, darüber wollen wir hinwegsehen! —

Noch kurz vor Schluss der Redaktion sind folgende 4 Ex-libris Werke erschienen:

25 Bücherzeichen, entworfen und ausgeführt von Clemens Kissel in Mainz. Klein 4°. Preis 4 Mark.

Das Mecklenburgische Wappen von Lucas Cranach d. Ä., die Bücherzeichen (ex-libris) des Herzogs Ulrich zu Mecklenburg und Anderes von C. Teske. Mit 22 Abbildungen. Klein-Folio. Preis 0 Mark.

Heraldische Bücherzeichen. Fünfundzwanzig Ex-libris. Gezeichnet von Ad. M. Hildebrandt. II. Sammlung. Preis 4 Mark.

Zwanzig Bücherzeichen nach eigenen Entwürfen von Georg Otto. Klein 4°. Preis 4 Mark.

Die Namen der Künstler bezw. Verfasser sind wohl den meisten unserer Leser, zum Theil auch durch die Ex-libris-Zeitschrift, bekannt und bürgen an sich schon für die Güte des Gebotenen. Von sämmtlichen hier genannten Werken sind auch im Verlage der Firma H. Grevel & Co. in London englische Ausgaben erschienen.

F. W.

„Ex-libris Ana."

Die vorstehend genannte Publikation, welche die Fortsetzung der ersten Serie von „Ex-libris imaginaires et supposés de personnages célèbres anciens et modernes" (Paris, L. Joly) bildet, erfuhr in der englischen Schwesterzeitschrift (Vol. 3, P. 11, S. 178) eine sehr günstige Kritik, der wir uns nicht anzuschliessen vermögen.

Abgesehen davon, dass dieser Monographie der nöthige Ernst der Wissenschaftlichkeit fehlt, scheint uns die Hauptsache der ganzen Publikation die zu sein, dass diese als Folie für den auf dem Umschlag befindlichen Verkaufskatalog zu dienen hat. Waren die bisherigen „Ex-libris imaginaires" immerhin originell und zum Theil in ihrer Zeichnung bemerkenswerth, so ist die jetzt eingetretene Erweiterung der Publikation in dem Momente nicht zu begrüssen, in welchem die französische Ex-libris-Gesellschaft mit ihrem Vereinsorgan an die Öffentlichkeit tritt. Das wenige Wissenschaftliche, welches in den „Ex-libris Ana" vertreten ist, würde besser der Zeitschrift der französischen Ex-libris-Gesellschaft zufliessen, als sich in merkwürdiger Vereinigung mit geradezu Unpassendem herumdrücken zu müssen. Um einen Beweis für diese letztere Behauptung zu erbringen, diene blos nachstehende Wiedergabe einer unter dem Titel „Indications d'Ex-Libris pour différentes professions" vorkommenden Stelle; sie lautet: „Ex-libris d'un comptable ivrogne: Entouré de bouteilles pleines et vides, un grand livre de commerce ayant écrit à gauche: Boit, et à droite: A boire. Pour devise: 2 et 2 font 22. Ou mieux: 10 et 10 font vin."

Abgesehen davon, dass sich ein Trunkenbold weder eine Bibliothek, noch ein Bibliothekzeichen anschafft, noch sich überhaupt mit Büchern abgeben dürfte, so ist dieser Vorschlag, diese Anregung, welche wohl witzig sein soll, einfach geschmacklos. Ein zweites Beispiel, das den unglaublichen Titel: „Ex-libris d'une sage femme" führt, genauer anzugeben, verbietet uns der Takt. Ohne zimperlich zu sein, muss man derartiges aus einer Schrift zurückweisen, welche halbwegs Anspruch darauf macht, wissenschaftlich ernst genommen zu werden.

Die Lektüre der ebenfalls hier vorkommenden „Livres supposés" mit Beschreibung der Bibliothek (!) und der Werke (!) des Urvaters Adam (!) halten wir ebenso für eine Zeitvergeudung, wie die Drucklegung genannter Plauderei für eine Verschwendung von Papier und Druckerschwärze.

Derartige Witzeleien sollen wahrscheinlich geistreich sein, allein wir können uns nur zu der Ansicht bekennen, dass solche Missgeburten vom fin du siècle anwidern; man kann nur wünschen, dass das „A suivre" am Schlusse jenes Absatzes nicht in Erfüllung geht, oder Blasphemien und Geschmacksverirrungen künftig unterbleiben.

Wie wenig gründlich die „Ex-libris-Ana" sind, beweisen allein die auf den 4 Textseiten vorkommenden Fehler: Libarum statt librorum, Proemonstratensis statt praem., Salm-Kirburg statt Salm-K; das sind mehr als Druckfehler! Dass der Artikelschreiber als ältestes Bibliothekzeichen das Pirckheimersche Blatt von Albr. Dürer nennt, beweist, dass er das hervorragende deutsche Ex-libris-Werk Warnecke's gar nicht kennt, — von unserer Ex-libris-Zeitschrift ganz zu schweigen. Daraus, dass ihm diese beiden Publikationen unbekannt geblieben sind, sei ihm kein Vorwurf gemacht — man darf aber nicht über deutsche Ex-libris schreiben, wenn man die Hauptquellen gar nicht studirt hat.

Wann die sonst nicht unverdienstliche Beilage „Alphabet et Figures de tous les Termes du Blason" beendet werden soll, ist gar nicht abzusehen; denn die erste zweiblättrige Beilage, welche monatlich nur einmal fortgesetzt wird, umfasst nur 18 bzw. 19 Wappen und Beschreibungen von Abaissé bis Aigbon. Dem deutschen Sammlerkreise kann die I. Serie — die „Ex-libris imaginaires etc." als „curiosité" zur Anschaffung empfohlen werden, die Fortsetzung und II. Serie — die „Ex-libris Ana" — dagegen nicht, trotz des originellen, nicht unschönen, imaginairen Ex-libris Napoléons I.

K. E.

Ex-libris mit Ortsansichten.

Schon in einem früheren Aufsatze (III. 2. S. 27—31, speciell S. 28) wies ich darauf hin, in welch mannigfaltiger Weise Bibliothekzeichen ausgeschmückt werden können. Ich greife nachstehend eine Gruppe aus der grossen Masse heraus, welche durch ihre Anmuth und die Abwechslung in der Darstellung besonders geeignet ist, historisches wie anderes Interesse zu erwecken. Ich meine die sog. Landschafts-Ex-libris und solche, welche die mehr oder minder getreue Abbildung ganz bestimmter, wirklich bestehender Städte, Burgen, Gebäude, Gegenden und dergl. aufweisen*). Ich glaube durch die Besprechung und Erklärung der einzelnen Abbildungen denjenigen Sammlern einen kleinen Gefallen zu erweisen, welchen eine oder die andere, auf den Ex-libris nicht näher bezeichnete, Ansicht persönlich fremd geblieben ist.

Ich hebe hier gleich hervor, dass ich diejenigen Bibliothekzeichen nicht mit bespreche, welche imaginaire Landschaften darstellen; die Zahl solcher, mit Bergen, Dörfern, Gebäuden, Bäumen, Parks etc. ausgestatteter Ex-libris**), zum grössten Theil aus dem Ende des vorigen und Anfang dieses Jahrhunderts stammend, ist ziemlich bedeutend

*) In England: Landscape und view-bookplates (S. a. A: Hardy, bookpl.)
**) Vgl. z. B. die 2 in dieser Nummer abgebildeten Ex-libris von Winterthur, sowie die von Graf Spreti und Nack in Warnecke's Ex-libris-Werk.

doch haben sie nur insofern ein Recht auf genauere Beachtung, als diese kleinen Miniaturlandschaften oft sehr zierlich und graciös, jedenfalls sehr fleissig und häufig mit gutem Geschmack ausgeführt sind, was man bekanntlich von Ex-libris aus der genannten Periode nicht immer behaupten kann.

Die Gründe, warum man wirkliche Ansichten auf Ex-libris wiedergab und -giebt, sind mannigfach; ausser bestimmtem Geschmack oder dahinzielender Vorliebe wirkt z. B. manchesmal die Absicht mit, an die Vaterstadt oder den Wohnsitz des Besitzers zu erinnern, oder auf den Ort (Stadt, Schloss etc.) hinzuweisen, an dem die betreffende Bibliothek stand oder steht; es ist nicht zu läugnen, dass durch solch eine, meistens getreue, Darstellung ein Bild von historischer Bedeutung für spätere Zeiten geschaffen wird. Den Besitzern von Schloss-, Guts- und Villenbibliotheken ist es sehr anzuempfehlen, auf ihren Bibliothekzeichen der Abwechslung halber auch einmal eine Ansicht des betreffenden eigenen Besitzthums anbringen zu lassen; an Vorbildern für diese Sitte fehlt es nicht; auch ein minder pompöses, einfacheres Vater- oder Stammhaus ist der einer warmen Pietät entspringenden Wiedergabe höchst werth, wenn es noch im Besitz der gleichen Familie geblieben ist. Geistliche können sich auf ihren Ex-libris vortrefflich durch Darstellung von Kirchen etc. mit ihrem Wirkungskreis in Verbindung bringen; die oft monumentalen Baudenkmale, oder einige malerische, besonders in's Auge springende Theile derselben wirken vorzüglich und dekorativ und sind zur Ausschmückung von Bibliothekzeichen höchst geeignet.

Man huldigt besonders in letzter Zeit der Sitte dieser „Landschafts- und Ansichts-, auch Orts-Ex-libris" sehr, und bieten diese Arten eine recht annehmbare und willkommene von Stallburg'sches Bibliothekzeichen, von der Original-Kupferplatte gedruckt.

Abwechselung mit denjenigen zahlreichen Bibliothekzeichen, welche nur heraldischen Schmuck aufweisen.

Ich gebe im Nachstehenden die Ex-libris der beregten Gattung in chronologischer Reihenfolge länderweise, soweit mir dieselben bekannt geworden sind; eventuelle Mittheilungen hier nicht verzeichneter Exemplare durch freundliche und wohlwollende Sammelkollegen werden mir sehr willkommen sein; die in meiner Sammlung vertretenen Ex-libris sind mit „LW", solche aus anderem Besitz in Anmerkung durch bezüglichen Hinweis gekennzeichnet.

I a. Als ältestes, hier einschlägiges Ex-libris erscheint das hier abgebildete Bibliothekzeichen des **evangelischen Collegs zu Augsburg**, ca. 1590 (W. 72); es ist hier kein öffentlicher

freier Platz der Stadt abgebildet, sondern der Hof des heute noch in seinem Äusseren fast unverändert gebliebenen sog. „Collegs", das 1580 von einigen Augsburger Bürgern gegründet wurde; auf dem Ex-libris ist der Moment einer Predigt in gen. Hofe dargestellt (LW).

Das hier wiedergegebene Ex-libris mit dem von Stallburgischen Wappen (W. 2076) gehörte dem Jungbürgermeister **Johann Maximilian von Stallburg** zu Frankfurt am Main an; ca. 1719; es findet sich sowohl auf einem, dem Ebengenannten gewidmeten „Gedächtniss"-Blatt von 1719*), als auch — unanfechtbar als Bibliothekzeichen benützt — in verschiedenen Bänden der Frankfurter Stadtbibliothek. Die Abbildung zeigt (zufolge angestellter Nachforschungen in Bacharach) eine nicht ganz getreue, „etwas abgeänderte" Rheinlandschaft mit Bacharach im Vorder-, Dorf Rheindiebach im Hintergrunde; die Rheininseln, sowie der ein gutes Weinjahr verkündende Bachusstein — ara Bachi (am Sternchen' — sind ziemlich zutreffend. Die als Hauptsache erscheinende Ruine „Stalberg", die Stammburg der Stallburg, dagegen befindet sich nicht, wie auf dem Ex-libris, über Bacharach (wo „Stahleck" liegt), sondern ½ Stunde landeinwärts davon im Steeger-Thale über Dorf Steeg. Mit fast poetischer Freiheit hat der Stecher, Peter Fehr aus Frankfurt a. M., welcher in der Manier an seinen Landsmann (und Lehrer?) Merian erinnert, Alles zusammengeschoben, um es auf einer Platte vereinigen zu können; hervorzuheben ist die für jene Zeit vortreffliche Darstellung des Wappens, das nach gutem alten Vorbild gearbeitet ist, aber in seiner mittelalterlichen Darstellung merkwürdig in einer Landschaft des 18. Jahrhunderts anmuthet. Über das Wappen selbst sagt der Verfasser obengenannten Gedächtnissblattes Jac. Roth

*) „Des Stallburgischen Hauses Ehren Gedächnüs....., Jacob Roth, Moenofrankof. M. C., Frankfurt gedruckt bey Johann Philipp Andreae", im Besitz unseres Mitgliedes, des Herrn Alfred von Neufville, dessen Güte ich auch die Genehmigung verdanke, die ebenfalls in seinem Besitz befindliche Originalplatte dieses Stallburg'schen Blattes auf besonderer Beilage hier abdrucken lassen zu können.

in Frankfurt in einer Anmerkung desselben: „wie ich die Zeichnung des nach antiquar. Art gestochenen Stallburgischen Wappens der Liberalität des Herrn Joh. Ernesti von Glauburg zu Nieder-Erlenbach gantz verbunden zu danken habe" (LW).

Das ebenfalls hier wiedergegebene Exlibris des **Christoph Friedrich Kress von Kressenstein** (geb. 1669, † 1738), ca. 1690 (W. 1066) — Assessor, Schöpf und Pfleger von Gräfenberg zu Nürnberg — zeigt ausser dem Wappen und den Namenspatronen (heil. Christophorus und Kaiser Friedrich Barbarossa) die hübsche Ansicht des Kress'schen Stammguts und Dorfs Kraftshof, 2 Stunden von Nürnberg, auf welch Ersterem neben der Kirche sogar der Maibaum nicht fehlt. Originell ist die traditionelle Darstellung des Christophorus, von dem ein alter Spruch besagt:

„Christophorus trug Christum,
Christus trug die Welt;
Sag mir, wo hat Christophorus
Die Füsse hingestellt?"

Die Hohenstaufenlöwen im kaiserlichen Schilde weisen auf Barbarossa, den grössten der Friedriche hin, wenn natürlich auch Doppeladler und Rüstung, der Sitte der Zeit entsprechend, nicht dem Mittelalter angehören. Der Hirschkopf ist das Wappen von Kraftshof. — Ich weise noch auf die, ebenfalls damals sehr zeitgemässe Spielerei hin, dass die Anfangsbuchstaben des oberen Spruchs mit denen der Vor- und Zunamen korrespondiren (LW).

Joh. Nepom. von Pernat, geistl. Hofrath und Kanonikus zu unserer lieben Frau in München, 17.., liess auf seinem Ex-libris ausser dem Wappen und einem Tempel wegen seiner Beziehungen zur Frauenkirche diese selbst mit ihren 2 charakteristischen Thürmen anbringen (LW).

Eine Ansicht von **Seligenstadt** am

Main (Hessen) ist auf dem Ex-libris des dortigen Klosters, 17.., unter dem von Engeln getragenen Wappen abgebildet (LW).

Auf dem Ex-libris der **Minoriten-Congregation zur Jungfrau Maria in München**, ca. 1680 (W. 1403), sieht man unter Maria und dem Christus-Kind die Stadt München, besonders die Liebfrauenkirche mit den bekannten 2 Thürmen.*)

Joh. Georg Herwarth von Hohenburg der Jüngere, kurbayr. Rath, 1630, (W. 825) liess Forstenried bei München und im Hintergrunde München selbst darstellen.**) Forstenried wurde 1593 von den Herzögen Wilhelm V. und Maximilian I. dem Geh. Rath und nachmaligen Kanzler Joh. Georg Herwarth von Hohenburg als „Hofmark" verliehen; Ende des XVI. Jahrhunderts kaufte dieser auch das nahe Fürstenried.

Das hier reproducirte niedliche Blatt mit der Ansicht **Heidelbergs**, ca. 1730 (W. 1087)

liess sich trotz angestellter Nachforschungen in Heidelberg noch nicht definitiv genau bestimmen. Die Buchstaben sind (nicht „C. L.", sondern) „C. S. L", und bedeuten diese ent-

---
*) Sammlung der Kgl. Hof- u. Staatsbibliothek München.
**) Warnecke, Ex-libris-Werk S. 91.

weder: „Conventus Societatis Literariae" = der historisch-literarischen Gesellschaft gehörig, die im vorigen Jahrhundert in Heidelberg bestand, oder: „Collegii Sapientiae Libraria", welches Colleg unter dem Namen der „alten Sapienz" sich ebenfalls im 18. Jahrhundert zu Heidelberg vorfindet. Ich neige wegen der grösseren Einfachheit in der Auslegung der 3 Buchstaben zu ersterer Anschauung hin. Dass das Blatt ein Ex-libris war, ist zweifellos; denn „Num." (Numerus oder Nro.) und der freie Raum für Eintragungen deuten darauf hin. Der Löwe im oberen Theil des Rahmens ist das Stadtwappen Heidelbergs, der alte kurpfälzer Löwe. Der Stechername besagt (nicht „Verel fc" sondern) Egidius Verelst, (* zu Ettal 1742, † zu München 1818), welcher Hofkupferstecher unter Carl Philipp und Carl Theodor zu Mannheim war. Die Zeit des Ex-libris lässt sich, abgesehen vom Stil, in die Periode von 1718 bis 1764 festlegen; denn das kurfürstliche Schloss ist schon Ruine, der achteckige Thurm aber bedacht, das neue Dach desselben wurde 1718 aufgesetzt, brannte aber 1764 wieder ab. Da Eg. Verelst bei Anfertigung des Blattes mindestens 18—20 Jahre alt gewesen sein wird, so ist dasselbe wohl zwischen 1760 und 1764 entstanden. Der kleine Stich ist mit grosser Lokaltreue ausgeführt; man sieht nicht blos das Schloss sondern auch deutlich links die grosse Terrasse mit ihren Bögen, auf der jetzt unseres grosser. Scheffels Denkmal steht, ferner in Heidelberg das Brückenthor, die Heiliggeistkirche und den Marstall am Neckar (LW).

Jameral Du Val, Bibliothekar des deutschen Kaisers, Wien, (einem zweiten datirten Exemplar zufolge nicht ca. 1750, sondern) von 1769 — abgebildet in dieser Zeitschrift III. 2. S. 38. — gab auf seinem Ex-libris sein Besitzthum, Hof und Eremitage Ste Anne am rechten Ufer der Vezouze, Gemeinde Vitrimont bei Luneville, wieder (LW).

Ein mir sonst unbekannt gebliebener, jedenfalls klassisch gebildeter **Freiherr von Lützerode**, 17.., liess auf seinem von J. F. Volckart in Nürnberg (* 1750, † 1812) gestochenen Ex-libris („Ex bibliotheca L. R. de Lützerode") ausser der Minerva und seinem Wappen das (hier fein und trefflich ausgeführte) Kolosseum, das Flavische Amphitheater zu Rom anbringen (LW).

Eines der 3 Ex-libris von **Anton Sprecher von Bernegg** zu Chur, ca. 183.., enthalt die Abbildung der Thurmruine von Bernegg nebst 4 Schweizerhäusern (LW).

Auf dem Ex-libris von **Adam Walter Strobel**, des elsässer Geschichtsschreibers und Verfassers der Histoire patriotique d'Alsace 1841—1849*) (W. 2131), sieht man den Strassburger Münster, noch dazu mit dem damaligen originellen optischen Telegraphen auf dem Chor (LW).

Das Ex-libris*) von **Louis Benoit**, Stadtbibliothekar zu Nancy (aus Berthelmingen, Deutschlothringen), von ihm selbst, 184.., (W. 169) zeigt das alte Oberthor in Finstingen im Elsass; ausserdem sieht man das Wappen des Westrich — pays de la Sarre — sowie den Rheingrafen Otto, welcher die Reformation einführte, und seine Base Diane de Bommardin, Gemahlin Karl Philipps von Croy, Marquis d'Havré, welche die Vertheidigerin des katholischen Glaubens war (LW).

Das Zeichen der Brüder **Louis** und **Arthur Benoit** zu Berthelmingen in Lothr, für ihre Saarburger Bibliothek, von Arthur Benoit**), 1846. (W. 166) enthält die Abbildung des Glockenthurms und eigenen Hauses zu Berthelmingen. Die Saarburger trägt die sog. „Winterkappe", welche bei den Katholiken weiss, bei den Protestanten schwarz ist (LW).

---
*) Erwähnt auch in August Stoebers Petite Revue d'Ex-libris Alsaciens, Mühlhausen 1881.
**) Erwähnt auch in August Stöbers Petite Revue d'E.-L. Als.

Auf dem Ex-libris des **Hermann Kuhn**, Pfarrers zu Güblingen, gez. von Arth. Benoit, 188., (W. 1082) sieht man die alte St. Leo-Kapelle auf dem hohen Felsen der ehemaligen gräflich Leiningen'schen Burg Dagsburg i. Els., dem Geburtsort des deutschen Papstes Leo IX (LW).

Die Bibliothekzeichen von **Gérard** ehemal. Deputirten, 18.., sowie der Hochschule **Strassburg i. Els.**, 1871 (LW), und **Ferdinand Reiber**, des verstorbenen Ex-libris-Sammlers in Strassburg i. Els., 1879, (W. 1678) enthalten sämmtlich eine kleine Ansicht des Strassburger Münsters (LW).

Das Ex-libris vom (Familien-) **Museum Alexandrinum** zu Hachenburg, 189.., gez. v. Prinz Alexander zu Sayn-Wittgenstein, Grafen von Hachenburg, zeigt, nach alter Manier nahe zusammengeschoben, die 3 Wittgenstein'schen Burgen Friedwald, Hachenburg und Sayn (LW).

Die Bibliothekzeichen des **Dr. A. Köster**, Hamburg, 189. (LW), und des Präsidenten der Bürgerschaft **S. Hinrichsen**, Hamburg, weisen ausser einzelnen Häusern speciell den Hamburger bekannten Michaelis-Thurm auf (LW). Auf **Chr. H. A. Freiherrn von Ohlendorff's** Blättern, 1893, sieht man Hamburgs Aussen-Alster mit der Lombardsbrücke (LW); auf dem von **K. Koch**, Wien, 1893, den Stephans-Thurm zu Wien (LW) und auf dem des Reichsherolds und Geh. Legationsraths **Gottfried Böhm**, München, 1893, das väterliche und eigene Haus zu Nördlingen (LW).

Auf dem Blatte des **Freiherrn Julius Haller von Hallerstein**, 1893,*) ist die Burg Haller Thor zu Nürnberg abgebildet (LW).

Das fürs **Bisthum Mainz** vorgeschlagene Bibliothekzeichen**) 1893 (LW), und das

---
*) Giebt kein Exemplar ab.
**) Abgebildet in Cl. Kissel, 25 Bücherzeichen. J. A. Stargardt, Berlin, 1894.

Ex-libris des Domkapitulars und geistl. Raths **Dr. Joh. Mich. Raich**, Mainz 1893, sind durch Ansichten des Mainzer Doms geziert*) (LW).

Eines leider noch nicht bestimmten Exlibris aus dem vorigen Jahrhundert muss noch Erwähnung gethan werden; vielleicht führt es zu einer genaueren Bezeichnung: In Rococoumrahmung sitzt Minerva neben einem Schilde mit den verschlungenen Buchstaben „L S E"; daneben steht Merkur; über eine niedere Mauer hinweg erblickt man eine an Kirchen und Kirchthürmen besonders reiche Stadt. Kupferstich von „Beck". Ob dies Johann Georg Beck ist, der 1700 Kupferstecher in Augsburg und später zu Braunschweig war, konnte ich nicht feststellen. Augsburg ist die betreffende Stadt keinesfalls; vielleicht eine norddeutsche bedeutende Handelsstadt (LW).

L b. Bezüglich der zahlreichen Ex-libris, auf denen man das Innere einer Bibliothek sieht, (die sogen. Bibliothek-Interieurs, libraryinteriors) gilt dasselbe, was von vielen Landschafts-Ex-libris gesagt werden musste: die meisten sind Ideal-Darstellungen und keine Wiedergabe wirklich existirender Bibliotheksräume. Die wenigen jedoch, auf denen solche genau kopirt wurden, sind folgende:

Halle, Waisenhausbibliothek, 17.. (W. 739, 740), 3 Grössen; Ansicht des alten Waisenhaus-Bibliothekraums, in dem sich heute noch die „öffentliche Bibliothek" befindet (LW).

von Uffenbach, Frankfurt a. M., 1727 (W. 2241); Ansicht der Uffenbach'schen Bibliothek**) („Conspectus Bibliothecae Uffenbachianae"). Dieses Blatt ist nach Prüfung des Originals nach meiner einstweiligen Ansicht nimmermehr ein Ex-libris gewesen. Auf Erkundigungen hin erfuhr ich von geschätzter Seite***), dass der Frankfurter Senator Zach. Konrad von Uffenbach eine von Kraus gestochene Karte mit allegorischen Medaillons und der Aufschrift: „Z. C. ab Uffenbach hanc amicis Bibliothecam suam invisentibus tesseram esse voluit, ipse invenit. J. F. ab Uffenbach Frater Germanus delineavit" den Besuchern seiner aus 4 Sälen bestehenden Bibliothek zur Erinnerung schenkte; ferner, dass von Joh. Friedr. v. Uffenbach auf 2 verschiedene „innere Ansichten" der Bibliothek seines Bruders Zach. Konrad gezeichnet wurden, auf der einen steht: „Conspectus Bibliothecae Uffenbachianae Fratri Cariss. ea qua potuit manu delineavit et sculp. Germanus J. F. ab U. 1727", auf der anderen „Bibliothecae Uffenbachianae Conspectus alter ad vivum del. et sculp. Fratri Frater J. F. ab U." Das erstere ist jedenfalls Warnecke No. 2241 und ebenso verwandt worden, wie die Eingangs erwähnte Kraus'sche Karte, d. h. man gab das die Bibliothek wiedergebende Bild dem Besucher zum Andenken mit. Das Wort „Conspectus" scheint mir allein schon darauf hinzuweisen, dass hier kein Ex-libris vorliegt, sondern blos eine Ansicht, eine Abbildung beabsichtigt war; in Büchern ist es mir noch nie eingeklebt vorgekommen, während die Nummern W. 2237—41, welche zweifellos Ex-libris sind, mannig und häufig vorkommen, fast immer den Gebrauch als Ex-libris zeigen und beweisen.*) Joh. Friedr. Hermann („Germanus") v. Uffenbach war 1687 geboren, verwaltete 1749 das jüngere, 1762 das alte Bürgermeisteramt zu Frankfurt a. M. und starb 1769.

Ob auch die 4 Bibliothekzeichen von **Zach. Konrad von Uffenbach,** Frankfurt a. M. 17.. (W. 2237—40) dessen Bibliothekssaal wiedergeben, ist nicht sicher, aber zu vermuthen.**) (LW).

---

*) Abgebildet in Cl. Kissel, 25 Bücherzeichen, J. A Stargardt, Berlin 1894.
**) Im Besitz des Herrn R. Springer Berlin.
***) Durch Herrn von Neufville, Frankfurt a. M.

*) Vgl. Gwinner, Kunst u. Künstlern S. 266. Nachtrag S. 118.
**) Abgebildet in Warnecke's Ex-libris-Werk.

Kremsmünster, Stiftsbibliothek, 1893: Ansicht der alten, schönen Bibliothekssäle (LW). Hieher gehört auch das historische Ex-libris von **Johann Gg. H. Ölrichs,** Küstrin — Berlin*), 1758/59 (W. 1509), das in der oberen Hälfte einen kleinen Theil des bombardirten Küstrin, das beschossene Haus und die Bibliothek von Ölrichs nebst Bastionen, Glacis und Belagerungsbatterien, in der unteren die in Berlin neu errichtete Bibliothek Ölrichs zeigt (LW).

Ad. Seyboth, Strassburg i. Els., 1890, liess sein Atelier auf das Ex-libris (2 Grössen) photolithographiren (LW.)

II. a. Von England verzeichne ich die Nachstehenden, bemerke aber gleich, dass sich ihre Zahl nach englischen Sammlungen leicht noch vermehren lässt:

Library of the Public Record Office London, ca. 1770, Ansicht des Towers in London**).

T. W. Greene, Lichfield, 17.. Kathedrale von Lichfield***).

Horace Walpole, 1791, Graf von Oxford, † 1797, der bekannte Schriftsteller; ca. 1790 von Bewick, Ansicht seines Besitzes auf Strawberry-Hill bei Twickenham.***)

Wm. Boteler, ca. 1800, gez. von Barlow: Ansicht von Eastry Church.††)

Devonport and Stonehouse Mechanics Institute, 182., Ansicht von Plymouth Sound, Mount Edgcumbe und der Denksäule zur Erinnerung der Namensänderung von Plymouth Dock in Devonport.†††)

Lancashire Independent College Library in Manchester, ca. 1850. Ansicht des Collegie (LW).

Thomas Baker, ca. 1850: Ansicht seines Skerton-House in Old Trafford (LW).

*) Abgebildet in Warnecke's Ex-libris-Werk.
**) Abgebildet in Hardy, Bookplates.
***) Aus Hardy, Bookplates.
††) Egerton Castle, Engl. Bookplates.
†††) Abgebildet Engl. Ex-libris-Journal, Vol. 3, Pt. 12, S. 187 bzw. 197.

George Allen: Ansicht von Darlington*).

Jac. Kendrich, Warrington, 1853: 8 Ansichten von Warrington (LW).

Chs. Leeson Prince, 1882: Sein Observatory in Crowborough. (LW).

Rev. **Chs. Rob. Manning,** 1883: Ansicht seines Wohnorts Diss Rectory, Norfolk. (LW.)

Rev. **Upw. Manning,** 1884: Ansicht von Diss Church (LW).

Rev. **R. E. Philpott,** 1884, gez. von New: zweierlei Ansichten des Hofs von River-House, Hammersmith**) (LW).

Chs. Henric Stuart Rich, Baronet, 1890: Ansicht seines Castle Devizes. (LW).

University College School, London, 1801, von T. E. Harrison***): Säulenhalle des University College in der Gowerstreet. (LW).

W. E. Goulden, Canterbury, 189.: Thürme von Canterbury (LW).

Frederic Locker, London, 189., von Kate Greenaway: Blick auf London mit der St. Pauls Kathedrale (LW)

Fred. Jac. Thairlwall, London 1893: Ruine von Thairlwall Castle, Northumberland (LW).

John Orr, Edinburgh, 1893, Ansicht der Dunblane Cathedral (LW).

John S. Martin, Edinburgh, 1893: Edinburgh Castle (LW).

Clement K. Shorter, gez. von Mr. Railton 1893: Ansicht von Shakespeares House in Stratford on Avon (LW).

Miss **Edith Anne Greene,** Bristol 1893, gez. von ihr selbst: Ansicht ihres Geburts- und mehrjährigen Wohnhauses in den Ruinen der Abtei Bury St. Edmonds, Suffolk (zerstört 1540); die Abtei ist nach dem König und Martyrer St. Edmond benannt, der i. J. 870 von den Dänen erschossen wurde) (LW).

*) Aus Hardy, Bookplates.
**) Egerton Castle, Engl. Bookplates.
***) Abgebildet Engl. Ex-libris-Journal, Vol. 2, Pt. 5, S. 73.
†) hierauf beziehen sich auch die Krone und die Pfeile in den Ecken; siehe auch die Ex-libris von Mrs. Lake und Mrs. E. S. M. Smith.

Carleton Greene, 1893; gez. von Miss E. A. Greene, unserem Mitgliede, deren Güte ich das Cliché des hier unten als englisches Beispiel abgedruckten Ex-libris verdanke: Ansicht des berühmten Trinity College, Cambridge, dessen Schüler Mr. Carleton Greene war (LW).

II b. **Mrs. Kathleen F. T. Balfour**, 1893, von ihr selbst: Inneres der Townley-Hall-Library, Drogheda, Irland (LW).

John Peace, Bristol, 188.; Inneres der Bristol City Library (LW).

Henry B. Weathley, London, 1889, von Emslie: Ausser Portrait Inneres der

Mrs. **N. B. Lake**, geb. Greene, 1893, gez. von Miss E. A. Greene: Ansicht des Normänner Thurms von 1080 von der Abtei Bury St. Edmonds (LW).

Mrs. **Emily Smithies Machell Smith**, geb. Greene, 1893, gez. von Miss Greene; Ansicht ihres Geburtshauses, des alten Hauses, in dem der letzte Abt von Bury St. Edmonds nach der Zerstörung der Abtei 1540 lebte und starb (LW).

Mrs. **Mary Townley Balfour**, 1893, gez. von Miss E. A. Greene: Ansicht des Familienbesitzes an der Ostküste Irlands (LW).

Miss **Nesta Higginson**, 1893, gez. von Miss E. A. Greene: Thal Nordirlands (LW).

Miss **Mildred O'Brien**, Toronto, Canada, 1893, von Miss E. A. Greene: Blick auf die Kirche Toronto's (LW).

Bibliothek von John Kemble, Caroline Street, Bedford Square, London, jetzt niedergerissen*).

Gilbert Isold Ellis, London, 1891: Innenansicht des Studirzimmers (LW).

W. H. K. Wright, Redakteur der englischen Ex-libris-Zeitschrift, Plymouth, 1892: Ansicht seines Privatzimmers in der Public Library von Plymouth mit Blick auf das Armada-, das Drake- und das Smeaton-Denkmal (letzteres der alte Eddiptone-Leuchtthurm) in Plymouth, bei denen Mrs. Wright thätig betheiligt war. (LW).

III. Aus **Frankreich** führe ich folgende an: **Mouffle de Champigny** und Mr. **de Varville**,**) welche die Ansichten ihrer Lieb-

---

*) Mr. Arth. Vicars, Ulster King of Arms, Liste der Library-Interior-Bookplates (Private Circulation 1893)

**) Nach Poulet-Malassis, Les Ex-libris français S.31.

lingswohnsitze auf ihren Ex-libris abbilden liessen.

École Massillon, Congrégation de l'Oratoire, Paris, 188.: Ansicht der Schule im ehemaligen hôtel Fieubet-La Valette am Quai des Célestins, einem der reizendsten und stilvollsten Gebäude von Paris. Das in dieser Nummer abgebildete Bibliothekzeichen enthält oben die Büste Massillons, des bedeutendsten Mitgliedes des Oratoriums, vorn Christus, die Kinder segnend, und unten das Zeichen des l'Oratoire de France: „Jesus und Maria inni." (aculata) in Dornenkrone; gestochen von Cl. E. Thiéry in Nancy, in verschiedenen Farben gedruckt. (LW.)

Victor Hugo, der bekannte Dichter, Paris, 1870, von Aglaus Bouvenne: Die Buchstaben „V. H V G O" stehen vor der Vorderfront der Notre-Dame-Kirche in Paris (Anspielung auf seinen Roman Notre Dame de Paris); hierauf bezieht sich der Vers M. A. Vacquerie's: „Les tours de Notre Dame étaient l'H. de son nom".*) (LW).

*) Abgebildet in Poulet-Malassis, a. a o.: S. 38, Tafel.

Francis de Chanteau, † 1881: Château de Montbras sur Meuse bei Vaucouleurs.*)

A. Bellevoye, Graveur, Rheims (geb. zu Metz); 1884, Metzer Dom und Aquadukt von Jouy aux Arches. (LW).

Alexander Martel, 188.: Ansicht des Château de Cassan bei Roujau (Hérault).

Léon Germain, antiquaire, Nancy, 188. Ansicht des Musée Lorrain zu Nancy (LW).

Langlard, directeur général d'incendie et de sinistres maritimes, directeur d'assurances, Nancy, gez. von Martin 1890: Brand des Musée Lorrain im alten Herzogsschloss zu Nancy (1871) (LW).

Champfleury, Romancier, Direktor der Porzellan-Manufaktur Sèvres, 1874, von Aglaus Bouvenne: Jenseits eines blumenreichen Feldes (Champ-fleuri; Namensanspielung) erhebt sich die Kathedrale von Laon, dem Geburtsort Champfleury's (LW).

Catteau, Bischof von Luçon (Vendée): Ausser Portrait, Wappen und Devise Ansicht seiner Kathedrale in Luçon (LW).

La Salpêtrière, Paris, ehedem Arsenal, jetzt Versorgungs- und Krankenhaus, 188.: Haupteingang und Kuppel des Hauptgebäudes (LW).

Auguste Fabre, Lyon, 189.: Aussicht auf Lyon mit Brücke und Notre Dame de Fourvière; vorn Guignol (aus dem in Lyon sehr beliebten Kasperltheater) mit dem Löwen (lion-Lyon) (LW).

Marquis de Labriffe, 186., von Agry, Paris: Ansicht des Château de Neuville (LW).

Mr. Remusat, 189., von Agry, Paris: Ansicht des Schlosses von Lafitte (LW).

IV. Von anderen Ländern erwähne ich noch aus Schweden das Ex-libris der Safstaholms-Bibliothek des Grafen Bonde, Grundherrn auf Säfstaholm, 18..: Inneres der Bibliothek**) (LW).

*) Geil. Mittheilungen der Herrn A. Benoit.
**) Siehe auch Carlander, Svenska Bibl. och Exlibris, S. 196.

Aus **Belgien**: **Alph. van den Peereboom**, Staatsminister, Verfasser des Werks über Ypern, (†), Brüssel, 1887 : Hinter einem Birnbaum (Peereboom) Parlamentsgebäude zu Brüssel.*)

Aus **Amerika**: **Sutro Library** in San Francisco, California, von Mr. A. Sutro, einem Rheinländer, 1890: Ansicht des Sutro-Hill und anderer Sutro'scher Besitzungen bei San Francisco**) (LW). Ferner: **James Phinney Baxter**, Portland, Maine 1892: Portrait und Inneres seines Bibliothekzimmers (LW), und **Henry Blackwell**, Long Island, New-York 1893: Ansicht vom Snowdon (Berg in Wales England) (LW).

Ob das Ex-libris des **Holländers C. van Hultheim**, 18.., dessen Bibliothek in Abbildung wiedergiebt, ist nicht sicher, aber wahrscheinlich.***)

Am Schlusse angelangt, möchte ich nicht verfehlen, denjenigen Persönlichkeiten, welche mir einige Auskünfte in freundlichster Weise ertheilt haben, meinen Dank hiermit nochmals auszusprechen.

Denen aber, welche um Motive für neu zu kreirende Bibliothekzeichen verlegen sind, hoffe ich hier einen Fingerzeig und neue Anregung gegeben zu haben.

München im November 1893.

K. E. Graf zu Leiningen-Westerburg.

Elsässische Büchermarken bis Anfang des 18. Jahrhunderts *herausgegeben von Paul Heitz. Mit Vorbemerkungen und Nachrichten über die Drucker vom Oberbibliothekar Dr. Karl August Barack. Folio. Strassburg J. H. Ed. Heitz (Heitz & Mündel) 1892.*

Dieses vornehm ausgestattete Werk enthält neben dem bibliographisch äusserst werth-

---
*) Im Besitz des Herrn Benkard, Paris.
**) Abgebildet: Ex-libris-Zeitschrift II. 1. S. 18.
***) Abgebildet in Mr. Arth. Vicars, Ulster King of Arms, Liste der Library-Interior-Bookplates (Private Circulation 1893.)

vollen Text auf 76 Tafeln an 300 Abbildungen von Büchermarken der Drucker u. Verleger von Strassburg, Hagenau, Colmar, Mülhausen und Schlettstadt. Bei den verwandschaftlichen Beziehungen, welche zwischen den Ex-libris und den Buchdrucker- und Buchhändlerzeichen, Hausmarken, Monogrammen bestehen, wird es uns wohl gestattet sein, ein wenig näher auf erwähntes Werk einzugehen, indem wir besonders hervorheben, dass das Studium desselben für Ex-libris-Sammler auch insofern noch von Bedeutung ist, als gerade dadurch Gelegenheit geboten wird, sich vor Verwechselungen von Drucker- und Verlagssigneten mit unseren Ex-libris in Zukunft zu schützen. Häufig sind ja aus alten Druckwerken, namentlich unvollständigen Exemplaren, die Druckersignete herausgeschnitten und von nicht sehr systematischen Sammlern mit Ex-libris und anderen kleinen Kupferstichen und Holzschnitten zusammengelegt worden. Später mögen dann manche solcher Blätter im guten Glauben als Ex-libris angeboten und ebenso gekauft worden sein, was ja auch besonders durch den Umstand begünstigt wurde, dass häufig die künstlerische Ausführung der Blätter beider Kategorien der Ex-libris und der Drucker-Signete eine grosse Uebereinstimmung zeigt. Dem die elsässischen Büchermarken behandelnden Bande ist bereits ein solcher über die italienischen gefolgt, während drei neue Bände, die Frankfurter, Baseler und Züricher Büchermarken behandelnd, in Vorbereitung sind.

Mit diesem Material ist es dem Ex-libris-Sammler wohl möglich, seine Sammlung einer Prüfung und einer „reinlichen Scheidung" zu unterziehen. Was nun die eigentliche Bedeutung und den Zweck der Signete betrifft, so ist hervorzuheben, dass dieselben zu keiner Zeit eine rechtliche oder praktische Bedeutung gehabt haben, da sie nicht als Schutzmarken, sondern als eine künstlerische

Beigabe zu der Bezeichnung des Druckers in der Schlussschrift — als rein ornamentale Beigabe aufzufassen sind. Dennoch aber sind dieselben zu geschäftlichen Zwecken hergestellt: sie sind nichts anderes, als die uralten Hausmarken, die als persönliche bürgerliche Wappen, als Eigenthumsbezeichnungen dienten. Wie man sein Geräth und sein Vieh mit der Hausmarke zeichnete, wie man die Hausmarke auf Urkunden und dergl. neben den Namen oder statt desselben setzte, wie der Kaufmann seine Waarenballen für den Transport etc. durch dieselbe kenntlich machte, so konnte, wer solch eine Hausmarke besass oder es anderen nachthun wollte, diese Marke oder ein ähnliches Zeichen wohl auch neben seinem Namen den von ihm oder auf seine Kosten gedruckten Büchern beifügen. Je mehr die Thätigkeit des Druckers von einer auf persönlicher Erfindungskraft und Kunstfertigkeit, auf persönlichem Talent und Geschmack beruhenden Thätigkeit an eine entwickelte handwerkmässige, maschinelle Arbeit übergeht, um so mehr tritt naturgemäss die Person des Druckers, des ausführenden Technikers in den Hintergrund, tritt andererseits der geschäftliche Leiter, der Unternehmer, der die Kosten tragende Verleger selbstbewusst hervor. Von diesem Gesichtspunkt aus gewinnt die Betrachtung der Buchdruckerzeichen, ausser im bibliographischen und künstlerischen, auch im kulturgeschichtlichen Interesse. Für die Geschichte der Holzschneidekunst sind die Signete nicht ohne eine gewisse besondere Bedeutung, da sie doch in einer viel engeren Beziehung zur Druckerofficin stehen, als die anderen Holzschnitte in den Büchern, die bekanntlich oft genug anderen Druckereien entlehnt oder nach den Holzschnitten in anderen Büchern kopirt sind. Die Signete sind immer in nächster Nähe der Druckerei entstanden und können deshalb am sichersten eine Vorstellung geben von dem Stile der Holzschneidekunst an dem betreffenden Orte und von seinen Wandlungen. Der Glanzperiode der Bücherillustration, d. i. der ersten Hälfte des 16. Jahrhunderts, verdanken wir auch die hervorragendsten Druckermarken. Da die grösseren Strassburger Druckherren dieser Zeit sich eigene Formschneidewerkstätten hielten, waren sie in der Lage, dem bildlichen Schmucke ihrer Marke eine besondere Sorgfalt zuzuwenden und sich nach Belieben Varianten herstellen zu lassen. Während von den Formschneidern fast keine bekannt sind, treffen wir dagegen unter den Zeichnern die hervorragendsten Künstlernamen, wie Hans Baldung Grien, Urs Graf, Hans Wächtelin, Holbein, Heinrich Vogtherr d. Ä. und d. J.; Tobias Stimmer; ferner C. Sichem, Peter Aubry, J. Adam Seupel, Jac. Andr. Fridrich u. A.

Auf die späteren Bände dieses hervorragenden Werkes, das sich in der Bibliothek jedes gründlichen Bibliophilen u. Bibliographen bald einen Platz erobern wird, kommen wir bei Erscheinen derselben zurück.

. . . 7

Redaktionelle Mittheilungen.

● Die bewährten Freunde und Gönner des Ex-libris-Vereins und seiner Zeitschrift sind wieder eifrig bemüht gewesen, die vorliegende Nummer glanzvoll auszustatten. Den Freunden von Kupferstichen bieten wir eine von Herrn Geheimrath Friedrich Warnecke (Bücherzeichen Martin Gerum W. 634) und eine von Herrn Karl Emich Grafen zu Leiningen-Westerburg (Bibliothekzeichen von Stallburg. W. 2070) beschaffte Kunstbeilage. Die Beilage mit dem Ex-libris Christophorus Hos ist nach einem vorzüglichen Original aus der Sammlung des Herrn Geheimrath Warnecke reproducirt worden. Seine Excellenz Herr Staatsrath von Eisenhart ist zu unserer Freude auch wieder eifrig am Werke gewesen, dieser Nummer zu gutem Erfolge zu verhelfen und besorgte uns in liebenswürdiger Bereitwilligkeit die beiden Beilagen: Bücherzeichen von W. R. Rehlingen (W. 1674) und von Stephan Rosinus (W. 1787), nach Originalen seiner kostbaren Sammlung.

Herr Graf zu Leiningen-Westerburg hat in seinem Artikel „Ex-libris mit Ortsansichten" bereits Miss Edith A. Greene den Dank im Namen des Vereins für das uns geliehene Cliché des Bibliothekzeichens ihres Bruders, Mr. Carleton Greene, ausgesprochen. Es sei uns aber vergönnt, unsererseits auch dem Herrn Grafen Dank für die zu erwähntem Artikel von ihm beschafften 4 Clichés aussprechen zu dürfen, welche nach Originalen seiner eigenen werthvollen Sammlung angefertigt wurden.

Herrn Schulte vom Brühl und der Schellenberg'schen Hofbuchdruckerei in Wiesbaden sind wir für Ueberlassung des Clichés vom Ex-libris Dr. Adolf Fritze zu Dank verbunden.

● Dass unsere Vereins-Zeitschrift auch im Ausland allenthalben Beifall findet, ist uns eine erfreuliche Wahrnehmung. Miss Edith A. Greene, welche selbst als Künstlerin auf dem Gebiete der Ex-libris-Darstellung wirkt, nennt unsere Zeitschrift „so distinguished a publication". Herr Oberst Acton C. Havelock in Bolingbroke, Ealing, schreibt uns: „Being lately in the Studio of Mr. C. W. Sherborn, he showed me several numbers of your Berlin Ex-libris-Society Journal. I am so pleased with them that I write to ask you to include my name as a subscriber". Aus Bern lasst sich Herr Kupferstecher Chr. Bühler, ein Freund unserer Bestrebungen, also vernehmen: „Wenn es so fortgeht, so erobert sich die Ex-libris-Zeitschrift hoffentlich dann doch eine Anzahl von Abonnenten, die jede Sorge für den Bestand in der Zukunft ausschliesst." Noch manche andere anerkennende Zuschrift spendet uns wohlwollende, aufmunternde Worte.

● Herr K. F. Graf zu Leiningen-Westerburg, München, Blüthenstrasse 10, bittet dringend um gefällige Mittheilung bezw. Zusendung — gegen Rückgabe — eines freiherrlich oder gräflich von Stockhammer'schen Bibliothekzeichens.

● Miss Edith A. Greene, unser Mitglied, 14 Royal Park, Clifton, Bristol, ist bereit, von den von ihr gefertigten sehr hübschen Bücherzeichen (Lady Gregory, Nesta Higginson, Mary T. Balfour, Emily Smythies, Machell Smith, Carleton Greene, Robert und Vere O'Brien u. A.) Exemplare gegen deutsche Ex-libris in Tausch zu geben.

● Das September-Heft des „Journal of the Ex-libris-Society" hat folgenden Inhalt: Book-plate of Captain Cook by W. H. K. Wright. — The heraldry and book-plates of some British poets. — An annotated list of early American book-plates. By Charles Dexter Allen. (Contin.) — Dated book-plates. By Walter Hamilton. — The book-plate of Charles Leeson Prince, F.V. Hadlow sc. By Walter Hamilton. — Editorial notes.

Inhalt der October-Nummer: On the processes for the production of ex-libris. By John Vinycomb. — The scope of book-plate collecting. By Walter Hamilton. — The Prince library and book-plates. By W. H. K. Wright. — Oliver Cromwell's book-plate. [?] — Book-plate of Samuel Provoost, first bishop of New-York. By W. H. K. Wright. — The book-plate of L. Sterne. By Walter Hamilton. — An annotated list of early American book-plates. By Charles Dexter Allen. (Contin.) — Cowper's book-plate. By W. Bolton. — Book-plates of Colonel F. Grant. By W. H. K. Wright.

— Spanish and other book-plates. By H. S. Ashbee. — Editorial notes.

Inhalt der November-Nummer: Bookplates of Samuel Pepys. By W. H. K. Wright. — On the processes for the production of ex-libris. By W. H. K. Wright. — American notes. By W. H. K. Wright. Miscellanea. — Editorial notes.

Von den diesen 3 Heften beigegebenen Illustrationen wollen wir hervorheben:

Das Ex-libris von Charles Leeson Prince, ferner dasjenige von Robert Jackson, ein von H. Stacy Marks entworfenes, interessantes Blättchen, sowie die beiden Portrait-Ex-libris und das sehr hübsche Monogramm-Bücherzeichen von Samuel Pepys.

Mr. Walter Hamilton nennt im Oktoberheft als Besitzer grösserer Sammlungen Dr. Howard, Mr. Augustus Franks, Mr. Carson, Mr. Carlton Stitt, Miss Chamberlaine und the Hon. Gerald Ponsonby. Von diesen Sammlern sollen einige mehr als 50000 Ex-libris besitzen. — Mr. Arthur Vicars bemerkt sehr richtig zu dieser Mittheilung, dass natürlich nicht die Quantität, sondern die Qualität der Sammlung ausschlaggebend sei. Im Uebrigen dürfe die Sammlung von Mr. Franks wohl nahe an 100,000 (!) Stück enthalten. Dass die Sammlung des Hon. Gerald Ponsonby, welche, wie vorstehend erwähnt, zu den grössten gehören soll, nur Blätter von künstlerischem Werthe enthält, trotzdem der Besitzer das Sammeln aller ausländischen Blätter längst aufgegeben hat, muss uns die Annahme aufdrängen, dass doch mehr künstlerisch ausgeführte englische Ex-libris existiren, als wir bisher glaubten annehmen zu dürfen. Obwohl in Deutschland die Bücherzeichen viel früher als in anderen Ländern auftauchten und bis zur Neuzeit in künstlerischer Beziehung manches Hervorragende aufzuweisen haben,

können wir doch mit solchen Zahlen nicht wetteifern. Aber — man möge es uns nicht als Neid auslegen — wir glauben, dass bei den erwähnten Angaben ein wenig die „rage des nombres" mitspielt, und dass hinsichtlich der künstlerischen Ausführung der Blätter nicht durchweg ein strenger Maasstab angelegt ist.

Bücherzeichen
des Herrn Dr. **Adolf Fritze**
gezeichnet
von **Schulte vom Brühl**, zu Wiesbaden.

Anfrage.

Die fünfzehn Ritterkantone des früheren Deutschen Reiches hatten an ihren Hauptsitzen Bibliotheken, und theilweise wenigstens Bücherzeichen.

Da ich nur 5 (resp. 6) der Letzteren besitze:
1. (anon.) Allgäu, Högau und Bodensee,
2. Mittelrhein mit Wetterau,
3. Oberrhein,
4. u. 5. Odenwald, (2 Papier-Varianten)
6. Steigerwald —

wäre ich sehr dankbar, zu erfahren, ob und welche Ex-libris in dieser Richtung noch bekannt sind.

München, im November 1803.

v. Eisenhart,
Karlstrasse 24 i.

Briefkasten.

Davide Baronin von R.-W. in M. — Miss Edith A. G. in Clifton. — Graf zu L.-W. in M. — T. Bischof u. Dompropst Dr. J. D. in Pressburg. — Gehelmrath Friedrich W. in B. — Colonel Havelock in Ealing bei London. — Hans N. in P. — Professor Ad. M. H. in B. — Excellenz von E. in M. — N. vom B. in W. — Kustos Konrad B. in L. — Regierungsrath von R. in S. — Generallieutenant u. Adelsmarschall Graf M. in T. Herzlichen Dank für die unserer Vereinssammlung übersandten Bücherzeichen aus alter und neuer Zeit.

Hans S. in P. und Peter H. in M. Ihre Zusage, uns in nächster Zeit die von Ihnen gefertigten Ex-libris für die Vereins-Sammlung zuwenden zu wollen, hat uns sehr erfreut. Wir werden dann gern in einer der nächsten Sitzungen die betr. Blätter cirkuliren lassen.

Kustos Konrad B. in L. Ihr freundliches Entgegenkommen, der Redaktion alte Originale aus der Ex-libris-Sammlung der Bibliothek des Börsenvereins der deutschen Buchhändler zu Leipzig behufs Reproduktion zugänglich machen zu wollen, nehmen wir mit herzlichem Dank an.

Erich Freiherr von H. auf K. Für die nächste Nummer unserer Zeitschrift dürfen wir wohl wieder auf einen Beitrag aus Ihrer geschätzten Feder hoffen. Gern brachten wir auch einmal eine Reproduktion nach den von Ihnen entworfenen Ex-libris-Originalen.

Professor F. R. in E. Wir wünschen recht sehr, dass Sie bei jeder neuen Nummer der Ex-libris-Zeitschrift als willkommener Mitarbeiter erscheinen mögen.

Georg Kr. in Berlin. Sie finden auf Seite 30/31 des Jahrgangs 1893 die Künstler, welche sich hauptsächlich mit Anfertigung von Bücherzeichen beschäftigen, namentlich aufgeführt. Wenn Sie die Specialwerke von Warnecke, Egerton Castle, Hildebrandt, Kissel und Otto besichtigen, werden Sie gewiss manche Anregung für den Entwurf eines passenden Ex-libris finden.

Mehrere Vereinsmitglieder (in B., M., F., und L.) Die Einbanddecken für Jahrgang 1893 sind vorräthig und zu beziehen von Herrn C. A. Starke in Görlitz, 30 Salomonstrasse. Solche für Jahrgang I/II sind ebenfalls dort noch erhältlich. Der dieser Nummer beigefügte rothe Zettel giebt die Preise für die Einbanddecken genau an.

Inhaltsverzeichniss.

19. und 20. Sitzung des Ex-libris-Vereins. — Das Bücherzeichen des Passauer Kanonikus Rosinus. (Mit Beilage.) — Ein Bücherzeichen-Muster von 1494. (Mit Abbildung.) — Liber domini Zütphebli Wardenburg. (Mit Beilage.) — Erasmus Vendius, Clemens August, Herzog von Bayern. — Bücherzeichen des Dr. jur. Christophorus Hos. (Mit Beilage.) — Zur Kupferplatte eines Bücherzeichens des Martin Gerum in Waldsee. (Mit Beilage.) — Elzii et amicorum. — Die Ex-libris der deutschen Klöster. — Die Ex-libris unter der ersten französischen Republik. — Ex-libris Adolphi Schiel. — (Mit Abbildung.) — Verschiedenes. (Mit 3 Abbildungen.) — Zwei Bücherzeichen des Wolfgang Rehlinger zu Augsburg. (Mit Beilage und Textabbildung.) — English Book-Plates, by Egerton Castle. — "Ex-libris Ama". — Ex-libris mit Ortsansichten. (Mit Beilage und 5 Textabbildungen.) — Elsässische Büchermarken bis Anfang des 18. Jahrhunderts. — Redaktionelle Mittheilungen. Bücherzeichen des Dr. Adolf Frize. (Abbildung.) — Anfrage. — Briefkasten.

Mit 6 Beilagen.

Verantwortlicher Herausgeber: Wolfgang Mecklenburg, Berlin S. W., Dessauerstrasse 2.
Selbst-Verlag des „Ex-libris-Vereins" zu Berlin.
Druck und auftragsweiser Verlag von C. A. **Starke**, Königl. Holl., Görlitz, Salomonstr. 30, a. d. Berlinerstr.

Ex-libris

Zeitschrift

für

Bücherzeichen-

Bibliothekenkunde und Gelehrtengeschichte

Organ des Ex-libris-Vereins zu Berlin.
Jahrgang IV. Heft 2.

1894.

Auftragsweiser Verlag von C. A. Starke, Königl. Hofl., Görlitz.

Zeitschrift

für

Bücherzeichen — Bibliothekenkunde

und Gelehrtengeschichte.

IV.   Berlin, im April 1894.   № 2.

Der jährliche Preis der „Ex-libris-Zeitschrift" beträgt für Mitglieder 12 (sonst 15) Mark. — Anzeigen für die „Ex-libris-Zeitschrift" werden von C. A. Starke, Kgl. Hofl., Görlitz, Salomonstr. 39 entgegengenommen.

21. Sitzung des Ex-libris-Vereins.

Berlin, den 10. Oktober 1893.

Vorsitzender: Herr Geh.-Rath Warnecke.

Der Herr Vorsitzende zeigte einen von dem Glasmaler Schimpke in Tannenberg hergestellten sogen. Tummler oder Stehauf mit seinem und des Ex-libris-Vereins Wappen geschmückt.

Frau Davide von Retberg in München schenkt dem Verein fünf verschiedene Bücherzeichen ihres seligen Gemahls, des bekannten Kunstgelehrten Ralf v. Retberg, und des von demselben Herrn ausgeführten Ex-libris des Historikers Josef Würdinger.

Herr Pfarrer L. Gerster in Kappelen, Kanton Bern, theilt mit, dass er mit „soliden Ex-libris-Sammlern" in Verbindung zu treten wünsche. Derselbe hat von einigen Platten Neudrucke herstellen lassen.

Herr Professor E. Döpler der Jüngere zeigte den von ihm ausgeführten Entwurf eines Bücherzeichens mit leerem Wappenschild; ferner ein Buch mit dem Bücherzeichen des Antiquars Mai.

Eine grosse Anzahl älterer und neuerer Blätter gelangte alsdann durch Herrn Geh.-Rath Warnecke zur Vorlage.

Berlin, den 14. November 1893.

Der Schriftführer:

Seyler.

22. Sitzung des Ex-libris-Vereins.

Berlin, den 14. November 1893.

Vorsitzender: Herr Geh.-Rath Warnecke.

Herr Geh.-Rath Warnecke legte vor:

1. die von Herrn Dr. v. Bötticher in Bautzen zur Ansicht mitgetheilten Bücherzeichen des Johann Heinrich Hollander, Rathsherrn zu Riga, † 1797, und seines Sohnes Johann Samuel Hollander.

2. das Bücherzeichen des Geh. Sanitätsraths, Medicinalraths Herrn Dr. H. Abegg in Danzig mit dem alten Wappen seiner aus Zürich stammenden Familie.

Weiter zeigte der Herr Vorsitzende eine Auswahl der schönsten Bücherzeichen, behufs etwaiger Verwendung des einen oder anderen Blattes in der Zeitschrift.

Herr Amtsrichter Dr. Béringuier verliest ein von ihm entworfenes Cirkular an die Officier-Kasinos wegen der Einführung von Bücherzeichen für die Regiments-Bibliotheken.*) Der Entwurf findet in der Hauptsache den einstimmigen Beifall der Anwesenden. Wegen einiger Formfragen sollen noch weitere Ermittelungen eingeleitet werden. Der Herr Vorsitzende übernimmt die nothwendige weitere Korrespondenz.

Herr Professor Hildebrandt schenkt der Vereinssammlung die Photographien von 7 Deckelpressungen mit Wappen nach Originalen des Königlichen Kunstgewerbe-Museums und zeigt einige seiner neuesten Arbeiten.

Herr Wolfgang Mecklenburg legte 12 von dem Herrn Karl Emich Grafen zu Leiningen-Westerburg geschenkte Bücherzeichen zur Besichtigung vor. Es befindet sich darunter das Ex-libris des Herrn Edm. Engelmann in Paris, das, die Technik der Glasmalerei nachahmend, in Farbendruck ausgeführt ist. Weiter die drei Bücherzeichen des Herrn Dompropstes Dr. Joseph Danko in Pressburg, in Zinkätzung ausgeführt nach Zeichnungen von Ludwig Ramscher in Budapest, Hermann Giesel und Joseph Ritter v. Lippert. —

Allen Schenkgebern wurde der aufrichtigste Dank votirt.

Berlin, den 12. Dezember 1893.

Der Schriftführer:
Seyler.

---

*) Gelangte in dieser Nummer auf Seite 66 und 67 zum Abdruck. Anm. d. Red.

23. Sitzung des Ex-libris-Vereins.

Berlin, den 12. December 1893.

Vorsitzender: Herr Geh.-Rath Warnecke.

Nach Verlesung des Protokolls der vorigen Sitzung stellt Herr Professor E. Döpler d. J. den Antrag, den bisherigen Vorstand für das Jahr 1894 durch Akklamation wiederzuwählen. Ein Widerspruch wird nicht erhoben, die Wahl erfolgt demgemäss und die Gewählten nehmen die Erneuerung ihres Mandats mit Dank an.

Herrn Max Abel wird nach erfolgter Prüfung der Rechnung für das Jahr 1802 mit dem Ausdrucke des Dankes die statutenmässige Entlastung ertheilt. Ein Schreiben des Herrn Direktors der Reichsdruckerei gelangte zur Verlesung und der Entwurf eines Rundschreibens an die Regimentsbibliotheken wurde mit den vom Herrn Major Grafen von Brühl beantragten Aenderungen noch einmal durchberathen. Es wurde beschlossen, vier neue Entwürfe von Bücherzeichen dem Rundschreiben beizufügen*) und hierbei das Eigenthumsrecht der Künstler vorzubehalten. Herr Prof. Döpler erklärt sich bereit, das Ex-libris für das Regiment der Gardes du Corps zu zeichnen; der Herr Vorsitzende giebt der Hoffnung Ausdruck, dass sich die Herren Richard Boehland, Professor Ad. M. Hildebrandt und Georg Otto bereit finden lassen würden, an der Konkurrenz theilzunehmen.

Herr Prof. Döpler beantragt die Wiedergabe eines handschriftlichen Bücherzeichens des Herzogs v. Berry aus dem La Croix'schen Werke.

Zum Schlusse legte Herr Wolfgang Mecklenburg die Bände England, Frankreich und übriges Ausland aus der Ex-libris-Sammlung des Herrn Karl Emich Grafen zu Leiningen-Westerburg zur Ansicht vor. Es dürfte sich auf dem Kontinent kaum eine zweite Sammlung befinden, die sich mit der vorgelegten an Reichhaltigkeit messen kann. Ungetheilte

Bewunderung fanden viele Bestandtheile der englischen Sammlung, unter denen sich Kunstwerke ersten Ranges befinden. Einige der heraldischen Bücherzeichen zeigen erfreulicher Weise bessere Helmformen, als sie bisher im Ganzen in England üblich waren.

Herr Geh.-Rath Warnecke verlas aus dem englischen Ex-libris-Journal die Uebersetzung eines von wenig Sachkenntniss zeugenden Aufsatzes von Walter Hamilton über die deutschen Bücherzeichen. Es wird an anderer Stelle für die Abfertigung des durchaus verfehlten Aufsatzes gesorgt werden.

Berlin, den 9. Januar 1894.

Der Schriftführer:

Seyler.

Ihre Majestät die Kaiserin und Königin haben die hohe Gnade gehabt, durch Seine Excellenz Herrn Oberhofmeister Freiherrn von Mirbach ein Abonnement auf unsere Vereins-Zeitschrift zu befehlen.

Dem Ex-libris-Verein sind als Mitglieder ferner beigetreten:

Angemeldet von Herrn Geheimrath Friedrich Warnecke:

1. Königliches Kupferstichkabinet zu Berlin.
2. Museum für Kunst und Gewerbe zu Hamburg.
3. Kurländische Gesellschaft für Litteratur und Kunst, Sektion für Genealogie, Heraldik und Sphragistik in Mitau (Kurland), Russland.
4. Frau Ernestine Gräfin Coudenhove, geb. Gräfin Breunner, Wien I, Maximilianstrasse 5.
5. Frau Kgl. Baurath von Grossheim, Berlin W., Hildebrandtstr. 25.
6. Frau Ida Heckmann, geb. Oechelhäuser, Berlin S.O., Schlesischestr. 25.
7. Fräulein Clara Lachmann, Hamburg-Pöselsdorf, Feldbrunnenstrasse 19.
8. Mrs. John Whitehead, geb. Gräfin Breunner, Fiume, Torpedofabrik.
9. Herr Sanitätsrath Dr. med. Bartels, Berlin W., Karlsbad 12/13.
10. Herr Julius Bodenstein, Landschaftsmaler, Berlin W., Behrenstr. 53.
11. Herr Stadtbaurath P. Bratring, Charlottenburg, Westend, Leibnitzstrasse 74 I.
12. Herr Graf W. S. von dem Broel genannt Plater, Bohulancki (Post Dwinsk) Dünaburg, Gouv. Witebsk, Russland.
13. Herr Otto Graf von Buttler, Freiherr auf Brandenfels, K. u. K. Kämmerer und Hauptmann, Graz, Karmeliterplatz 1.
14. Fürst Alexander Dabkscha, Durchlaucht, K. Russischer Legations-Sekretair, z. Z. Falkenstein im Taunus.
15. Herr Albert Frisch, Besitzer der Kunstanstalt für Lichtdruck, Zinkätzung etc. Berlin W., Lützowstr. 66.
16. Herr Friedrich von Kettler, Premier-Lieutenant im Holst. Feld-Artillerie-Reg. No. 24, Schwerin i. M., Strempelplatz 7. (z. Z. Jüterbog, Vorstadt, Neumarkt 6.)
17. Herr Hermann Lampson, Oberpfleger des Germanischen National-Museums, Berlin S.W., Kommandantenstr. 83.
18. Herr Franz Zdenko Prinz von Lobkowitz, Durchlaucht, K.u.K. Lieutenant, Schloss Krimitz b. Pilsen.
19. Herr Werner von Mandelsloh, K. u. K. Hauptmann, Innsbruck, Saggengasse 3.

20. Herr W. von Meiss, Sek.-Lieutenant im 1. Garde-Dragoner-Reg. Königin von Grossbritannien und Irland, Berlin S.-W., Belle-Alliancestr. 6.
21. Herr Eduard Lorenz Meyer, Handelsherr, Hamburg, an der Alster No. 55.
22. Herr Georg Pflümer, Hameln a. d. Weser, Villa Pflümer.
23. Herr Carl Röchling, Historienmaler, Wilmersdorf b. Berlin, Pfalzburgerstrasse 86, I.
24. Herr Fabrikbesitzer Eugen Schöpplenberg, Berlin N., Linienstrasse 155, I.
25. Herr Reinh. Thiele, Maler u. Illustrator, London NW., 18 Acton Lane, Harlesden.
26. Herr Graf W. von Welsperg, K. u. K. Oberst d. R., Bruneck (Tirol).
27. Herr Theodor Wilckens, Grossherzoglicher Ober-Einnehmer, Ritter etc., Schwetzingen, Baden.
28. Herr von Wolfframsdorff, Rentner, Hannover, Kirchwanderstr. 14a pt.

Angemeldet von Herrn W. Mecklenburg:

29. Herr Karl W. Hiersemann, Buchhändler, Leipzig, Königstrasse 2.

Wir fügen dieser ansehnlichen Liste neu eingetretener Mitglieder noch die erfreuliche Mittheilung hinzu, dass das Königliche Kupferstichkabinet zu Dresden durch Herrn Professor Dr. Max Lehrs, die Kunstgewerbeschule zu Frankfurt a. Main durch Herrn Professor F. Luthmer und die Grossherzogliche Bibliothek zu Weimar durch Herrn Oberbibliothekar v. Bojanowski die Anschaffung der Ex-libris-Zeitschrift im Abonnementswege verfügt und zum Theil auch die früheren Jahrgänge derselben nachbestellt haben.

Ein Geberzeichen[*] der Familie von Deizisau aus dem Jahre 1499.

Es darf bei dem keineswegs im Zeichen des Verkehrs stehenden 15. Jahrhundert nicht befremden, wenn wir, bei den damals gewiss nicht mit Leichtigkeit zu erlangenden künstlerischen Kräften zur Anfertigung eines Kupferstichs oder Holzschnitts, statt eines Bücherzeichens viele handschriftliche, das Eigenthum bekundende Eintragungen finden. Solch' ein geschriebenes Ex-libris ist die hier abgebildete, dem Andenken der in den Jahren 1495 und 1499 verstorbenen Angehörigen des Schreibers gewidmete „Fürbitte", welche sich ursprünglich auf dem Vorsatzblatte des Buches befunden hat. Wir sehen eine kleine heraldische Zeichnung: einen (von Roth und Gokl) gevierteten Schild — in der Zeichnung eine Tartsche. Die Kugeln im ersten Felde und das unbekannte Etwas im vierten, bedeuten nichts Anderes als eine Musterung oder Andeutung der farbigen Theile des Schildes. Dann folgt in 6 Zeilen die nachstehende Inschrift:

„Bittet got für den Erwirdigen hern johañsen von Deytzisaw Etwan / pfarrer zu Strawbingen des dis puch gewesen ist der gestorben ist / An Sant Bernhartztag da man zalt nach Crist gepurt Tawsent vier / hudert vnd jn dem feünfvndneüntzigsten jar Und für sein / pfruder Eberharten von Deytzisaw mein lieben vater obyt. jn pfesto / phylippi et jacobj Aº 1. 4. 9. 9."

Die von Deizisau, eigentlich „Burgermeister", waren eine alte Familie der Reichsstadt Esslingen in Schwaben, seit dem 13. Jahrhundert sicher beurkundet. Vergl. Ausgestorbener württembergischer Adel von Gust. A. Seyler, Seite 4 und 37.

Das Wappen kommt u. A. auch im Grünenberg'schen Wappenbuche („Dittisow im Niederland") vor.
F. W.

[*] Siehe Ex-libris-Zeitschrift von 1891, Seite 2.

Ein Geberzeichen der Familie von Delzisau aus dem Jahre 1499.

Nach einem Original der Sammlung des Herrn Rudolf Springer.

Bibliothekzeichen
des
Fürsten Ferdinand I. von Bulgarien,
Prinzen von Sachsen-Koburg.

„Jedem Ex-libris-Sammler dürfte es eine besondere Freude sein, wenn hohe Fürstlichkeiten in einer Sammlung durch Bibliothekzeichen vertreten sind; denn „solche Fürsten-ex-libris sind meistens nicht allzuleicht zu erhalten", sagt K. E. Graf zu Leiningen-Westerburg in seinem interessanten Artikel über „Fürstliche Ex-libris" (Jahrgang III. pag. 58). Die Mitglieder unseres Ex-libris-Vereins und die übrigen Leser unserer Zeitschrift werden es daher mit grosser Genugthuung begrüssen, in dieser Nummer ein Original-Bibliothekzeichen Seiner Hoheit des Fürsten Ferdinand I. von Bulgarien, Prinzen von Sachsen-Koburg, vorzufinden, welches uns noch im vergangenen Jahre Herr Graf zu Leiningen-Westerburg von dem regierenden Fürsten in Höhe der ganzen Auflage unserer Zeitschrift als Spende auszuwirken die grosse Güte hatte. Das von dem Oberhofmarschall Sr. Hoheit des Fürsten, Wirklichen Geheimen Rath Amadeus Grafen Foras gezeichnete, von Hirsch in Paris in Kupfer gestochene Blatt zeigt in einem viereckigen Rahmen in spitzovaler, von der Inschrift umgebenen Siegelform das von einem Vierpass eingeschlossene sächsische Wappen. In den vier Ecken des Rahmens befindet sich je eine auf die mütterliche Abstammung hinweisende bourbonische Linie. Das Blatt existirt noch in 4 anderen Farbenvarianten: in Scharlach, Ziegelroth, Lila und Blau. (Siehe Ex-libris-Zeitschrift 1893, pag. 10.)

Ein noch unbeschriebenes Bücherzeichen Johann Fischart's genannt Mentzer.

Johann Fischart, genannt Mentzer (Mainzer), der bedeutendste Humorist Deutschlands, ein gründlicher Kenner deutschen Volksthums, der die deutsche Sprache mit seltener Meisterschaft beherrschte und zu den merkwürdigsten Schriftstellern des 16. Jahrhunderts zählte, wurde vermuthlich um 1550 zu Mainz (oder Strassburg) geboren. Von seinem Vetter, dem „Wormser Schulmeister" Caspar Scheidt — dem Uebersetzer von Dedekind's „Grobianus"*) — erzogen und unterrichtet, bereiste er die Niederlande, Frankreich, England und Italien und promovirte 1574 in Basel zum juristischen Doktor. Nachweisbar lebte Fischart von 1576 bis 1580 in Strassburg, eng befreundet mit seinem Schwager, dem gelehrten Buchdrucker Bernhard Jobin und soll dann angeblich in den Jahren 1581 und 1582 als Advokat am Reichskammergericht in Speyer thätig gewesen sein. 1583 wurde er Hohenfelsischer Amtmann in Forbach bei Saarbrücken, wo er im Winter 1589 auf 1590 verstarb. Das ist das Wenige, was wir von seinem Leben wissen! Desto mehr wissen wir von seinen Schriften, welche in den Jahren 1570 bis etwa 1590 unter verschiedenen Namen: Mentzer, Menzer, Reznem, Huldrich, Elloposkleros, Jesuwalt Pickhart u. a. erschienen. Die berühmtesten und bekanntesten sind:

Aller Practick Grossmutter,
Affentheurlich Naupengeheurliche Geschichtsklitterung etc.,
Gargantoa und Pantagruel,
Podagrammisch Trostbüchlein,
Ehezuchtsbüchlein.

---

*) Eine köstliche Schilderung des Lebens und der Sitten eines Flegels der damaligen Zeit.

Bienenkorb Des Heyligen Römischen Imenschwarms,
FlöhHaz, WeiberTraz
Das Glückhaft Schiff von Zürich,
Psalmen und geistliche Lieder
u. s. w.

Er geisselt bald die todte Pedantengelehrsamkeit und die astrologischen Liebhabereien jener Zeit, bald bespottet er die Verkehrtheiten des öffentlichen und Privatlebens und bekämpft mit scharfen Waffen das Papstthum und Mönchswesen.

In seiner kalvinistischen Polemik gegen die Jesuiten ist er zwar von den Derbheiten seiner Zeit nicht frei, aber trotz alledem besitzt er für Vaterland und Familie ein äusserst tiefes, warmes und wahres Gefühl, das überall, auch durch die tollsten Bocksprünge seiner Gedanken hervortritt. —

Dem liebenswürdigen Entgegenkommen der Grossherzoglichen Hofbibliothek, besonders den Bemühungen des Herrn Hofbibliothek-Sekretärs Dr. Adolf Schmidt zu Darmstadt verdankt der Verein, das Bücherzeichen des merkwürdigen Mannes in dieser Zeitschrift abbilden zu können.

Das Original findet sich auf der Innenseite des vorderen Buchdeckels in „Hieroglyphica sive de sacris Aegyptiorum, aliarumque gentium literis Commentarij, Joannis Pierri Valeriani" — Basileae, Thomas Guarinus, 1567 fol., einem von Fischart durchweg mit Randbemerkungen versehenen Bande, den die Darmstädter Bibliothek wahrscheinlich 1783 bei der Versteigerung eines Theiles der Senckenbergischen Bibliothek in Frankfurt (vergl. Archiv f. Frankfurter Gesch. 8, 135—136) gekauft hat. Die übrigen Fischartbände der Hofbibliothek enthalten keine Ex-libris Fischart's.*)

---

*) Gefällige Mittheilung des Herrn Dr. Adolf Schmidt zu Darmstadt.

Bücherzeichen des berühmten Johann Fischart.

Das Bücherzeichen ist 88 mm. breit und 129 mm. hoch und zeigt in einem in den vier Ecken mit einem Ornament verzierten Oval die Umschrift: „Insignia I. Fischarti Mentzer V. I. D. (Utriusque Iuris Doctor) — Jove Fovente Gignitvr Minerva."*)

Das vortrefflich auf Holz gezeichnete und geschnittene Wappen Fischart's ist ein redendes: im Schilde ein Delphin; auf dem bewulsteten Helme mit abfliegenden Bändern der vor einem Dreizack auf einer Jakobs-Muschel ruhende Delphin. Neben dem Wappen rechterseits ein Triton und über dem Ganzen ein flatterndes Spruchband mit der Aufschrift: NON CVIVS VIS VECTOR auf welchem in der Mitte eine kleine Kartusche.

Letztere enthält die allbekannten christlichen Symbole, die nur durch den Künstler etwas verzogen wiedergegeben worden sind. Das Dreieck ist das Symbol der Trinität, der Kreis das der Ewigkeit, das T oben in der Spitze des Dreiecks, ein griechisches Tau, bedeutet das Kreuz. Darunter befindet sich das Monogramm Christi, bestehend aus den griechischen Anfangsbuchstaben seines Namens X und P, die in der gewöhnlichen Weise verschlungen sind. Links A, rechts Ω, Alpha und Omega. Das wie Ypsilon aussehende Zeichen oben ist das Furkakreuz. In Hoc (sc. Signo) Vinces die bekannte Inschrift.

Fischart liebt derartige Spielereien und verwendet sie, wo er kann. Ganz ähnlich ist ein Eintrag von seiner Hand in einem ihm gehörigen Buch, das im Serapeum VII, 202 1847, beschrieben wird.

Fischart's Ex-libris blieb bis jetzt noch völlig unbekannt und es ist schon aus diesem Grunde für die Verehrer des Dichters und des Zeichners — Jost Amman! — ein Ereigniss, die grosse Zahl der Schöpfungen dieses bedeutenden Künstlers um das so herrliche Fischart-Blatt vermehrt zu sehen. In dem bekannten Stamm- und Wappenbuche Amman's*) ist kaum ein Blatt, das sich mit dem Fischart'schen messen könnte. Dessen Wappen ist ein Meisterwerk der Renaissance und so flott er in der Zeichnung, dass man nicht leicht etwas Besseres findet. Nicht minder originell ist der Triton; in naiver Weise, und wohl deshalb ausdrücklich als solcher, bezeichnet, weil er von der üblichen Darstellung — der Körper in einen Delphin endigend — abweicht. Unter dem Triton „kraucht" ein Schalenthier mit Krebsscheeren, dessen Species zu bestimmen ich Anderen überlassen will.

Der Holzschnitt — ein Meisterwerk der xylographischen Kunst — von solcher Klarheit, dass mancher Kupferstich roh dagegen erscheint, wurde von einem bis jetzt unbekannt gebliebenen M. F. gefertigt, der unten, unter den Initialen I (ost) A (mman) die seinigen und dahinter das Holzschneidemesser anbrachte. Von diesem Künstler sind, wie ich s. Zt. feststellte, im Jost Amman'schen Stamm- und Wappenbuche etwa 17 Wappen geschnitten worden. — —

Auch Handschriften Fischart's sind äusserst selten. Unterzeichneter besitzt eine solche in einem Stammbuch Franz von Domsdorf's, aus einer dreisprachigen am 18. März 1580 niedergeschriebenen und „Fischartus Mězer V. J. D" unterzeichneten Inschrift bestehend, die Dr. Gustav Könnecke zu Marburg 1887 in seinem prächtigen „Bilderatlas zur Geschichte der deutschen Nationallitteratur" abgebildet hat.

Dr. Camillus Wendeler in Steglitz machte das Leben und Wirken Johann Fischart's zu seinem besonderen Studium. Es ist zu erwarten, dass dieser Gelehrte in nicht zu ferner Zeit die Früchte seiner langjährigen Thätigkeit in einem, neue Aufschlüsse über den berühmten Dichter gebenden Werke veröffentlichen wird. —

F. W.

---

*) Jove Povente Gignitur Minerva ist der bekannte, auf einer Spielerei mit seinem Namen (Joh. Fischart, genannt Mentzer) beruhende Wahlspruch das Dichters.

*) Neu herausgegeben von F. Warnecke, im Verlage von J. A. Stargardt, Berlin.

Hieronymus Wolf
geb. 1516, gest. 1580.

Im 16. Jahrhundert scheint bei einigen Gelehrten das Bedürfniss vorhanden gewesen zu sein, die in ihrem Besitz befindlichen Bücher nicht nur mit ihrem Ex-libris, sondern auch mit ihrem, auf einem besonderen Blatte befindlichen Bildniss zu schmücken. Ein Beispiel dieser Art habe ich in Abbildungen zu meinem Werke über die deutschen Bücherzeichen vorgeführt: das Bildniss und das Ex-libris des Dr. S. Kercher, Physikus des Herzogs Albrecht in Bayern aus dem Jahre 1560. Da die Blätter in den mir bekannt gewordenen Exemplaren nicht eingeklebt waren, so sind dieselben vermuthlich am Anfang und Schluss des Buches eingebunden worden. Ob diese Sitte eine weit verbreitete, oder nur vereinzelt vorkommende war, lässt sich zur Zeit, wo vielleicht die interessantesten Bücherzeichen „noch im Schlosse grosser Bibliotheken ruhen", nicht feststellen, aber ich glaube nicht, dass sie sich häufiger finden, da sonst in den Ex-libris-Sammlungen mehrere solcher Beispiele auftauchen würden. Dieses seltene Vorkommen rechtfertigt daher auch die Abbildung des vorliegenden, von unserem verehrten Mitgliede Herrn Architekten Rudolf Springer freundlichst hergeliehenen Bildnisses*) des Philologen Hieronymus Wolf, das sich in einer vortrefflichen Renaissance-Umrahmung befindet. Das mit dem Wappen versehene Bücherzeichen**) desselben, datirt vom 11. Mai 1574, habe ich meiner Sammlung entnommen, da das Springer'sche Exemplar weniger gut gedruckt war. — —

*) 88 mm. breit und 132 mm. hoch.
**) 75 mm. breit und 95 mm. hoch. Siehe Warnecke: No. 2502, wo das in der von Elsenhart'schen Sammlung befindliche Blatt als das eines von Wolf in Schwaben sich bezeichnet fand. Wolf pflegte auf allen seinen Bücherzeichen griechische oder lateinische Sprüche, und zwar nie die gleichen, anzubringen.

Hieronymus Wolf wurde am 13. August 1516 zu Dettingen im Oetting'schen geboren und soll einer adeligen Familie von Wolf angehört haben, deren Wappen er führte. Sein Lebenslauf war ein sehr eigenthümlicher. Er zeigte von Jugend auf grosse Lust zum Studium, obwohl sein Vater ihn wegen seiner schwachen Gesundheit und wegen der unzureichenden Geldmittel hiervon zurückzuhalten suchte. Dies gelang bis dahin, wo unser junger Wolf einstmals auf den Jahrmarkt nach Nördlingen ging, diesen bereits geschlossen fand und nun in einem Buchladen mehrere Werke erwarb. Er nahm diese mit nach Hause, vertiefte sich darin und fasste nun kurz und bündig den Entschluss die Akademie in Tübingen zu besuchen. Wegen des ihm fehlenden Geldes wurde er Famulus. Diese Stellung sagte ihm aber so wenig zu, dass er nach Würzburg zog und sich vom Bischof Konrad III. von Thüngen als Schreiber dingen liess. Aber auch hier war seines Bleibens nicht lange, denn er reiste bald nach Wittenberg, um die Kollegien Melanchthons und anderer berühmter Professoren zu besuchen und verlegte sich darauf, einige griechische Bücher in's Lateinische zu übersetzen.

Im Jahre 1539 siedelte er nach Nürnberg über, wo er, an einer Schule lehrend, bis 1541 verblieb, um dann, auf Melanchthon's Empfehlung, im Jahre 1543 das Amt eines Rektors in Mühlhausen anzutreten. Aus unbekannten Gründen legte er aber schon nach zweijähriger Wirksamkeit sein Schulamt nieder, ging wieder als Lehrer nach Nürnberg und von dort nach Strassburg, wo er — der griechischen Sprache ausserordentlich mächtig — sich mit dem Übersetzen griechischer Bücher in die lateinische Sprache beschäftigte. Zeitweise lebte er auch in Basel. Als er bei einem Falle die rechte Hand brach, lernte er mit der linken schreiben, unterrichtete dabei

Portrait- und Wappen-Ex-libris des Dr. Hieronymus Wolf.

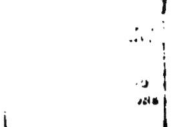

junge Augsburger Patrizier und unternahm mit ihnen eine Reise nach Paris. Dann ward er Magister in Basel, aber auch hier war seines Bleibens nicht lange, denn wir finden ihn bald in Augsburg, wo er während eines sechsjährigen Zeitraums die lateinische Korrespondenz des Grafen Anton Fugger besorgte und zugleich dessen Bibliothek verwaltete. Wohl durch die einflussreiche Verwendung des Grafen gelang es unserem Wolf am Gymnasium zu Augsburg Lehrer der griechischen Sprache, dann sogar Rektor dieser Anstalt und nebenbei noch Bibliothekar der Stadt zu werden.

In diesen Stellungen verblieb er endlich 23 Jahre lang und verstarb dann als alter Junggesell am 8. Oktober 1580.

Wolf genoss zwar den Ruhm eines frommen und gelehrten Mannes — es sind über zwanzig Schriften von ihm erschienen! aber er war im höchsten Grade unbeständig und schwermüthig, dabei nur selten zufrieden und mied sorgfältig jeden Umgang mit Menschen. Ohne Zweifel wird er aber den auf Beachtung Anspruch habenden Gelehrten des 16. Jahrhunderts zuzuzählen sein. Das unruhige, melancholische Wesen des von frühester Jugend an schwächlichen Mannes zeigt sich auch in seinem Bildniss ausgeprägt.

F. W.

Dürer's Aeusserung über das Bücherzeichen des Michael Behaim.

Albrecht Dürer hat für den Nürnberger Patrizier Michael Behaim ein stattliches, auch als Bücherzeichen benutztes Wappenblatt in Holz geschnitten, das von Warnecke in dessen bekanntem Werke unter No. 155 kurz beschrieben ist. In kräftiger Linien-Einfassung sehen wir das Wappen der Behaim mit Stechhelm, Decke und Kleinod; unter dem Wappen befindet sich ein grosser, leerer Schriftraum. Behaim scheint mit der Art, wie Dürer die Helmdecke behandelte, nicht recht einverstanden gewesen zu sein, was Letzteren veranlasste, sich zu rechtfertigen und den Grund seines Verfahrens darzulegen, indem er eigenhändig auf die Rückseite des Holzstockes schrieb:

„Liber Herr Michal Beham. ich schick ewch das Waben wider, pit lats also beliben es würt ewchs so keiner verpessern den Ich habs Mit Fleiss künstlich gemacht darum dys sehen und fersten dy werden euch woll bescheid sagen, soll man dy leweln*) awf dem Helm über sich werfen, so verdecken sy dy pinden.

E. W. undertan

Albrecht Dürer."

Bücherzeichen
des
Oelhafen von Schöllenbach.
(Aus dem Anfang des 17. Jahrhunderts.)

*) Die Läublein, das Laubwerk.

Ex-libris der deutschen Klöster. Zusammengestellt von A. von Eisenhart.
(Fortsetzung aus dem vorigen Hefte.)

Name des Klosters und Abtes.	Zeit.	Stechername.	Bemerkungen.
A) Benediktiner-Orden. (Fortsetzung).			
31. **Sankt Veit** diesseits der **Rott** [Niederb.]			
a) Marianus D.G. Abb.Mon. 2 Wppn.Schilde	18. Jahrh.		W. 2312.
b) Gregor [II. Kiermayer] dies. Darstell.	1721		
32. **Scheftlarn a. Isar**			
früher **Prämonstrat**-Abtei [siehe diesen Orden] um 1810 neu gegründ. für d. **Benediktiner**-Orden			
Bibl. Mon. O. S. B. ad. S. Dionysium		P. Herwegn	
33. **Scheyern** [Ober-Bayern]			
B[ened. II Meidinger] A. I. S. [3 Schilde]	1709 [—22]		W. 1989.
34. **Seeon** [Ober-Bayern,			
Mon. et Abb. Honorat. in S. Wappen in reich dekor. Portale	1634	J. Ch. Smisebek fc.	W. 2007.
35. **Seitenstetten** [Oberösterr.]			
a) b) Ex Bibl. Seitenst. 1 Wappen		F. Mayer del.	2 Grössen
c) Bibl. Seitenst. Tom. Num.		Fr. Schauer sc. Vienne.	typ. mit reicher Verzierung.
36. **Tegernsee** [Ober-Bayern]			
a) W[althasar] A. I. T. 2 Schilde	1556—68		W. 2159.
b) G[regor] A. I. T. 2 Schilde in reicher Umrahmung			W. 2160.
c) Quirin [IV. Milon] Abb. Sehr dekorat Blatt. mit S. S. Benedikt u. Quirin	1700	C. J. Stenglin f.	W. 2161.
d) Benedikt A. M. T. 2 Schilde	1762		W. 2162.
37. **Thierhaupten** [Schwaben]			
a) b) B[ened.] G[angenrieder] A[bb]. In Blätterkranz 2 Schilde	1587		W. 2168. Schwarz- u. Roth-Druck; letzterer sehr selten.
c) anon. Unter Inful und Stab beide Schilde	16. Jahrh.		W. 2167. Rothdruck, ausgeschnitten.
d) Closter Thierh. Corbinianus. Abb.	1667		W. 2169.
e) Willibald [v. Fartner] Abb. et Domin in Thierh.	1754—61		W.2170. Neudruck in Folio.
38. **Weihenstephan** [bei Freising]			
a) Closter Weihen-Steph. Wappen	1616		W. 2394.
b) Closter W. O. S. B. neget Freysing		M. T. Hittinger in. sc. Fr.	W. 2395.
c) Widm. des Pfarrers Seb. Eug. Ellenhofer	1752		W.2396 lat. H.Schr.17Zeilen.
d) Minerva mit Wappen in einem Bibliothek-Saale; unten 2 Disticha		Morl s.	W. 2397.
39. **Weltenburg a. Donau**			
a) Rupert [Waldhäuser] Abt Welt. 3 Schilde	[1778—86]		W. 2425.
b) B[enedikt] Werner, letzter Abt] A. I. W. m. Abt-Wappen	1780		W. 2426.
40. **Wessobrunn** [Altbayern]			
a) ClosterWess. Inein. Kranz 2Schildsel C.W.	17. Jahrh.		W. 2448.
b) Thassilo I. Abb. Mon. W. S. S. Ord. S. B. m. Distichon	1766		W. 2449.
c) S.Conv.W.Medaillon i.d.Papst m.W.-Schild.	1721	J. E. Belling Cath. sc. A. V.	
d) Papst m. Tiara. z. Seite Wappenschild Wess. proba sum possessio cluustri etc.	17..		W. 2451.
41. **Wiblingen** [bei Ulm]			
a) Modestus Abb. Mon. etc.	1702	G. C. Bodenehr sc.	
b) Meinradus Abb. etc. 3 Wappen-Schilde	1730		W. 2463.
c) Ders. Spätere Darstellung in anderer Umrahmung.	1730—62	F. M. K. sc.	W. 2463a.
42. **Würzburg**			
Bibl. Mon. J. Jacobi Scotorum. Wappen in stattlicher Kartusche mit mehreren Sentenzen. 2 Schilde.	18. Jahrh.		Schottenkloster.

— 49 —

Name des Klosters und Abtes.	Zeit.	Stechername.	Bemerkungen.
B) Cisterzienser-Orden.			
1. **Aldersbach** [bei Vilshofen]			
a] F. Theobaldus Abb. in neum Frum etc. mit Wappenschild			
b] Ad bibl. Fratrum Aldersp. 2 W.-Schilde			W. 24.
2. **Bildhausen** [b. Münnerstadt]			
a] Nivard. Abb. Bildh. XL [3 Schilde]	1796		W. 205.
b] Kloster Bldh. Sn. dies. Darst. m. 2 Sch.	17..		W. 206.
3. **Eberchach** im Rheingau			
D. Mich. Schnock de Kiderich etc. Abb. verzierter Schild m. 3 Wappen, von Genien umgeben. —	18. Jahrh.		
4. [anon.] **Hohenfurt** [Altovadum] a. d. Moldau			
a] anon. [Quirin. Mickl. Proton. apost.] Kloster- und Abt-Wappen	[1747—67]		
b] do. dies. Darstell. in Quart			
c] do. wie a, jedoch einfachere Verzierung			
d] Bibl. Mon. Altovad. [Abt Quirin Mickl.] in zierlicher Einfassung			Stempeldruck.
e] In einem Kreise Altov. Bibl. [Abt Hermann Kurz]	[1767—95]		do.
f] Infül und Stab [Abt Isid. Teutschmann]	[1801—27]		do.
g] Bibl. Altov. In kleinem Blätterkranze [Abt Valent. Schoper]	[1828—57]		do. typograph.
h] „Stiftsbibl. Hohenf. 4 Juni 91" in ovaler Umrahmung [Abt Leop. Wakarn]	1891		do. ebenso.
5. **Heilig-Kreuz** im **Wienerwalde**			
In einem Kreise mit unleserlicher Umschrift ein Kreuz mit vier gleichen Thln., in dessen Mitte ein Adler [?] Handschr. unten: Mary B. S. V. Ord. Cist. ad S. Crucem.	17. Jahrh.		Stempeldruck.
6. **Leubus** [i. Fürstenth. Kalenberg]			
Christoph [Böhmer] Abb. Luccensis m. geviertetem Wappenschilde	[1722—32]		W. 1170.
7. **Leubus** [i.-z. Breslau]			
Aus d. Bibl. d. Klstrs. Lbs.			typograph.
8. **Neuberg** [Neu-Mons] bei Mürzzuschlag			comparavit me P. Carol. Syhn. p. t. prior et secret. — In Landschft. v. Sonne beschienene Sonnenblumen. Unten 2 Disticha.
9. **Plass** in Böhmen			
Pro bibl. mon. Plass. etc. Eugen Tyttl Abb. etc. Wappen-Schild	18. Jahrh.		W. 1585.
10. **Raitenhaslach** a. d. Salzach			
a] F. E[manuel II] A. R. 3 Schilde	[1750—80]		W. 1641.
b] F. T[heobaldus] A. R. 3 Schilde	1780		W. 1642.
11. **Salem** [Salmansweiler] (Reichsabtei in Baden)			
Stephan D. G. R. J. Prael. Reg. etc. Wappen-Schild	1698		
12. **Mariabrun** b. Saar [Zdár] in Mähren			
2 W.-Schilde, der Eine mit der Umschrift Wencslaus Abb. Fontis B. V. M. ad Zdar, der Andere: Sigillum convent. fontis etc.	18. Jahrh.		
13. **Waldsassen** [Oberpfalz]			
Vorderseite F. E[ugen Schmid] A. W. Kloster- u. Abt-Wappen			
Rückseite: Heiliger am Schreibpult sitzend.	18. Jahrh.		W. 2359 sup. Libr. in Golddruck.

Name des Klosters und Abtes.	Zeit	Stechername	Bemerkungen.
C) Praemonstratenser-Orden.*)			
1. **Kloster-Bruck** (techech. **Louka**) b. Znaym a) Gregorius Lambeck, Abb. L. Visitator Generalis. Oval. Wappen-Schild b) Dies. Darstell. verziert, darüber Prälatenhut mit je 6 Quasten			
2. **Neustift** [Neuzell bei Freising] Josephus Abb. Can. Neue. Schild geviertet	18. Jahrh.		W. 1449.
3. **Oberzell a. Main** [Franken] Bibl. Can. Cellae Dei superioris Wappen mit Schilden	145		W. 1487.
4. **Osterhofen a. Donau** a) Johann Woeckel, Abb. Osterh. Kloster- u. Abts-Wappen b) Paulus Abbt z. O. zwei Wappen-Schilde	2. Hälfte des 17. Jahrh. 1727		Kolorirte Handzeichnung. W. 1526.
5. **Roggenburg** unweit d. Ilm in Schwaben G[eorg IV. Lienhard] A. J. R. gevierter Schild in reicher Kartusche	1753 [—83]		W. 1768.
6. **Roth (Mochoroth)** unweit Memmingen a) H. A. Roth elect. 1. Oct. 1711 3 theil. Wappen-Schild b) H. A. Z. R. Dies. Darstell. in sehr reicher Einfassung c) M. A. Z. R. Wappen-Schild d) B. A. Z. R. gevierteter Schild	1711	Stöcklin sc. J. Ernem. Belling Chalc. del Av.	W. 1795. W. 1792. W. 1793.
7. **Sanct Salvator** [nördl. v. Griesbach] Canon. Praem. ad S. S. ad Sav. W.-Schild			W. 1841.
8. **Schefflern a. d. Isar** a) Ivan Ercker Praep. in Sch. Wappen	1545		W. 420. Kolorirt, jedoch defekt.
b) Carolus Abb. in Sch. gevierter Schild	1612		W. 1877.
c) Hermannus Abb n Sch.	1729		W. 1878 Neudruck.
d) conf. Benediktiner No. 32			
9. **Schlögl** [Ober-Oesterreich] Michael Felder Abbt z. Sch. gevierter Schild	1688 (1697—1701)		
10. **Steingaden** [Ger. Schongau] Ex Bibl. can. Praemon. in St. 2 W.-Schilde	1786		W. 2094.
11. **Ursperg** [Reichsstadtei] bei Krumbach a) Matthaeus Abbas. Ursp. Elect. 1628 2 W.-Schilde b) Maximilian Abb. Ursp. ebenso. c) Josephus Abb. Ursp. Quadr. Schild, v. Fruchtguirlande umrahmt d) Anon. Pars nova Deus. 2 Schilde	1657 1627 1681 18. Jahrh.		W. 2303. W. 2304 Kollektion Böhm.
12. **Weissenau** od. **Minderau** [Augia alba bei Ravensburg] B[enedict. Rheindl] A. Z. W. Horizontal getheilter Schild	1735 [—40]		W. 2409.

*) Der **Praemonstratenser**-Orden wurde 1120 nach den verschärften Regeln des **St. Augustinus** von Norbert, einem Chorherrn aus Xanten, auf einer ihm nach der Legende vom Himmel gezeigten Wiese — pré montré, pratum monstratum (daher der Kloster-Name) — im Sprengel des Bisthums Laon gestiftet. — Nach dem Gründer heissen die Ordens-Mitglieder auch: **Norbertiner.**

— 51 —

Name des Klosters und Abtes.	Zeit.	Stechername.	Bemerkungen.
D) Regulirte Chorherren. (Augustiner*).			
1. Au [Altbayern]			
Ex Bibl. Canon. ad B. V. Mariam. etc. in Au.			
Ord. Can. Reg. S. Augustini etc.	1778	A[lex] M[aur]	typogr.
2. Augsburg [Heiliges Kreuz]			
a) Joanues Praep. gevierteter Schild	1606		W. 75.
b) Vitalis [Mutzhard] Praep. getheilt Schld.	[ca. 1650]		W. 76.
c) Christophorus Pr. zwei Schilde	1678		W. 78.
d) Joann. Baptista, ebenso		And. Ehmann sc.	W. 77.
		A. V.	
e) Bartholomäus, ebenso	1769		W. 79.
f) Ludovicus, ebenso	1778		W. 80.
3. Baumburg [Paumburg] bei Altenmarkt			
a) L.[iber.] P[raep.] M[aximil.] 2 Schilde	16. Jahrh.		W. 131.
b) c) V[rbanus] Staumler] P[raep.]			
B[aumb.] do.	[1587]		W. 132. Stich-Varianten.
d) P[atricius] I. Mandl] P. E. A. B. ebenso, in			
reicher Umrahmung	1658	C. Stenglin	W. 133.
e) M[ichael] Degger] P. E. A. B. 2 Schilde	1688		W. 134.
f) P[atr. H. Stöttner] P. E. A. N. B.			
zwei Schilde	1707 [—37]		W. 135.
g) M. P. E. A. N. B. ebenso	1738]—63]		
h) G. P. E. A. N. B. ebenso	1763		W. 136.
4. Diessen a. Ammersee			
a) B. P. J. D. Ad. Bbl. Can. in D.	1755	A. Schoen sc.	W. 388.
b) Ebenso, ohne Stechernamne	1755		W. 389.
c) Wie b) jedoch ohne Ueberschrift	1755		W. 390.
5. Dietramszell b. Tölz			
F. P[raep.] L. B. 3 Schildchen	18. Jahrh.		W. 392.
6. Gars a. Inn [ad B. V. Mariam assumptam]			
a) P[aulus Hölzl] P. E. A[rchid.] N. G. A. L.			
2 Schilde	[1742—51]		W. 610.
b) Ex Bibl. Can. in Gars Ord. Can. R. S.			
P. Aug.			W. 611.
c) Ebenso, dann: ab anno 1769 in alium			
ordinem redacta	1769		W. 612.
7. Herrnwörth [Chiemsee]			
a) Arsenius Praep. et Archidiac. Cb. drei-			
theil. Schild	1637	L[ukas Kilian]	W. 313.
b) ders. andere Darstell. in kleinerem			
Formate, 2 Wappen-Schilde	1637		
c) Rupertus D. G. Praep. et Archid.			
2 Wappen-Schilde	1653		W. 314.
d) e) Ders. Abweichende Darstellung in			
grösserem Formate	1654	Wolfg. Kilian sc.	W. 315 Alt- u. Neudruck.
f) Jacobus D. G. etc. wie lit. c.	[ca. 1691]	J. Sp. fec.	
			W. 316 und 319 dürften
			identisch sein.
g) Ders. andere Darstellung in kleinerem			
Formate	1691	J. Franks sc.	W. 317.

*) Die **regulirten Chorherren** [Canonici regulares] — so genannt im Gegensatze zu den Dom- oder Chorherren (canonici seculares) um den im Jahre 1803 aufgehobenen Erz- und Hoch-Stiften — entstanden in der 2. Hälfte des zwölften Jahrhunderts. Um diese Zeit bildeten sich in Deutschland geistliche Kongregationen, welche nach den Regeln des heil. Augustinus in klösterlichem Verbande lebten und neben der Seelsorge hauptsächlich die Wissenschaft pflegten. Eine der ältesten Gründungen dieser Art ist das 1206 errichtete, heute noch blühende Stift Klosterneuburg bei Wien. Nach dem Ordens-Heiligen führen die Mitglieder auch den Namen: „Augustiner".

— 52 —

Name des Klosters und Abtes.	Zeit.	Stechername.	Bemerkungen.
(7.) h] Derselbe. Abermals verändert und in noch kleinerem Formate. 2 Wappen-Schilde	1694		W. 318.
i] Franciscus Praep., fast wie h	1718		W. 319.
k] l] Floridus Pr. do.	1736		Alt- u. Neudruck. Die 3 Orig.-Platten sind im numismat. Kabinet in M.
m] Martinus Pr. do.	1759		
n] Sebastianus Pr. do.	1764		
o] anon. [Chiemsee-Probstei] in Blätterkranz mit Krone. 2 geschweifte Schilde mit Adler u. [herakl.] r. Kirche mit Thürmen			W. 320. Als Probstei Ch. bezeichnet [?]
8. **Högelwörth**, Ger. Reichenhall			
a] anon. 2 von einem Engel gehaltene Wappen-Schilde	17. Jahrh.		W. 861.
b] handsehr. Joann. Baptista [I] Praepos. 2 Wappen-Schilde	1696		W. 862.
c] J[oann] B[apt. II.] Pucher] P. H. ebenso	1725 [—45]		W. 863.
d] Ders. — Statt Engel: Engelskopf m. Inful und Stab	1725		W. 864.
e] G. P. H.	1809		W. 865.
9. **Neustift** bei Brixen			
Bibl. Novacellens. T.			typogr. W. 1447.
10. **Olmütz** [ad omnes Sanctos]			
Bibl. canon. reg. S. Aug. etc. gevierteter Schild mit Herzschild		Schindler sc. Olo.	
11. **Polling** [S. Salvator, Oberbayern]			
a] iste liber est Mon. etc. In einem Kreise Christus am Kreuze.	17. Jahrh.		W. 1598.
b] C. P[raep.] V. P. 2 Wappen-Schilde			W. 1599.
c] Albertus P. G. Praep. 2 Wappen-Schilde	1702		W. 1600.
d] Franciscus [Töpsl] Pr. S. Salv. Propstwappen	1744	Jungwirth.	
e] f] Franc. Pr. Can. Reg. dekoratives Blatt m. 3 Wappen-Schilden	1744	Jungwirth del et sc. M.	W. 1603 2 Varianten m. unwesentl. Abweichungen.
g] Dies. Darstell., statt des 3. Wappens ein Kopf.	1744	do.	W. 1604.
h] Joann. Nepomuc. Praep. 2 W.-Schilde in reicher Umrahmung	1796	J. N. Maag. sc. M.	W. 1602.
12. **Rebdorf** bei Eichstädt.			
a] Ad bibl. exentue codd. eccl. Can Reg in R Doppeladler m. geziertem Wappen auf der Brust			W. 1655.
b] Ebenso, etwas kleiner			W. 1656.
c] Wie d, ohne d. Worte Can. Reg			
13. **Rohr** unweit Abensberg			
a] Mon. B. V. M. in R G. [Praep.] 3 Wappen-Schilde	17. Jahrh.		W. 1769.
b] anon. 3 W.-Schilde in einem Kranze	[1694]		W. 1772.
c] P. P. J. R. 3 Wappen-Schilde	1694		W. 1770.
d] Ebenso, jedoch etwas kleiner	1757		W. 1771.
e] P. P. J. R. 3 Wappen-Schilde	[1757]		W 1772.
f] Anon. Dies Darstell., ein wenig kleiner			W. 1773.
14. **Rottenbuch** od **Raitenbuch**, südöstl. v. Schongau			
a] A. Pr C. R. 2 Wappen-Schilde	18. Jahrh.		W. 1801.
b] Ders. Ebenso in wesentl. anderer Umrahmung	1798		W. 1802.
c] H. P. C. R. 2 Wappen-Schilde			W. 1803.

(Schluss folgt.)

Das Bücherzeichen der Glücksbrunner Bergbibliothek.

In der Ex-libris-Sammlung unseres verehrten Mitgliedes, Architekt Rudolf Springer, befindet sich ein etwa 64 mm. breites, 109 mm. hohes Bücherzeichen, das rechts unten die Buchstaben „J. H. M. F." trägt, also von dem bekannten Kupferstecher Johann Heinr. Meil, geb. 1729, gest. 1803, gefertigt ist.

Das zart gestochene Blatt besteht aus

zwei Abtheilungen. Unten sieht man in das Innere eines Bergwerks, in welchem drei sehr jugendliche Gestalten mit dem Hauen und Fördern der Erze beschäftigt sind, oben sind zwei auf einem Felsen stehende Knaben, die an einer Winde — vielleicht dem „Glücksbrunnen", welcher dem Bergwerk*) den Namen gab — einen Eimer an's Tageslicht befördern. Ein anderer Knabe, auf neben einem Globus stehende Bücher sich stützend, hält eine Feder in der Rechten, eine Erzstufe in der Linken und hat eine Rolle Papier vor sich liegen, während ein vierter eine Schale mit Erz emporhebt.

Auf einem Postament sieht man unten 2 gekreuzte Hacken über einer ovalen Schüssel mit Erzen (?) und daneben die Inschrift: „Glücksbrvnner Bergbibliotheck."

Das Ganze wird von der aufgehenden Sonne beleuchtet und umgeben von einer zierlichen, oben mit Rosengewinden versehenen Einfassung.

F. W.

Bücherzeichen, entworfen und gedruckt in der Reichsdruckerei.

In der November-Sitzung des Ex-libris-Vereins legte Herr Professor Ad. M. Hildebrandt acht in der Reichsdruckerei hergestellte Bücherzeichen zur Ansicht vor, welche eines so grossen Beifalls sich zu erfreuen hatten, dass allgemein der Wunsch ausgesprochen wurde, diese mustergiltigen Erzeugnisse des Kupferstichs und Kunstdrucks als Beilagen zu unserer Zeitschrift zu erhalten.

Dem ausserordentlich liebenswürdigen Entgegenkommen des Direktors der Reichsdruckerei, Herrn Geheimen Ober-Regierungs-Raths Busse haben wir die Erfüllung des damals ausgesprochenen Wunsches zu verdanken, und es gereicht uns zur besonderen Freude den Mitgliedern unseres Vereins diese

---
*) Das vielleicht zu den längst eingegangenen gehören mag.

vom Abtheilungsvorsteher, Herrn G. Voigt, entworfenen, gezeichneten und zum Theil auch von ihm gestochenen Bücherzeichen auf zwei Kupfertafeln*) vorführen zu können.

Sämmtliche Ex-libris sind im Renaissance-Stil und in so reizvoller Weise ausgeführt, dass sie auf den Beschauer geradezu bestechend wirken. Der Künstler hat es verstanden, jedes Bücherzeichen zu einem Kunstwerk zu gestalten und er gebietet offenbar über so reiche Mittel, dass man den Eindruck gewinnt, der Vorrath seiner Ideen sei damit noch lange nicht erschöpft.

Besondere Anerkennung verdient auch der Druck der Bücherzeichen, durch welchen der Stich vorzüglich zur Geltung kommt. So wurde bei den Nummern 2, 3, 4 und 5 der Grund, bei Nummer 1 das Bild, d. h. die Zeichnung selbst, mit einem Aquatinta-Ton geätzt, von welchem sich der Stich sehr gut abhebt, und ist bei dem grossen Blatt (No. 1) durch Verbindung des Stiches mit dem geätzten Ton eine vortreffliche Wirkung erzielt worden.

Von den Bücherzeichen sind die Nummern:

1, 2, 3 und 8 für die Bibliothek und die Mustersammlungen der Reichsdruckerei.

4 für Se. Excellenz den Wirklichen Geheimen Rath und Ministerial-Direktor im Reichspostamt Dr. P. Fischer,

5 für den Direktor der Reichsdruckerei, Geheimen Ober-Regierungsrath C. Busse bestimmt und

6 und 7 vorläufig noch ohne nähere Bestimmung.

F. W.

---

*) Tafel II wird dem Heft 3. der Zeitschrift beigelegt werden.

Das grösste und das kleinste Bücherzeichen.

Das Format der Bücher blieb mit geringen Ausnahmen noch lange nach Entdeckung der Buchdruckerkunst gleich dem der Handschriften Folio oder Gross-Quart; und so kommt es, dass wir im 16. und selbst noch im 17. Jahrhundert bisweilen Bücherzeichen von auffallender Grösse begegnen.

Das grösste Ex-libris ist wohl unbestritten das Riesenblatt des Münchner Patriziers, Ferdinand Barth, welches in der Breite 316, in der Höhe 423 mm. misst (W. 106). Auf demselben ist zwischen zwei leeren Spruchbändern das Wappen angebracht, dessen ungetheilter Schild einen Männerkopf mit Vollbart zeigt. Das Blatt wurde zweifellos nicht als Ex-libris gefertigt, wohl aber bei Atlanten und grossen Bildwerken als solches benutzt.*)

Neben dem kräftig gearbeiteten Stiche möchte ich aus meiner Sammlung noch folgende, ungewöhnlich grosse Bücherzeichen aufzählen:

1.) Kress von Kressenstein, Christoph, ein prachtvoll ausgeführter, anonymer Holzschnitt mit dem bekannten Wappen der Kress, circa 1530 nach einem Entwurfe Albr. Dürers angefertigt (270 mm. br., 330 hoch). **)

2.) Millner Sebald von zwey Raden. Im ovaler und viereckiger mit Zweigen und

---

*) Ein sehr ähnliches Blatt existirt auch in Klein-Oktav, (Alt- und Neudruck). Das obere Spruchband trägt die Inschrift:
„Io Spes Mea Christus .. 04".
das untere in zwei Zeilen:
„Ferdinand von Hardi-Harmating
auf Baesenbach."

**) Oben angeführter Stich ist zweifellos älter. — Die Kress, dem Nürnberger Patriziat angehörend, führten mehrere Bücherzeichen; meine Sammlung enthält deren vierzehn.

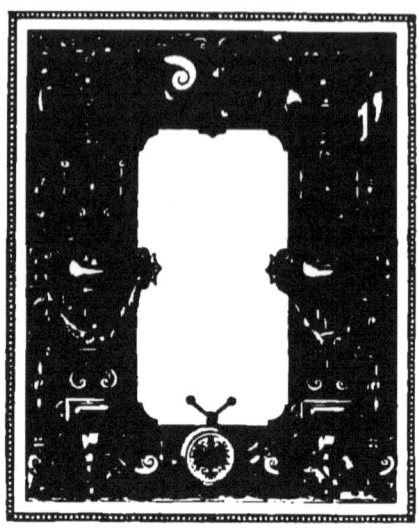

Bücherzeichen, entworfen und gedruckt in der Reichsdruckerei.

Blättern gezierter Umrahmung und dem handschriftlichen Beisatze: „Sebalt Millner von zwey Raden". Ein seltenes Wappenblatt von beiläufig 1570, welches unten das unentzifferte Monogramm P.W. zeigt (W. 1309), 260 mm. br., 373 h.*)

3.) Hanau-Lichtenberg, Graf, ein anonymes, hübsch kolorirtes Vorsetzblatt aus einem lateinischen Ibibelwerke von 1570 mit dem Wappen der Familie, welche 1690 in den Reichsfürstenstand erhoben wurde. (Kneschke's Adels-Lexikon IV, 183), 258 mm. br. 305 h.

4.) Pfinzing-Gründlach, ein ausserst dekoratives, von A. Kohl gestochenes Blatt. Neben dem zwischen 2 Säulen in einem Ovale befindlichen Wappen rechts Minerva, links Mars. Oben die Aufschrift Patriae & Amicis, darunter zwei Frauengestalten, ein Medaillon mit Decius haltend, unten eine leere Schrifttafel und das Künstler-Monogramm. (W. 1571), 248 mm. br., 356 hoch (17. Jahr.) Die Familie ist im vorigen Jahrhundert erloschen; das umgestürzte und zerbrochene Wappen auf dem Trauerblatte deuten das Aussterben der Familie an.

5.) Breiner, Graf Ludwig Maximilian. Ein mit vielen kriegerischen Emblemen ausgestattetes Wappenblatt im Stil der italienischen Spätrenaissance von Petrarca in Mailand gezeichnet und gestochen. Ueber dem umrahmten, von zwei Schildhaltern umgebenen Familienwappen ist die von zwei Genien getragene Kaiserkrone mit Wappenschild, auf welchem ein L. (Leopold?), über jenem ein Spruchband mit der Devise: Deo et Caesari. (Copie). Graf Breiner war nach der unten befindlichen Aufzeichnung u. A. Kaiserl. Kammerer und oberster Kriegskommissär in Italien. Leicester-Warren setzt das Blatt in seinem bekannten Guide in das Jahr 1630; da jedoch das auf demselben angebrachte L. auf die Zeit Kaiser Leopold's deutet, welcher von 1658 — 1705 regierte, dürfte das Blatt in die Periode 1660 bis 90 zu setzen sein. (238 mm. br, 350 mm. hoch).*)

6.) Rettberg auf Wettbergen, Ralf von. Auf gestricheltem Grunde ein anonymes Blatt mit dem Rettberg'schen Wappen und dem Motto „Kristlich vn dütsch", von dem Besitzer im Stil Albrecht Dürer's gestochen. Mitte des 19. Jahrhunderts.

7.) Derselbe. Unter Renaissance-Pfeilbogen das anonyme Wappen. Sehr genau in Dürer's Manier behandelt.
N. 6) 160 mm br, 268 h. (W. 1712).
„ 7) 210 „ „ 268 „

Einen komischen Gegensatz zu diesen riesenhaften Stichen bildet das winzige Blättchen des Priesters Johann Gadner, welches das kleinste mir bekannte deutsche Bücherzeichen ist. In einem Vierecke befindet sich ein durch zwei Linien gebildetes Oval, in diesem ein anonymes Wappen, dessen Helmzier aus Kelch und Hostie besteht; der gevierete Schild zeigt im ersten Felde Christus als guten Hirten, im 2. und 3. ein lateinisches „G", im vierten einen nach

---

*) Von Millner (auch Müllner) finden sich in meiner Sammlung ein mittelgrosses von 1575 und drei anonyme.

*) Das Blatt ist im Journal der Ex-libris-Society (Vol. 3, Juli 1893, pag. 114 und 15) abgebildet und näher besprochen.

rechts schreitenden Löwen (W. 6031. 16 mm. br., 19 h. (ohne Plattenrand.)

Dem Blättchen ist ein länglicher, viereckiger Zettel beigegeben mit einer 5 mm. breiten Blätterbordüre und der zweizeiligen Inschrift:

„Joannes Baptista Gadner / presb. indignus", in der untern linken Ecke ist der Stechername angebracht: P. J. Joner sc. (W. 602). 68 mm. br., 33 h.

Ein ähnliches liliputanisches Ex-libris führt die belgische Universität Gent. Dasselbe ist in Siegelform; in der Mitte erblickt man einen nach rechts schreitenden, heraldischen Löwen. Die im Kreise angebrachte Inschrift lautet: „Bibliothèque de l'Université de Gand." (Mitte des 19. Jahrh.)

v. Eisenhart.

Das Bücherzeichen eines Oesterreichischen Herolds aus dem ersten Drittel des 16. Jahrhunderts.

Der vielgetadelten und jedenfalls verwerflichen Sitte, Bücherzeichen ohne Namen zu verwenden, verdanken die Ex-libris-Sammler ihre unbestimmbaren, als enfants terribles anzusehenden Blätter, welche missmuthig von einem Kasten in den andern befördert und wohl nicht gar zu selten den Flammen übergeben werden. Die unleidliche Sitte der Namenverschweigung ist — wie es scheint — nicht auszutilgen, denn noch heute werden namenlose Bücherzeichen der Nachwelt als Rebus hinterlassen, und die Zeitgenossen können sich mit dem Bewusstsein trösten, dass sich der Eigner des Blattes bei dessen Beschaffung absolut nichts gedacht hat! —

Zu den namenlosen Ex-libris zählt das von mir bei einem Münchner Antiquar um schweres Geld erworbene Blatt, von welchem die nebenstehende, aus der Kunstanstalt von C. A. Starke hervorgegangene Beilage, ein getreues Bild giebt. Es stammt aus dem ersten Drittel des 16. Jahrhunderts, ist etwa 150 mm. breit und 194 mm. hoch und macht sich durch eine kräftige und schöne, vorzüglich in Holz geschnittene Zeichnung bemerkbar. Leider ist aber das Blatt an beiden Seiten ein wenig beschnitten.

Das Wappen spottete bisher jeder näheren Bestimmung. Mit meinem verehrten Freunde von Weittenhiller bin ich aber der Ansicht, dass dasselbe österreichischen Ursprungs und sicherlich ein verliehenes oder vermehrtes ist, das entweder ein Mann Namens „Herold" oder eine solche Person führte, die das Amt eines Herolds bekleidete. Dies lässt sich wohl daraus schliessen, dass die vordere Hälfte des gespaltenen Schildes in Feld 2 und 3 vielleicht

Das Bücherzeichen eines Oesterreichischen Herolds
aus dem ersten Drittel des 16. Jahrhunderts.

auf diese Würde Bezügliches enthält: in Weiss einen Erzherzogshut und in Roth ein weisses Kreuz (Wappen der Stadt Wien). Was der in der vorderen Schildhälfte oben befindliche gelbe Adler in Roth bedeutet, weiss ich nicht. Der zweite Theil des Schildes: siebenmal von weiss und schwarz getheilt und überlegt mit einem gelben Löwen, giebt offenbar das Familienwappen des Eigners. Der schwarz-gelb bewulstete Helm mit seinen rechterseits rothweissen, links schwarz-gelben Decken, zeigt einen gelb bekleideten, wachsenden Mann (Herold) — in der Rechten ein g. Scepter, in der linken einen g. Reichsapfel haltend — dessen rother Ueberrock mit einer weissen Binde belegt ist und der als Kopfputz seltsamer Weise einen Pfauenwedel (das österreichische Helmkleinod) trägt. Räthselhaft ist auch ein mit blasser Tinte auf der weissen Binde eingeschriebener Name, den Freund Weittenhiller „Bartl Nuzer" lesen will. Die Inschrift auf dem Herrn von Weittenhiller s. Zt. übersandten Faksimile des Blattes war aber nicht genau wiedergegeben.

In Wirklichkeit enthält das nach vollzogener Reproduktion mir jetzt wieder zugestellte Original zwei kleine Zeilen, deren erste mit einem C (auf der Reproduktion ganz fehlend) beginnt und „Churfürstliche" gelesen werden könnte, während die zweite wegen der senkrecht, dicht bei einander stehenden Striche überhaupt nicht zu entziffern ist.

So wird es denn dem Zufall überlassen werden müssen, den Eigner des herrlichen Wappens herauszufinden.

F. W.

Das Bücherzeichen der reichsfreien Benediktiner-Abtei S. S. Ulrich und Afra zu Augsburg.

Mr. F. E. Murray bezeichnet in seinem Artikel „Monastic Plates" (Nr. 12 des englischen Ex-libris-Journals von 1893) das Bücherzeichen der Abtei S. S. Ulrich und Afra zu Augsburg, von welchem er nur einen schwachen Abdruck besitzt, als das eigenthümlichste und vielleicht auch seltenste bookplate seiner bescheidenen Sammlung. Bescheiden muss diese allerdings sein, wenn ein Blatt, das wir zu den mittelmässigsten zählen, ihm als pièce de résistance erscheint und peinlich genauer Beschreibung gewürdigt wird. Wir verstehen nicht recht, dass Mr. M. die Ausführung des Blattes ausgezeichnet und ausserordentlich verwickelt (!), die Gesichter der Heiligen und Cherubim sehr schön gezeichnet findet u. s. w. Geradezu überraschend wirkt es aber, wenn er sagt: „Das Ex-libris-Journal hat bisher nur ein einziges Exemplar dieser Art erwähnt: das herrliche Bücherzeichen des Hector Pömer" (Bd. II, S. 60) und angeblich „existirt eine eigenthümliche Uebereinstimmung zwischen diesen beiden Blättern darin, dass sich das Pömer'sche in einem Exemplar von St. Ambrosius' Werken aus Frobins — richtiger Frobens — Druckerei befindet, während mein Bücherzeichen in ein Exemplar von Erasmus' Bibel, aus derselben Druckerei, eingeklebt war." — Dabei gehört das von Albrecht Dürer in Holz geschnittene Ex-libris Hector Pömers — 197 mm. breit und 300 mm. hoch — dem Anfang des 16. Jahrhunderts (1521), das von einem unbekannten und sehr mässigen Arbeiter in Kupfer gestochene Bücherzeichen der Abtei — nur 49 mm. breit und 85 mm. hoch — dem 18. Jahrhundert an! Die Blätter sind im Ganzen und nach allen

Einzelheiten so grundverschieden und unvergleichbar, dass man mit dem besten Willen eine auch nur annähernde Uebereinstimmung nicht zu entdecken vermag!

Es ist sicher eine zu weit getriebene Nachsicht seitens der Redaktion des engl. Journals, dass sie diese, auf nicht allzu gründlichen Studien beruhende schriftstellerische Leistung ohne jeden Vorbehalt zum Abdruck gebracht hat. Beiläufig fügen wir hinzu, dass das ganz unschuldig in den Verdacht grosser Seltenheit gebrachte Bücherzeichen sich wohl in jeder bedeutenderen Sammlung befindet.

In der von Herrn Staatsrath von Eisenhart im Heft 1 (1894) unserer Zeitschrift veröffentlichten Liste klösterlicher Ex-libris kann Mr. M. auch finden, dass der dritte Schild weder ein Monogramm, noch den Buchstaben F, sondern wohl nur ein vom Abte gewähltes Zeichen enthält.

Mr. Murray wird uns nach Obigem eingestehen müssen, dass es eine recht missliche Sache ist, sich auf ein Gebiet zu wagen, das man nicht beherrscht. Solche Gebiete sind für einige unserer ganz munter als Irrlicht in einer ihnen fremden Welt umherschwebenden Sammelgenossen jenseits des Kanals augenscheinlich deutsche Kunst und Heraldik u. s. w.; worüber auch an anderer Stelle dieses Heftes Beweise erbracht werden.

Wenn solche Aeusserungen in einem vielgelesenen Journal etwa als die einer Autorität über deutsche Kunst u. Bücherzeichenkunde betrachtet werden sollten, so wäre das sehr bedauerlich. Wer wollte es uns verargen, wenn wir derartige Unrichtigkeiten auch in Zukunft stets zurückweisen werden!

F. W.

Bücherzeichen Professor Ludwig Burger's*)

von ihm selbst gezeichnet.

Die heraldischen und die Ex-libris-Vereine.

(Eine zur Aufklärung dienende Plauderei.)

Es ist gelegentlich von Mitgliedern des „Herold" die nur leicht begründete Ansicht ausgesprochen und vor zwei Jahren auch einmal im Monatsblatt des „Adler" erwähnt worden, dass die Artikel der Zeitschrift des Ex-libris-Vereins sehr wohl auch in der Monatsschrift des „Herold" hätten

---

*) Das Cliché ist uns von unserem Mitgliede, Herrn Konrad Burger, dem Sohne des Meisters L. B., freundlichst zur Verfügung gestellt worden. Herr Konrad Burger hat uns auch für die nächste Nummer einige Notizen über die von seinem sel. Vater gefertigten, von allen Kunstfreunden und Sammlern so geschätzten Bücherzeichen zugesagt. Anm. d. Red.

veröffentlicht werden können. Das mag Manchem, der das Statut und die Tendenz des Vereins nicht kennt, so scheinen und es ist daher ein Hinweis auf dessen Satzungen nicht überflüssig. Aus denselben kann man jedenfalls ersehen, dass der E.-L.-V. wesentlich andere als heraldische Zwecke verfolgt. Wären diese bei der Gründung des Vereins massgebend gewesen, so würde damit nicht mehr und nicht weniger als ein Konkurrenz-Unternehmen vom „Herold" geschaffen sein, dessen Existenz bekanntlich auf die Anregung zurückzuführen ist, welche ich im Jahre 1869 zu seiner Gründung gegeben habe. Ein solches Unternehmen zu schaffen, hat mir ganz fern gelegen, und ich meine, dass Jeder der mich kennt, mir wohl ohne Weiteres eine solche — wie vielleicht mein alter Freund, Dr. Herm. Grote, sagen würde — „Dollheit" nicht zutrauen würde. Man wird eben die Intentionen kennen müssen, welche mich bei dem Inslebenrufen des E.-L.-V. geleitet haben. Ich schicke gleich eine Frage voraus: „Wie viele Bücherzeichen sind seit dem etwa 24jährigen Bestehen der Vereine „Herold" und „Adler" in deren Blättern veröffentlicht worden?" Meines Wissens im „Herold" herzlich wenige und im „Adler" gar keine! Dies erweist schon zur Genüge, dass die Vereine es nicht für nöthig befunden haben, sich eingehender mit den Ex-libris zu befassen. Die letzteren sind dann wenig beachtet und gewürdigt worden, obschon viele derselben auch für den Heraldiker von grossem Interesse sein müssen. Dies gilt namentlich für die Zeit der 15. und 16., theilweise auch noch für das 17. Jahrhundert, wo die Wappen im Grossen und Ganzen den Hauptgegenstand des Bücherzeichens bildeten.*) Im 17. Jahrhundert und ausnahmsweise auch schon früher, war aber das Bestreben der Zeichner schon darauf gerichtet, für die Ex-libris nicht nur Wappen, sondern sinnbildliche und sonstige Darstellungen*) zu geben. Dieses Bestreben tritt im 18. Jahrhundert und später immer mehr hervor, was indessen nicht ausschliesst daneben noch das Wappen allein, oder in Verbindung mit anderen Gegenständen zu verwenden.

Dass Wappen in besonders schöner, stilvoller Ausführung den grössten Anspruch auf Beachtung haben und den Kenner entzücken, wird Niemand in Abrede stellen wollen, der die vortrefflichen Arbeiten alter und neuer Meister sah. Es wird aber auch Menschen geben, denen das Wappen als solches, selbst in gelungenster Ausführung, keinen Schrei der Bewunderung auszupressen vermag, ganz abgesehen davon, dass nicht Jedem — der den berechtigten Wunsch hat, sich ein Bücherzeichen zuzulegen — ein Wappen angeboren ist und Viele aus diesen oder jenen Gründen es geradezu verschmähen, sich ein solches zuzulegen.

Der nicht heraldisch gebildete, sonst aber hervorragend begabte Künstler, wird gleichwohl ohne ein Wappen zu verwenden, ein vollendet schönes Ex-libris fertigen können! Man wird also nicht behaupten und beweisen wollen, dass die Darstellung eines Wappens dem Zeichner ausgiebige Gelegenheit bietet, sein Können zu zeigen, denn er wird dies vielleicht weit besser auf jedem anderen, als dem heraldischen Gebiete vollbringen und etwas schaffen können, das sich allgemeiner Beachtung zu erfreuen und nicht nur den Heraldiker zu begeistern vermag. Dass diesem

---

*) In früheren Aufsätzen der Ex-libris-Zeitschrift (II. 4. pag. 15, III. pag. 27. uff.) ist wiederholt als wünschenswerth betont worden, dass jedem Ex libris ausser der genauen Eigenthum-Bezeichnung auch etwas Charakteristisches eingeflochten werde, welches einen Rückschluss auf die Individualität des Besitzers oder die eigenartige Zusammenstellung seiner Bibliothek lassen. Viele Ex-libris der neuesten Zeit zeigen, dass deren Verfertiger diese Anregungen nicht unbeachtet gelassen haben. Herr Dr. F. Deneken tritt in einem kürzlich von ihm veröffentlichten Artikel, über welchen Näheres unter den „Redaktionellen Mittheilungen", ebenfalls für individualisirende Bücherzeichen ein. Anm. d. Red.

ein Wappen als solches schon genügt, dass insbesondere die Anbringung des in hervorragender Weise verwendbaren heraldischen Schmucks auch den Nichtheraldiker unter gewissen Voraussetzungen zum Tadel keine Veranlassung geben kann, ist ja selbstverständlich. Das schliesst aber nicht aus, dass der „allgemeine" Kunstkenner stets diejenigen Arbeiten bevorzugen wird, welche mehr als eine einseitige, heraldische Darstellung zeigen, Arbeiten, welche die höchste Meisterschaft bekunden und für alle Zeiten bleibenden Werth behalten. Ob nun diese allgemein geschätzten Blätter, auf deren Herstellung die Bestrebungen des Ex-libris-Vereins gerichtet sind, sich eben so gut zur Veröffentlichung in einer heraldischen Zeitschrift eignen, auf diese Frage wird sich nun jeder die zutreffende Antwort geben können.

Mögen aber nur recht viele Mitglieder der heraldischen Vereine, denen unsere Zeitschrift Interesse einflösst, dem Ex-libris-Verein beitreten. Im Uebrigen werden wir zwar mit dem „Herold" getrennt marschiren, sonst aber, wie dieser, in geeigneter Weise für unsere speziellen Zwecke das Höchste anzustreben und zu erreichen suchen.

F. W.

Walter Hamilton über die deutschen Bücherzeichen.
Eine Erwiderung.

Mr. Hamilton hat in dem Decemberheft 1893 des Ex-libris-Journals einen Artikel über die deutschen Bücherzeichen veröffentlicht, der auch für uns insofern von Interesse ist, als er uns zeigt, welche Gedanken sich ein Ausländer über unser deutsches Wappenwesen zu bilden vermag. Wir geben diesen Artikel hier in deutscher Uebersetzung wieder und werden alsdann die Wunderlichkeiten desselben einer gebührenden Kritik unterwerfen:

„Wenn man sich mit unbezeichneten Bücherzeichen beschäftigt, die auch keine Aufschrift tragen, so ist es mitunter eine schwierige Sache, das Land ihres Ursprungs zu bestimmen; selbst wenn sie Mottos tragen, so können diese, wie es ja auch meistens der Fall ist, lateinisch sein und lassen somit keinen Rückschluss auf die Nationalität zu. — Es giebt jedoch mehrere Grundzüge, in denen die Mehrzahl der deutschen mit Wappen geschmückten Bücherzeichen von denen Englands und Frankreichs abweicht, und das Vorhandensein der einen oder der anderen dieser Eigenthümlichkeiten macht es dem Kenner möglich, bei einem Bücherzeichen gerade den deutschen Ursprung zu bestimmen.

Die Heraldik — wenigstens was wir heutzutage unter dieser Wissenschaft verstehen — hat ihren Ursprung entschieden in Deutschland und ist dort wahrscheinlich auch weniger vom Einfluss der Zeit berührt worden, als in irgend einem anderen Lande. Alte Denkmale, die noch in den Kirchen Mitteldeutschlands zu sehen sind, haben genau dieselben charakteristischen Merkmale, die wir auf den deutschen Bücherzeichen von vor 400 Jahren — und von heute finden; auf denen eines Pirkheimer und Ebner sowohl als auch auf denen des Fürsten von Leiningen und des Herrn Friedr. Warnecke.

Welches sind nun diese Merkmale?

In manchen wichtigen Einzelheiten ist die Anordnung (marshalling) der Wappen bei den deutschen Heraldikern von der in England gebräuchlichen, verschieden; wenn aber der Sammler nicht eine genaue Kenntniss der heraldischen Wissenschaft besitzt, so wird er diese Unterschiede weder herausfinden noch verstehen. Es wird daher besser sein, meine Bemerkungen auf solche Unterschiede in Stil und Form zu beschränken, die auf einem Bücherzeichen auch von dem leicht zu erkennen sind, der dem Studium fremder Heraldik nicht die genügende Zeit widmen kann.

Deutsche Wappen-Ex-libris haben im allgemeinen ein schweres, massives Aussehen, infolge der üppigen Falten der reichen Helmdecken, welche den Schild umgeben. Die Schilde sind von unregelmässiger Form: blattähnlich, gekrümmt, kurz, in alle nur denkbaren Formen phantastischer Kartuschen gebogen.

Bei vielen frühen Blättern zeigen die Helme einen ausgesprochen deutschen Charakter: sie sind kugelförmig (globular), haben kannelirte Vertiefungen (fluted ornamentations) und grosse ausladende (projecting) Visire.

In der Regel sind die Wappen so komplizirt und mit so vielen Details gezeichnet,*) dass sie zusammengedrängt erscheinen — ganz verschieden von den klaren, scharfen Umrissen und den regelmässigen Schraffirungen (tincture lines), welche die englischen Graveure sogar schon vor 250 Jahren auf ihren Bücherzeichen anbrachten. Deutsche Heraldiker gebrauchen auch 2 Farben, die in der englischen Heraldik unbekannt sind, nämlich eisen- und naturfarben. — Eisen zeigen sie durch diagonale Linien an, die sich kreuzen: von links oben nach rechts unten und umgekehrt, genau so, wie wir in der englischen Heraldik früher roth zu bezeichnen pflegten. Die natürliche Farbe wird angezeigt, indem man das Feld mit einer Anzahl gleichlaufender Zickzacklinien bedeckt, die einer Menge kleiner Blitze ähnlich sehen.

Wenn eine Krone den Schild überragt, so wird es jedenfalls eine sehr grosse sein; häufiger jedoch trägt der Schild einen oder mehrere Helme. Oft kommen sogar 8 oder 10 Helme vor und jeder mit einer anderen Helmzier; mitunter erhebt sich auch eine Anzahl kleiner Helme aus den Zacken einer Krone.

Die Helmzier ist das beste Merkmal, an dem sich erkennen lässt, ob ein Bücherzeichen deutschen Ursprungs ist. In der Regel ist ihre Grösse so übertrieben, dass der Helm dagegen winzig erscheint und oft ist sie von enormen, wehenden Federn begleitet. Mitunter steigt an jeder Seite des Kleinods ein ungeheurer, gebogener Zierrath empor, der dem aufgehobenen Rüssel eines Elefanten nicht unähnlich sieht. In Warren's Führer zum Ex-libris-Studium werden dieselben mit Chalumeaux bezeichnet und als „fortwährend bei den deutschen Helmkleinodien vorkommend" — erwähnt.

Bei Ergründung der Herkunft des Ausdrucks „blason" bemerkt eine französische

*) Detaillirter als englische Wappen mag oft Hunderten von Schildfiguren können deutsche überhaupt nicht sein. Englische Bücherzeichen dieser Art erkennt man übrigens meistens auf den ersten Blick, und lassen sich dieselben vielleicht nur nicht von einem amerikanischen unterscheiden. Anm. d. Red.

Autorität: „Wenn man zweimal beim Tournier erschienen war, brauchte man weiter keinen Beweis des Adels abzulegen, da derselbe (der Adel nämlich) genügend anerkannt und „ausgeblasen" war, das heisst, mit Hörnerklang verkündet. Dann trugen die Ritter als Helmzier 2 Hörner, welche einige Schriftsteller thörichter Weise für probowides — Elefantenrüssel — gehalten haben, und welche der Ursprung aller derer sind, die man die deutschen Wappen schmücken sieht.

Menestrier in seiner: Science de la Noblesse (Paris 1691) ist noch ausführlicher: „Man fragte sie, ob sie Edelleute von Namen und Wappen seien; sie legten Beweise davon ab, und nachdem sie zweimal Beweise dieser Art abgelegt hatten, trugen sie zwei Hörner als Helmzier, um dadurch anzuzeigen, dass ihr Adel zweimal durch das Horn verkündet, geblasen und bewiesen sei, was sie davon befreite, neue Beweise anzutreten."

Es ist daher eine eigenthümliche Erscheinung, dass dieser Zierrath kaum in der Heraldik eines andern als des deutschen Landes auftritt. — Das Ex-libris des Wolckenstein aus dem Jahre 1591 zeigt diese Hörner aus denen Pfauenfedern hervorgehen.

Auf dem neueren Bücherzeichen des Joh. Georgius Burckhard, das auf der vorhergehenden Seite abgebildet ist, finden wir fast alle besonderen Merkmale eines deutschen Ex-libris, allerdings in verfeinerter und gemilderter Form.

Wenn nun der Sammler auf diese Hauptmerkmale achtet, und ein paar Dutzend bekannter deutscher Bücherzeichen, die er auf's Gerathewohl herausgreifen kann, daraufhin prüft, wird er bald im Stande sein, auf den ersten Blick und mit ziemlicher Gewissheit zu bestimmen, ob ein Bücherzeichen in Deutschland gravirt wurde oder nicht.

Allerdings setzt sich das heutige Deutschland aus einer Menge Einzelstaaten zusammen, die früher unabhängig waren und ganz verschiedene politische und religiöse Systeme hatten, sodass bei den deutschen Blättern manche Verschiedenheiten und nähere Bestimmungen vorkommen, — aber im Grunde lassen sich bei allen einige der Hauptzüge deutscher Heraldik, die wir hier aufzählten, nachweisen."

Wenn sich ein englischer Agronom über die deutsche Landwirthschaft der Gegenwart informiren will, so wird er nicht einen spanischen oder französischen Autor des 17. Jahrhunderts zu Rathe ziehen oder nach ein paar Getreidekörnern die landwirthschaftliche Produktion Deutschlands beurtheilen wollen.

Ist es aber etwas anderes, wenn Mr. Hamilton auf der Grundlage der deutschen Ex-libris seiner Sammlung und einer Aussage des französischen Jesuiten Menestrier das deutsche Wappenwesen beurtheilen will? Wir unterschätzen die Bedeutung dieses Mannes für seine Zeit und die Entwickelung der Folgezeit durchaus nicht, sind uns auch bewusst, dass unsere Heraldiker vor und nach 1700 von ihm viel gelernt haben. Aber ihn als Autorität über das deutsche Wappenwesen zu citiren, halten wir nicht für erlaubt.

Durch die korrektere Alterthumsforschung ist es denn auch erwiesen, dass die ganze romantische Erzählung von dem Beblasen der Wappen halt- und grundlos ist.

Die Hörner, welche in der deutschen Heraldik als Helmschmuck vorkommen, jedoch keineswegs mit der von Mr. Hamilton gemeinten Ausschliesslichkeit, haben wohl mehr mit der Jagdliebhaberei als mit dem Turnier zu schaffen. Die grösste Mehrzahl der fraglichen Helmkleinode führt auf Stierhörner zurück, die in der ältesten Zeit sammt der Kopfschwarte auf dem Helm getragen wurden, und auf denen gar nicht geblasen werden konnte. Ein kleinerer Theil der Hörner hat sich aus Hief- oder Jagdhörnern entwickelt und mit den Stierhörnern zu jener Zwitterform vermischt, mit Mundlöchern, doch ohne Beschlag und Bandwerk, welche die Unwissenheit als „Elefantenrüssel" zu bezeichnen liebt.

Ich erlaube mir, Mr. Hamilton auf unsere deutsch-heraldische Litteratur der letzten 50 Jahre aufmerksam zu machen. Ein eingehendes Studium derselben wird ihm das Verständniss für bessere Kennzeichen deutscher Wappen, als er sie jetzt anzuführen weiss, eröffnen. Auch möchte ich glauben, dass er die englische Heraldik mit anderen Blicken zu betrachten lernen könnte. Wenigstens wäre er nicht der erste Engländer, dem es so ergangen ist. Schon jetzt kann man auf englischen Bücherzeichen die auf deutschen Einfluss zurückzuführenden Helmformen wahrnehmen, welche Mr. Hamilton, dessen Auge noch an die Theaterhelme gewöhnt ist, mit Unrecht tadelt.

Die Bemerkungen Mr. Hamilton's über die Schwerfälligkeit der deutschen Helmdecken zeigt uns, dass er noch keine Idee davon hat, dass der Wappenstil mit dem allgemeinen Kunststile jeder Zeit gleichen Schritt hält, und dass jeder dieser Stile seine besonderen ornamentalen Formen hat. Wir wollen indess Mr. Hamilton in diesem Falle damit entschuldigen, dass seine Augen durch den meist deckenlosen Crest verwöhnt ist, und dass er in seiner Sammlung viele geringere Blätter des vorigen Jahrhunderts hat, die wir ohnehin nicht in Schutz nehmen möchten.

Dieselbe Bewandniss hat es mit dem Grössenverhältniss zwischen Schild, Helm und Helmschmuck. Dasselbe ist durchaus nicht willkürlich; es ist veränderlich je nach dem Stile, welcher für die Darstellung gewählt worden ist.

Die Schraffirungen für Eisen- und Naturfarbe, welche ein Altdorfer Professor des vorigen Jahrhunderts erfunden hat, sind kaum jemals benutzt und auch theoretisch längst als unnütz verworfen worden.

Wir wissen wohl, dass der heraldische Geschmack Englands ein anderer ist, wie der unsere, darum verlohnt es sich auch nicht, über diese Dinge des Geschmacks zu streiten. Nur möchten wir bitten, dass unsere Einrichtungen oder Zustände in dem geschätzten Blatte, das auch in Deutschland Leser hat, mit grösserem Wohlwollen behandelt werden möchten.

Seyler.

Mancherlei.

I.) In neuerer Zeit werden bisweilen auf Pergament hübsch gemalte, anonyme Wappen als Ex-libris feilgeboten; diese Blätter sind jedoch keine Bücherzeichen — sondern Ausschnitte aus Wappenbriefen, welche sich in deren Mitte befanden, und das vom Kaiser oder dem betreffenden Landesherrn verliehene Wappen darstellen.

II.) Ich besitze ein bei Warnecke unter Nr. 2262 beschriebenes Blatt, das in einem Säulenportale zwischen 2 leeren Schrifträumen das Wappen enthält. Der ungetheilte Schild zeigt einen nach rechts schreitenden Löwen (oder Panther), welcher in seinen Pranken eine flatternde Standarte mit gebrochenem Schafte hält. Auf dem gekrönten Helme ist dasselbe Bild wachsend, jedoch mit ungebrochener Stange. Das Wappen gehörte muthmasslich einer süddeutschen, nun ausgestorbenen Adelsfamilie an. Ist vielleicht der Name einem der verehrten Leser bekannt?

III.) Ist das von Albrecht Dürer für den kaiserl. Reichskammer-Gerichtsbeisitzer Dr. jur. Hartmann Maurus in Holz geschnittene Wappen mit dem Motto „Virtus dura aeternaque habetur" (von Rettberg trefflich reproducirt) als Bücherzeichen gebraucht worden? —

IV.) In der Einleitung zu Warnecke's „deutschen Bücherzeichen" ist Seite 12 das in einem Werke von 1480 enthaltene Bücherzeichen-Formular abgebildet und näher besprochen. Fragliches Werk erschien in 4° zu Nürnberg unter dem Titel: „Versehung leib. sel. er. vnnd gutt", enthält 171 numerirte Blätter, 9 Register-Blätter und ist mit mehreren sehr hübschen Initialen geschmückt. Die Münchener Hof- und Staats-Bibliothek besitzt nicht nur diese Ausgabe unter der Signatur „In c. a. 4° 701", sondern auch die folgenden, zu Augsburg 1490 und 1493, dann zu Nürnberg 1509 erschienenen; doch ist in diesen minder reich ausgestatteten Auflagen das erwähnte Formular weggelassen.

V.) Beim Sammeln von Bücherzeichen, namentlich beim Handel mit diesen, wird die Beschaffenheit der Blätter viel zu wenig berücksichtigt. Die Händler pflegen die gleichen (meist hohen) Preise zu verlangen, gleichviel ob es sich um einen schönen kräftigen Abdruck oder um einen späten Abzug handelt, ob das Blatt einen breiten Rand besitzt oder arg beschnitten ist, gleichviel auch ob das Blatt Flecken und andere Mängel aufweist, oder sich tadelloser Erhaltung erfreut. Und doch sollten die Sammler bedacht sein, nur einwandfreie gute Blätter zu erwerben, da nur solchen, (wie es auch bei Kupferstichen der Fall ist) ein höherer Kunstwerth zukommt.

VI.) Von deutschen Ex-libris mit wirklichen Ortsansichten erwähne ich aus meiner Sammlung:

a) Falter, Philipp, kurfürstlicher Bücher-Antiquar in München, dessen Familie in diesem Jahrhundert ausgestorben. Das niedliche Blatt zeigt dessen ländliche Besitzung in der Vorstadt Au b. M. (1503).

b) Häberlin, Franz Dominikus, Professor in Helmstädt. Der bekannte Historiker und Publicist führte vier Bücherzeichen (W. 713—16 inkl.) und bestehen von den letzt angeführten zwei Varianten. Das bei W. unter 712 erwähnte allegorische Blatt zeigt (herald.) links im Hintergrunde eine Kirche mit stattlichen Thürmen: die Kirche von Grimmelfingen b. Ulm, dem Geburtsorte H.'s, in der er muthmasslich, und zwar von seinem Vater, Georg Heinrich, damals Pastor in G., 1720 getauft wurde.

c) Freiherr v. Siebold, Orientreisender und japanischer Minister-Resident a. D. (1894.) Das Wappenbild zeigt in der oberen Ecke dessen Schloss Colmberg in Franken.

Da die Mehrzahl der deutschen Sammler meines Wissens keine Anglica sammelt, will ich von solchen nur das sehr interessante Ex-libris des Right Honble Mountstuart Grant Duff, Gouverneurs von Madras, hervorheben. Von Vathagery 1886 dortselbst in Kupfer gestochen, stellt es in vortrefflicher Ausführung den von Palmen umgebenen hindostanischen Haupttempel der Stadt dar, indessen indische Pflanzen-Motive die Randleisten bilden. —

München, Karlstrasse 24.

v. Eisenhart.

Nochmals über „Bücherzeichen".

Am Schlusse des in den Nummern 2 bis 6 der Papierzeitung von 1894 von Herrn Hans Bösch veröffentlichten, sehr beachtenswerthen Artikels mit der Ueberschrift: „Bibliothekzeichen" findet sich nachstehendes „Eingesandt":

„**Bibliothekzeichen — Buchmarke.**

Von geschätzter, sehr fachkundiger Seite erhalten wir folgende Zuschrift und bitten um Aussprache:

Sollte es nicht angehen, in der Papier-Ztg. in den hübschen, sehr lehrreichen Aufsätzen über „Bibliothekzeichen" letzteres schwerfällige Wort durch ein besseres zu ersetzen? „Ex-libris" scheuen Sie mit Recht, aber „Buchmarke", wie ich im Sprachverein vorgeschlagen, sagt alles und genau. Gebildet wie Briefmarke, Hausmarke, Hofmarke, Postmarke u. s. w., giebt es an, zu was das Blättchen dient, lässt erkennen, dass es eingeklebt wird, dass es sich wiederholt u. a. m.   x." *)

Hierauf bringt die gedachte Zeitung in No. 13, Seite 309 eine

„**Bücherzeichen — Bibliothekzeichen — Buchmarke"**

*) Geheimrath Professor Reuleaux?

überschriebene, also unaufgefordert auch über das „Bücherzeichen" sich auslassende Entgegnung, welche im Wesentlichen mit dem sich deckt, was über die Angelegenheit in unserer Zeitschrift auf Seite 67 des Jahrgangs 1893 bereits gesagt worden ist, im Uebrigen aber wenig Neues enthält. I. L. schreibt darin:

„Eingehend auf die in No. 6 der Papier-Ztg. gewünschte Meinungs-Aeusserung über die Ausdrücke „Bücherzeichen — Bibliothekzeichen — Buchmarke" kann auf Heft 3 des Jahrgangs 1893 des Ex-libris-Vereins zu Berlin verwiesen werden, worin das Thema bereits eingehend erörtert und u. a. gesagt worden ist:

1.) dass die Bezeichnung „Ex-libris" die älteste und namentlich für den internationalen Verkehr die allein gebräuchliche ist,

2.) dass, der Uebersetzung „aus den Büchern" entsprechend, das Wort „Bücherzeichen" — auch als durch Warnecke's Werk und die Ex-libris-Zeitschrift einmal eingeführt — bereits allgemein in Gebrauch genommen wurde, und

3.) dass erst neuerdings das Wort „Bibliothekzeichen" als zutreffender bezeichnet wurde, wie es scheint mit Unrecht, denn einerseits kann man sehr wohl ein „Bücherzeichen" besitzen, ohne eine Bibliothek (hierunter versteht man doch für gewöhnlich eine bedeutende Büchersammlung!) zu haben, andererseits ist, wenn man schon ein deutsches Wort wünscht, dies Bibliothekzeichen jedenfalls nicht am Platze.

Was endlich den Ausdruck „Buchmarke" anbetrifft, so scheint ein Vergleich mit der „Briefmarke" nicht ganz zutreffend zu sein. Ebensowenig wie eine Haus- oder Hofmarke eingeklebt wird, wird der Ausdruck „Buchmarke" diese Verwendung ohne weiteres erkennen lassen. Wie aus dem Warnecke'schen Werke hervorgeht, giebt es Bücherzeichen, für welche der Ausdruck „Marke" geradezu seltsam erscheinen müsste. Beispielsweise seien von den vielen grossen Bücherzeichen nur die des Grafen Maxim. Ludwig Breuner, des Herrn von Pfinzing-Henfenfeld und des Sebald Millner von Zweiraden erwähnt, welche 35—42 cm. hoch und entsprechend breit sind.

Da das Wort „Buchzeichen" mit einem Lesezeichen verwechselt werden könnte und die Buchmarke eine Verwechselung mit Buchdruckermarke oder Buchdruckersignet nicht ausschliesst, so sollte man ohne zwingenden Grund nicht an dem einmal für Deutschland eingeführten Ausdruck „Bücherzeichen" rütteln und sich nur nebenbei der Bezeichnung „Exlibris", vorzüglich dem Auslande gegenüber, auch ferner bedienen."

Der Einsender giebt also dem „Bücherzeichen" den Vorzug. Wer an dem Wort „Bibliothek" festhält, das ein Fremdwort ist, der mag daran erinnert werden, dass man sich schon sehr früh des klassischen, lateinischen Wortes mit deutscher Endung „Liberey", mehr aber noch des heute wieder sehr in Aufnahme gekommenen, ebenso unschönen als unzutreffenden Wortes „Bücherei" bediente. Weshalb ist man nicht schon bei der Ersetzung des Wortes „Bücherzeichen" auf das Wort „Büchereizeichen" verfallen, das doch deutsch und noch kürzer als „Bibliothekzeichen" ist?! Ausserdem sei daran erinnert, dass der in den Büchern befindliche handschriftliche Vermerk über Standort und Fachnummer des Buches von den Herren Bibliothekaren allgemein „das Bibliothekzeichen" genannt wird.

Die nebenhergehende Anwendung des allerdings höchst merkwürdigen Ausdrucks „Exlibris", dessen wörtliche Uebersetzung Uneingeweihte gewiss nicht klüger macht, halten wir für sehr wünschenswerth, da dieses Stichwort überall bekannt ist

Der Verein wird bis dahin, wo ein besserer noch zutreffenderer, etwa auch das Eigenthum auf das Buch kennzeichnender Ausdruck er-

funden worden ist, sich vor wie nach der Bezeichnung „Bücherzeichen" bedienen. In der Sitzung am 13. Februar d. Js. ist dies unter näherer Darlegung der Gründe durch die Herren Professoren Doepler und Hildebrandt, sowie Amtsrichter Dr. Béringuier u. A. als die bis jetzt zutreffendste Bezeichnung, neben der von „Ex-libris", von der Versammlung anerkannt worden.

Damit erachten wir die Angelegenheit einstweilen für erledigt.

Bücherzeichen
des Herrn Boguslaw von Rautenberg-Garczynski
Kgl. preuss. Rittmeister a. D.
Gezeichnet von Clemens Kissel in Mainz.

Diese und die gegenüberstehende Seite geben den Inhalt des Rundschreibens wieder, welches vom Vorstand des Ex-libris-Vereins an die Officier-Casinos zu dem Zweck gesandt wurde, die Einführung von Bücherzeichen für die Regimentsbibliotheken anzuregen. Siehe auch 22 u. 23. Sitzungsbericht auf S. 39 u. 40 dieser Nummer. Anm. d. Red.

Euer

beehrt sich der unterzeichnete Vorstand des Ex-libris-Vereins zu Berlin um Mittheilung des Folgenden an das Offizier-Corps Ihres Regiments zu bitten:

Der Ex-libris-Verein besteht seit dem 24. Mai 1891 und hat den Hauptzweck: die Bücherzeichen-Kunde und die angrenzenden Gebiete der Bibliothekenkunde und Gelehrtengeschichte zu pflegen, sowie den Gebrauch der Bücherzeichen*) in Deutschland zu beleben und die künstlerische Ausführung derselben zu fördern.

Der Verein hat in den 2 Jahren seines Bestehens bereits ansehnliche Erfolge aufzuweisen, von welchen die aus 10 Heften bestehende Vereins-Zeitschrift genügend Zeugniss giebt.

Da nun seitens der Herren Offiziere des deutschen Reichs-Heeres und der Kaiserlichen Marine der Pflege der Wissenschaften und Künste auf allen Gebieten seit Jahren ein lebhaftes Interesse gewidmet wird, so glauben wir, dass auch unsere Bestrebungen in Ihren Kreisen fortschreitenden Anklang finden werden.

Wohl jedes Offizier-Corps unserer Armee besitzt neben dem Kasino eine mehr oder minder umfangreiche Bibliothek, deren Werke, je häufiger sie verliehen werden, desto mehr dem unbeabsichtigten Verlieren ausgesetzt sind. Ein künstlerisch ausgeführtes Exlibris oder Bücherzeichen, welches ausser der Eigenthumsbezeichnung noch Beziehungen auf besondere Abzeichen der Uniform, auf hervorragende Ruhmesblätter der Regimentsgeschichte, auf spezielle Traditionen u. s. w. enthalten würde, ist ohne Zweifel besonders geeignet das Eigenthum des Offizier-Corps zu wahren. Durch ein solches an auffallender Stelle in den Buchdeckel jedes Buchs eingeklebte Blatt wird dem Entleiher viel eindringlicher als durch bisher übliche kleine, unscheinbare Stempel — welche auch den buchhändlerischen Werth eines Werkes vermindern — die Verpflichtung zur Rückgabe bei jedem Gebrauch wiederholt nahegelegt. Und das Blatt selbst wird in seiner künstlerischen Ausführung dem Buche zur Zierde gereichen.

Die verhältnissmässig geringen Anschaffungskosten, welche sich bei einer zwar einfachen, aber stilgemässen Zeichnung, und bei 1000 Abzügen eines fortlaufernd zu verwendenden Clichés auf nur 30—40 Mk. belaufen, werden sich bald bezahlt machen.

Auf angebogener Seite haben wir einige Entwürfe zu Bücherzeichen für Regiments-Bibliotheken abdrucken lassen, um eine Andeutung zu geben, wie ein solches etwa zu gestalten sein würde.

Der Verein wird gern die Vermittelung bei der Anfertigung solcher Bücherzeichen übernehmen, muss aber betonen, dass ihn nicht geschäftliche Rücksichten, sondern nur die Liebe zur Sache hierzu bestimmen.

Unser Mitglieder-Verzeichniss, in welchem die Namen
Sr. Hoheit des Prinzen **Friedrich Karl von Hessen**,
    des Majors im Regt. Garde du Corps, **Ferdinand Grafen von Brühl**,
    „ Prem.-Lieut. **Otto von Dassel**,
    „ Hauptmanns **Erich Freiherrn von Hausen**,
    „   „   **Franz Freiherrn von Hövel**,
    „ Rittmeisters **Bogdan Grafen Hutten-Czapski**,
    „ Majors **Freiherrn Reisner von Lichtenstern**, u. A. mehr
vorkommen, dürfte einen Beweis hierfür bieten.

Dass der Verein — an welchen man gefälligst unter der Adresse: „Geheimer Rechnungs-Rath **Warnecke**, Berlin W. 10, Friedrich-Wilhelmstrasse 4" schreiben wolle — sich durch den Beitritt von Offizieren, welche seine Bestrebungen theilen, geehrt fühlen würde, brauchen wir wohl nicht besonders zu betonen.

(Adresse.)   **Der Vorstand des Ex-libris-Vereins.**

---

*) Das Bücherzeichen, dessen Verwendung nachweislich sich bis in die Mitte des 15. Jahrhunderts zurück verfolgen lässt, diente dazu, in die Innenseite des Buchdeckels eingeklebt zu werden, um das Besitzrecht auf das Buch festzustellen. Die Bücherzeichen sind deutschen Ursprungs und haben

Muster zu einem Bücherzeichen für die Bibliothek eines Kavallerie-Regiments.
Entworfen von Professor Emil Doepler d. J., Berlin W., Dörnbergstr. 2.

Muster zu einem Bücherzeichen für die Bibliothek eines Infanterie-Regiments.
Entworfen von Professor Ad. M. Hildebrandt, Berlin W., Derfflingerstr. 20a.

Muster zu einem Bücherzeichen für die Bibliothek eines

Muster zu einem Bücherzeichen für eine

Redaktionelle Mittheilungen.

 ● Wie bei der Herstellung der früheren Nummern der Ex-libris-Zeitschrift unsere altbewährten Freunde und Gönner stets bereit waren, sich in den Dienst des Vereins zu stellen, so können wir auch im Hinblick auf dieses Heft dankend hervorheben, dass, neben unserem verehrten Herrn Vorsitzenden, die Herren Geheimer Ober-Regierungsrath Busse, Konrad Burger, Excellenz von Eisenhart und Architekt Springer durch werthvolle Beiträge an Manuskript und Illustrations-Material sich aufrichtigen Dank der Vereinsmitglieder erworben haben. Von den ausübenden Künstlern auf unserem Gebiete haben die Herren Richard Boehland, Professor Emil Doepler d. J., Professor Ad. M. Hildebrandt, Clemens Kissel und Georg Otto treffliche eigene Arbeiten zwecks Vervielfältigung zur Verfügung gestellt. Die aus der bewährten Kunstanstalt C. A. Starke in Görlitz hervorgegangene kolorirte Beilage des Bücherzeichens aus dem 15. Jahrhundert hat unser Mitglied und Druckherr, Herr Kgl. Hoflieferant Georg Starke, dem Verein als Dedikation überreicht.. Allen genannten Herren herzlichsten Dank auch seitens der Redaktion!

● Von Herrn Professor Dziatzko, Oberbibliothekar der Kgl. Universitätsbibliothek zu Goettingen erhalten wir folgende Zuschrift: „Die Bibliothek der früheren Ritter-Akademie zu Lüneburg (im Kloster St. Michaelis) kam in die unsrige und haben alle Bücher dieser Provenienz das Bücherzeichen mit der Darstellung des St. Michael mit dem Drachen, darunter auf einer Tafel die Inschrift: „Biblioth. coenob. St. Michael". Ein Original dieses, also unter „Lüneburg" einzuordnenden Blattes besitzt u. A. Se. Excellenz Herr Staatsrath von Eisenhart in München.

● Aus Oesterreich erhalten wir von einem Mitgliede unseres Vereins nachfolgende, einen Tauschverkehr anregende Zeilen mit der Bitte zugestellt, dieselben an dieser Stelle zu veröffentlichen:

Ex-libris-Tauschverkehr.

An diesem Tausche kann jedes Mitglied des Ex-libris-Vereins theilnehmen, und zwar in der Weise, dass vorerst mittelst an eines der in Berlin domicilirenden Mitglieder zu adressirender Postkarten (etwa mit den Worten: „Bin zum Ex-libris-Tausche bereit.") Anmeldungen erfolgen.

Im nächsten Hefte der Ex-libris-Zeitschrift wird unter der obigen Aufschrift die Anzahl der Anmeldungen bekanntgegeben, worauf binnen 14 Tagen nach Ausgabe des Heftes jedes Mitglied, das sich angemeldet hat, ebensoviele Exemplare, jedoch weniger ein Stück, seines eigenen Ex-libris einzusenden hat.

Die eingelaufenen Ex-libris werden ausgetheilt und jedem Anmelder zugesendet, so zwar, dass ein solcher je 1 Exemplar des Ex-libris der übrigen Anmelder erhält.

Diese Anmeldungen können jedes Vierteljahr, etwa immer in den Monaten Februar, Mai, August und November, also einen Monat vor Erscheinen eines neuen Heftes, geschehen.

Die alten (früheren) Anmelder senden dann nur mehr soviele ihrer Ex-libris als Neuanmeldungen erfolgten, ein, während die Neuanmelder natürlich ebensoviele Bücherzeichen einzuschicken haben, als die Summe aller bisherigen Anmeldungen ausmacht.

Da aber diese Sendungen dem Vereine ausser vieler Mühe auch Portoauslagen kosten würden, so dürfte es wohl nicht unbillig sein, zu verlangen, dass die Anmelder stets bei jeder Einsendung ihrer Ex-libris diesen auch etwa 20 Pfennige in Briefmarken beischlössen, als Rückerstattung der Portoauslagen.

Findet diese Art eines Tauschverkehrs Anklang, so wäre viel Mühe und Zeit den Sammlern erspart, zumal wenn es gelänge, auch andere Ex-libris-Vereine für diese Idee zu interessieren und sich diese dem Tauschverkehre anschliessen. — — —

Anm. d. Red. Wir bringen diesen Vorschlag hiermit zur Kenntniss und sind, falls eines unserer werthen Mitglieder den Tauschverkehr zu leiten geneigt ist, gern bereit darüber im nächsten Hefte weitere Mittheilungen zu machen. Die Mitglieder, welche ihr Ex-libris gegen dasjenige Anderer austauschen wollen, werden wir gern in unserer Zeitschrift nennen, müssen aber als unsere unmassgebliche Ansicht aussprechen, dass es uns angebrachter erscheint, jedem selbst zu überlassen, mit wem er alsdann den Austausch vornehmen will. Die Sammler nehmen ja aus Liebe zur Sache so manche Unbequemlichkeit mit in den Kauf und sollten daher auch, wenn es sich um eine Bereicherung ihrer Sammlung handelt, ein wenig mehr Korrespondenz nicht scheuen.

● Unser Mitglied Herr Hauptmann a. D. Freiherr von Hövel zu Kassel theilt uns mit Bezug auf den in unserer letzten Nummer enthaltenen Aufsatz über „Das Bücherzeichen des Dr. jur. Christophorus Hos" freundlichst mit, dass sich letzteres auch in der Landes-Bibliothek zu Kassel in einem Exemplar der von Hans Lufft 1560 gedruckten Bibel befindet.

● Herr Dr. Adolf Schmidt, Hofbibliothekssekretär zu Darmstadt, ein treuer Freund unserer Bestrebungen schreibt uns u. A.: „Seit der Gründung des Ex-libris-Vereins, dem die Grossherzogliche Hofbibliothek zu Darmstadt ja als eines der ersten Mitglieder beigetreten ist, habe ich angefangen, ein Verzeichniss aller mir vorkommenden Ex-libris in Büchern unserer Bibliothek anzulegen. Ausdem 16. Jahrhundert habe ich bis jetzt folgende Stücke:

1. Crusius, M. Paulus-Molendinus Hennebergiacus. 1594.
2. Karl I. Pfalzgraf von Birkenfeld. 1585.
3. Pfeil, Franz. 1539.
4. Spiegel, Jacobus Selestadiensis. 1538.
5. Scholley, Frid. a. 1588.
6. Rudolf Bischof von Speyer. 1555.
7. Talhamer, Gabriel. (W. 2155.) In einem 1571 erschienenen Buche.
8. Wirth, Georg (1524—1613). In zwei Grössen.
9. Zell, Hans von. (W. 2545.) Mit Autograph von 1515.

Diese Ex-libris waren wohl grössten Theils zur Nachbildung in der Zeitschrift geeignet. Die Direktion unserer Bibliothek würde, glaube ich, bereit sein, Ihnen die Bände, in denen sich die Blätter befinden, zur Benutzung zugänglich zu machen."

Wir haben mit aufrichtigem Dank für die so liebenswürdige Interessenahme an unserem Verein und seiner Zeitschrift uns sogleich mit Herrn Dr. Adolf Schmidt in Verbindung gesetzt, um das in Darmstadt vorhandene werthvolle Material nach Möglichkeit unseren verehrten Mitgliedern in Wort und Bild vorführen zu können. Ueber das namentlich in litteraturgeschichtlicher Beziehung ausserordentlich interessante Bücherzeichen des Dichters Johann Fischart, welches ebenfalls die Grossherzogliche Bibliothek besitzt, ist in diesem Hefte unter Beifügung einer Reproduktion des äusserst seltenen und prächtigen Blattes bereits alles Wissenswerthe angegeben. Erwähnt sei ausserdem, dass sich in derselben Bibliothek ein Missale Diocesis Coloniensis von 1514 befindet, welches auf den Metallschliessen eine ähnliche Eingravirung der Eignerbezeichnung trägt, wie das im vorigen Hefte beschriebene Buch des Zutpheld Wardenberg. Hierüber werden unsere Mitglieder eingehende Beschreibung und genaue Abbildung im nächsten Hefte finden. Hocherfreulich wäre es für den Ex-libris-Verein, wenn uns aus den Kreisen der Herren Bibliothekare nunmehr allgemein eine so dankenswerthe Unterstützung würde. Die grossen öffentlichen Sammlungen Deutschlands bergen noch so manches in künstlerischer wie litterar-geschichtlicher Bedeutung hochwichtige Ex-libris, dass wir bei weiterer Förderung unserer Bestrebungen seitens der Herren Bibliothekare noch manchen werthvollen Fund zu Tage zu bringen hoffen dürfen. Dankbar werden wir jede Mittheilung und Anregung in Empfang nehmen.

● Das December-Heft 1893 des „Journal of the Ex-libris-Society" hat folgenden Inhalt: A plea for book-plates. By H. S. Ashbee. — German book-plates By Walter Hamilton. — Monastic plates. By Francis Edwin Murray. — American notes. By Charles Dexter Allen. — Armorial book-plate of Captain Cook. By George Marshall. — „The Clerk of the Parliament". By William Bolton. — The Look plate of Mr. Berkeley Score. — Bookplate of Thomas Carlyle. — Miscellanea.

Inhalt der Januar-Nummer 1894: The Royal book-plate of the Cambridge University Library. By Octavius Johnson — American notes. By Charles Dexter Allen. — How to arrange book-plates. By R. Garraway Rice. — Three book-plates of the Nuremberg Family of Kress of Kressenstein. By Gilbert J. Ellis. — Book-plates of the Duke of Kent. By James Roberts Brown. — Book-plates of Francis Gwyn. By Arthur J. Jewers. - Book-plate of Columbia College, New-York. By W. H. K. Wright. — Miscellanea.

Inhalt der Februar-Nummer: On the processes for the production of exlibris. By John Vinycomb (Contin). — La Société Française des collectionneurs d'ex-libris. By Walter Hamilton. — Additional bibliography of bookplates. By H. W. Fincham. — Book-plates of the Duke of Kent. By Albert Hartshorne. — Miscellanea.

Von den diesen 3 Heften beigefügten Abbildungen seien erwähnt: Drei Bücherzeichen der Familie Kress von Kressenstein und ein Kupferstich des Meisters C. W. Sherborn, sowie ein von Miss Georgie Cave France zu Birmingham für And. W. Tuer gefertigtes Ex-libris.

● Nunmehr liegen auch die zwei ersten Hefte der Zeitschrift „Archives de la Société Française des Collectionneurs d'Ex-libris" vor, welche der von Dr. L. Bouland zu Paris begründete französische Ex-libris-Verein herausgegeben hat. Es gereicht uns zur Freude, aus den ersten Nummer einleitenden Worten des Herrn Vorsitzenden, Dr. L. Bouland, die Ueberzeugung gewinnen zu können, dass dem Verein und seiner Zeitschrift allenthalben genügendes Interesse entgegengebracht wird, um eine gedeihliche Fortentwickelung gesichert erscheinen zu lassen.

Inhalt von No. 1 (Dezember 1893) der „Archives": L. Bouland, a mes premiers collaborateurs. — Notre programme. — Exlibris et marque d'Henri II d'Albret. — Armoiries de la ville de Metz. — Du décollage des ex-libris. — Questions et réponses. Echanges et demandes. — Bibliographie.

Inhalt von No. 2 (Januar 1894): CompteRendu de la Réunion du 17. Décembre 1893. -- Bouland, L., Six tirages hors texte. — Benoit, A., Le Prince de Craon. — Bouland, L., Exlibris symbolique. — —, Ex-libris professionel. — Questions, réponses etc.

Die beiden Hefte bringen an Abbildungen u. A. zwei von dem Schriftführer des Vereins, M. Henry André, gezeichnete interessante Exlibris, sowie 6 lose Beilagen, je ein von C. F. Thiery zu Nancy humorvolles, in Kupfer gestochenes Bücherzeichen enthaltend, welches der Künstler sich eigens für sein Exemplar der Werke des ihm befreundeten Gustave Droz angefertigt hat.

● Am 14. Februar d. J. fand in der St. Martin's Hall zu London die General-Versammlung des englischen Ex-libris-Vereins statt, bei welcher Gelegenheit zugleich eine Ausstellung von Ex-libris, einzeln und in ganzen Sammlungen, von Ex-libris-Litteratur, interessanten Einbänden, heraldischen Kunstwerken u. s. w. veranstaltet wurde. Den Herren, welche sich um das Zustandekommen dieser Ausstellung und somit um die Sache selbst verdient gemacht haben, gebührt aufrichtiger Dank. Manches Mitglied wird dem englischen Verein dadurch neu zugeführt worden sein und den Sinn für unsere Kleinkunst wieder in weitere Kreise tragen.

● Mr. Charles Dexter Allen, unser Mitglied in Hartford, Conn. U. S. A., wird voraussichtlich in kurzer Zeit sein umfangreiches Werk über die amerikanischen Bücherzeichen vollendet haben. Das mit Abbildungen reich versehene Werk wird bei Messrs. Macmillan & Co. in New-York erscheinen.

● Der „Daily Telegraph" bespricht in einer seiner letzten Nummern den Werth des Ex-libris-Sammelns und hat bei dieser Gelegenheit für unsere deutschen Bücherzeichen besonders anerkennende Worte: „Philatelie oder Briefmarken-Sammeln ist jetzt förmlich zu einer Industrie ausgebildet, doch kann sich diese Sammel-Leidenschaft, was die kunstlerische Seite betrifft, nicht mit dem Sammeln von Bücherzeichen ebenbürtig messen. Briefmarken sind selten oder nie Kunstwerke, wiewohl instruktiv für die Erweiterung geographischer Kenntnisse. Ex-libris jedoch sind häufig Darlegungen hervorragender künstlerischer Befähigung; und eine Sammlung von solchen Blättern ist, künstlerisch und kulturgeschichtlich, von hohem Interesse. In Deutschland wird mehr Sorgfalt auf Bücherzeichen verwendet als in England, obwohl manche englischen Künstler auf diesem Gebiete Leistungen geboten haben, welche sich getrost dem Besten anderer Länder zur Seite stellen können." Wir mögen keine Vergleiche anstellen, ob dieses oder jenes Land mehr Anspruch darauf machen kann, unserer Kleinkunst ein günstiges Entwickelungs-Terrain zu sein. Die vielen prachtigen Blätter, welche englische Künstler, allen voran C. W. Sherborn, Stacy Marks, Walter Crane geschaffen haben, geben uns die erfreuliche Gewissheit, dass man in England ebenso bestrebt ist, neue Freunde und Anhänger der Ex-libris-Kleinkunst zuzuführen, als es deutscherseits durch unsere Künstler geschieht.

Das Wesentlichste ist, dass unserer Sache im Allgemeinen durch jedes neugeschaffene, künstlerisch werthvolle Blatt — gleichgültig, ob deutschen, englischen, französischen etc. Ursprungs — Nutzen erwächst. Bei nicht erlahmendem Wettbewerb der Künstler untereinander wollen wir dann gern darauf verzichten, ängstlich zu ermessen, welchem Lande die Siegespalme gebühren mag. Viribus unitis!

● Von Herrn Alexander Baron von Rahden, dem gelehrten Vorsitzenden der Kurländischen Gesellschaft für Litteratur und Kunst, Sektion für Genealogie, Heraldik und Sphragistik zu Mitau, haben wir die uns sehr werthvolle Mittheilung erhalten, dass die Ex-libris-Zeitschrift in genannter Gesellschaft „ungetheilten Beifall" gefunden habe. — Meister Sherborn in London sagt von unserer letzten Nummer: „I think your journal admirable" — eine Anerkennung, die uns mit Genugthuung erfüllt.

● Von der englischen Verlagsfirma H. Grevel & Co. in London, 33 King Street, Covent Garden, erhalten wir soeben ein Verzeichniss ihrer Verlagsartikel, welches ausser einer grösseren Anzahl von archaeologischen, musikgeschichtlichen etc. Werken die englischen Ausgaben der Ex-libris-Werke von Hildebrandt, Kissel, Otto, Sattler, Teske u. Warnecke ankündigt.

● In einer am 26. Februar d. J. von der Berliner Firma Amsler & Ruthardt abgehaltenen Kupferstich-Auktion wurde das von Georg Friedrich Schmidt gestochene, äusserst seltene Bücherzeichen des Baron Kottwitz von

Boyadel mit 44 Mark bezahlt. Herr Geheimrath Warnecke erstand es für seine Sammlung.

● Die Belletristisch-Litterarische Beilage der „Hamburger Nachrichten" (No. 9 vom 4 März 1894) enthält einen von F. D. (Dr. F. Deneken) verfassten längeren Artikel über Bücherzeichen, welcher wohlgeeignet ist, auch den unserem Verein Fernstehenden Interesse für unseren Sammelzweig einzuflössen. Nach Aufzählung von einigen der bekannteren Blätter, wie diejenigen von Igler, Pirkheimer, Chodowiecki (eigenes), Fr. Nicolai, Goethe, Schonkopf, Otto Jahn, Parthey etc. bekennt sich der Verfasser zu der u. a. im Artikel „Die heraldischen und die Ex-libris-Vereine" (Seite 58) und auch von uns vertretenen Ansicht, dass es wünschenswerth sei, das Bücherzeichen nicht zu einem ausschliesslichen Wappenblatt zu gestalten, sondern demselben auch solche Darstellungen beizufügen, welche charakteristischen Bezug auf den Besitzer enthalten: „Die Heraldiker und Liebhaber lassen es nicht beim Sammeln bewenden, sondern treten auch energisch für Wiederaufnahme des Gebrauches der Bücherzeichen ein. Ihr Werben hat die alte Sitte wieder zur Mode gemacht, vorläufig freilich fast ausschliesslich in den Kreisen derjenigen, die in der Lage sind, ererbte Familienwappen als Bücherzeichen zu führen. So begreiflich es nun ist, dass man ein Wappen in solchem Fall angebracht sehen will, so wünschenswerth wäre es, dass neben und statt der Wappen, die doch nur allgemeine Familienzeichen sind, zu Darstellungen gegriffen wurde, die sich auf die Persönlichkeit des Bücherbesitzers selbst beziehen. Für die Angabe des Besitzers kennt man aber gegenwärtig nur ein Mittel: das Schriftband mit dem voll ausgeschriebenen Namen. Was an diesen flatternden Bandstreifen Schönes sein soll, ist schwer einzusehen; und auch mit den Namen sollte man es nicht gar so wichtig haben. (Wir können letzterer Ansicht nicht beipflichten, halten vielmehr eine recht genaue Namensangabe der Besitzer und Zeichner, sowie des Datums der Anfertigung für durchaus wünschenswerth. D. Red.) Manche Bücherzeichen, besonders solche von öffentlichen Bibliotheken, bewegen sich in der Nachahmung von Siegeln und Stempelzeichen, was zur Folge hat, dass ihre kreisförmigen Inschriften nur mit Mühe zu entziffern sind. Dem Bücherzeichen sollte man gestatten, frei von allem Zwang seinen eigenen Weg zu suchen. Man sollte denken, dass es seinem Zweck genügen würde, wenn es ein deutliches Bildchen enthielte mit charakteristischem Bezug auf den Besitzer. Der Beruf des letzteren, seine Neigungen und Liebhabereien, sein Wohnort und so vieles andere bietet dem entwerfenden Zeichner einen Ueberfluss an passenden Motiven. Mit Inschriften und ornamentalen Einrahmungen sollte man dabei sparsam umgehen. Namentlich wird eine Entwickelung nach dieser Richtung von selbst erfolgen, wenn sich erst die Bücherzeichen in weiteren Kreisen eingebürgert haben." Erwähnen wollen wir noch, dass, wie Herr Dr. F. D. mittheilt, das hamburgische Kunstgewerbemuseum eine eigene Bücherzeichen-Sammlung besitzt. Ein darunter befindliches bemerkenswerthes Blatt des XVI. Jahrhunderts ist dasjenige des ersten ditmarsischen Landvogts Marcus Swyn, ein mit der Hand kolorirter Holzschnitt vom Jahre 1582, das Wappen des Besitzers enthaltend. Darüber im nächsten Hefte Näheres.

● Unser geschätztes Mitglied, Herr C. M. Carlander in Stockholm, beabsichtigt binnen Kurzem einen dritten Band seines umfangreichen, werthvollen Werkes „Svenska Bibliothek och Ex-libris" erscheinen zu lassen. Dieser neue Band wird, ebenso wie die beiden früheren, das besondere Interesse aller Ex-libris-Sammler, Bibliographen und Bibliophilen erwecken. Auf etwa 600 Textseiten hat der Autor sehr werthvolle Mittheilungen über öffentliche und Privat-Bibliotheken Schwedens zusammengetragen, während 80 Abbildungen alter und neuer Bücherzeichen und Wappen, zum Theil von den Originalplatten gedruckt, den illustrativen Theil ausmachen. Von den Bibliothekbesitzern, deren das Buch erwähnt, heben wir, als besonders Interesse erregend, hervor: Die Könige Johann Kasimir und Stanislaus Leczinsky, Baron Paul Khewenhüller, Konrad von Rosen, Kanzler Magnus Gabriel de la Gardie, Graf Claes Ekeblad, Johann Gustav Ufvenklou, Magnus Ericsson Ulfsparre, Graf Peter van Suchtelen, Alexander Barclay, Baron Nils Silfverschiöld, Graf Gustav Hamilton, Graf Lars von Engeström, Graf Friedrich Bogislaus von Schwerin etc. Der Subskriptions-Preis des nur in 150 Exemplaren erscheinenden Bandes ist auf 30 Mark bemessen. Bestellungen nimmt entgegen: Werner Landgren in Stockholm.

● Mr. John Leighton hat soeben ein hochinteressantes, gediegen ausgestattetes Heft herausgegeben, welches sich „The book-plate annual & armorial year book" betitelt und für Ex-libris-Sammler, Bibliophilen, Heraldiker und Kunstfreunde überhaupt eine willkommene Gabe sein wird. Das in Quartformat erschienene Heft enthält 36 Textseiten und an 50, meist vom Herausgeber selbst gezeichnete Illustrationen. Für uns sind die folgenden Aufsätze hervorragend von Interesse: Die Bibliothek-Bücher und Einbände. — Wie bewahrt man Ex-libris auf. — Früher und jetzt. Ein Ueberblick über die Entwickelung der Buch-Herstellung. — Ein- und Umbinden von Büchern. — Das Wappen der Virginia Company. — Die Illustrationen zeigen die Bücherzeichen II. KK. HH. des Herzogs von York und der Prinzessin Mary von Teck, John Leighton's, Lord Houghton's u. A., sowie einige sehr hübsche „imaginäre" Ex-libris. Auf dem Umschlag befindet sich eine Gruppe verschiedener Bücherzeichen, darunter auch dasjenige des Kaplans Hans Igler (Higler ist irrthümlich angegeben), ähnlich wie bei dem Umschlage der engl. Ex-libris-Zeitschrift arrangirt. Eingefasst ist die Umschlagseite von einigen Motto's, die übrigens in anderer Type hätten gesetzt werden können, als der gleichfalls auf dieser Seite befindliche Preis des Heftes. So ist man versucht zu lesen: „Animi medicina — price half-a-crown". Mr. Leighton dürfte mit der vorzüglichen Publikation allseitigen Beifall ernten und diese selbst wird gewiss bei dem äusserst billigen Preise von 2/6 (Verlag von A. & C. Black, London, Soho Square) grosse Verbreitung finden. Wir sind überzeugt, dass das „Bookplate annual" von allen Ex-libris-Sammlern jedes Jahr gern gekauft und gelesen werden wird.

Tauschverkehr.

Zum Austausch ihrer eigenen Bücherzeichen gegen diejenigen von anderen Mitglieder des Ex-libris-Vereins sind bereit:

Herr Max Abel, Berlin NW., Dorotheenstrasse 38/39.
Herr Amtsrichter Dr. jur. Richard Béringuier, Berlin N., Invalidenstr. 40/41.
Herr Kgl. Staatsrath August von Eisenhart, Excellenz, München, Karlstrasse 24.
Herr Pfarrer L. Gerster, Kappelen bei Aarberg, Kanton Bern, Schweiz.
Herr Professor Ad. M. Hildebrandt, Berlin W., Dérfflingerstrasse 20a.
Herr Justizrath und Notar Karl Seger, Berlin W., Lützowstrasse 75, II.
Herr Kanzleirath Gustav A. Seyler, Berlin S.W., Gneisenaustrasse 99.
Herr Moritz Maria Edler von Weittenhiller, Hoch- und Deutschmeisterischer Rath, Wien, I., Deutsches Haus, Singerstrasse 7.

Weitere Anmeldungen für diese Rubrik werden von der Redaktion gern entgegengenommen und gelangen kostenlos zum Abdruck.

Briefkasten.

Miss Edith A. G. in Clifton. — Frau Olga N. in H. — Professor Ad. M. M. in B. — Eduard Lorenz M. in H. — Hoflieferant Georg St. in G. — Dr. H. B. in B. — Georg O. in B. — Clemens K. in M. — Professor Emil D. d. J. in B. — Kustos Konrad B. in L. — Amtsrichter Dr. K. H. in B. — von R. in H. — C. T. in S. — v. D. in C. — Dank für die der Vereinssammlung gespendeten Bücherzeichen.

K. S. in B. Ganz im Gegensatz zu Ihnen halten wir es nicht für angebracht, das Verzeichniss der neuangefertigten Bücherzeichen in Zukunft fortfallen zu lassen, denn vielen unserer Mitglieder sind diese Listen äusserst willkommen. Wir werden im dritten oder vierten Hefte dieses Jahrgangs eine solche von einem unserer Mitglieder zusammengestellte Liste, wenigstens die bemerkenswertheren Blätter enthaltend, wieder veröffentlichen. Mittheilungen über nennenswerthe Blätter dieses Jahres, sowie event. Nachträge zu dem Verzeichniss der 1893 'erschienenen Bücherzeichen werden wir unserem Mitarbeiter gern überweisen und bitten um zahlreiche und genaue Angaben.

Staatsrath von E. in M. Wir danken Ihnen für dieses erneute Zeichen Ihres für den Verein so steten Wohlwollens und nahmen die uns gespendeten Clichés gern in Empfang.

Geheimrath F. W. in B. Einen so grossen Zuwachs von neuen Mitgliedern, wie dieses Mal, haben wir bisher in keiner Nummer unserer Zeitschrift zu verzeichnen gehabt. Es ist dies das erfreulichste Zeichen, dass die Bestrebungen unseres Ex-libris-Vereins in immer weiteren Kreisen Anerkennung und Unterstützung finden. Hoffentlich werden auch andere unserer Mitglieder manche Neuwerbungen wieder melden können und Ihrer Unermüdlichkeit, das Interesse des Vereins zu fördern, nacheifern.

C. M. C. in St. Ihr liebenswürdiges Schreiben vom 26. Februar haben wir mit grossem Vergnügen gelesen und das schöne Ex-libris der Deutschen St. Gertruds-Gemeinde in Stockholm gern in Empfang genommen. Erhalten Sie uns Ihre freundliche Gesinnung.

von W. in H. und Th. W. in Seh. Es war uns eine erfreuliche Botschaft, zu vernehmen, dass Sie dem Ex-libris-Verein das gleiche Interesse wie dem „Herold" entgegenbringen werden.

Prinz von L., Durchlaucht. Die Statuten des Vereins sind in ersten Hefte der Ex-libris-Zeitschrift abgedruckt und ausserdem in Separat-Druck vorhanden. Ein Exemplar des letzteren haben wir, nach Wunsch, sofort übersandt.

A. Baron von R. in M. Besten Dank für die warme Empfehlung unserer Zeitschrift in Ihrem grossen Freundes- und Bekanntenkreise.

R. Th. in London. Sehr gern werden wir einmal eines der von Ihnen gefertigten Bücherzeichen zur Abbildung bringen und sehen daher mit Vergnügen der Einsendung einer Originalzeichnung entgegen.

M. M. von W. in W. Ihrem Wunsche haben wir sofort entsprochen. Ob Ihre Anregung auf fruchtbaren Boden fällt, müssen wir nun abwarten.

An die Freunde und Gönner des Ex-libris-Vereins und seiner Zeitschrift richten wir die höfliche Bitte, das für die Juli-Nummer (1894, 3) bestimmte textliche und illustrative Material bis Ende Mai uns einzusenden, da wir uns andernfalls vorbehalten müssten, nach diesem Termin einlaufende Beiträge für die Oktober-Nummer zurückzulegen.

Die Redaktion der Ex-libris-Zeitschrift.
Berlin SW., Dessauerstrasse 2.

Inhaltsverzeichniss.

21., 22. u. 24. Sitzung des Ex-libris-Vereins. — Ein Liederzeichen der Familie von Deizisau aus dem Jahre 1493. (Mit Beilage.) — Bibliothekzeichen des Fürsten Ferdinand I. von Bulgarien. (Mit dem Original-Ex-libris.) — Ein noch unbeschriebenes Bücherzeichen Johann Fischart's. (Mit Beilage.) — Hieronymus Wolf. (Mit Beilage.) — Dürer's Aeusserung über das Bücherzeichen des Michael Behaim. — Bücherzeichen für Oelhafen von Schöllenbach. (Abbildung.) — Ex-libris der Bücherzeichen der Glückbrunner Bergbibliothek. (Mit Abbildung.) — Das Bücherzeichen der Glückbrunner Bergbibliothek. (Mit Abbildung.) — Bücherzeichen, entworfen und gedruckt in der Reichsdruckerei. (Mit Beilage.) — Das grösste und das kleinste Bücherzeichen. (Mit Abbildung.) — Das Bücherzeichen eines österreichischen Heralds aus dem ersten Drittel des 16. Jahrhunderts. (Mit Beilage.) — Das Bücherzeichen der trefflichsten Benediktiner-Abtei S. S. Ulrich und Afra zu Augsburg. — Bücherzeichen Professor Ludwig Burger's. (Mit Abbildung.) — Die heraldischen und die Exlibris-Vereine. — Walter Hamilton über die deutschen Bücherzeichen. Eine Erwiderung. — Mancherlei. — Nochmals das „Bücherzeichen". — Bücherzeichen des Herrn Boguslaw v. Rautenberg-Garczynski. (Mit Abbildung.) — Rundschreiben an die Officier-Kasinos. (Mit 4 Abbildungen.) — Redaktionelle Mittheilungen. — Briefkasten.

Mit 5 Beilagen.

Verantwortlicher Herausgeber: Wolfgang Mecklenburg, Berlin S. W., Dessauerstrasse 2
Selbst-Verlag des „Ex-libris-Vereins" zu Berlin.
Druck und auftragsweiser Verlag von C. A. Starke, Königl. Hofl., Görlitz, Salomonstr. 39, a. d. Berlinerstr.

Ex-libris

Zeitschrift

für

Bücherzeichen-

Bibliothekenkunde und Gelehrtengeschichte

Organ des Ex-libris Vereins zu Berlin
Jahrgang IV. Heft 3.

1894.

Auftragsweiser Verlag von C. A. Starke, Königl. Hofl., Görlitz

Zeitschrift
für
Bücherzeichen — Bibliothekenkunde
und Gelehrtengeschichte.

IV. Berlin, im Juli 1894. № 3

Der Jährliche Preis der „Ex-libris-Zeitschrift" beträgt für Mitglieder 12 (sonst 15) Mark. — Anzeigen für die „Ex-libris-Zeitschrift" werden von C. A. Starke, Kgl. Hofl., Görlitz, Salomonstr. 30 entgegengenommen.

24. Sitzung des Ex-libris-Vereins.

Berlin, den 9. Januar 1894.

Vorsitzender: Herr Geh.-Rath Warnecke.

Herr Geh.-Rath Warnecke verliest ein Schreiben des Herrn Karl Emich Grafen zu Leiningen-Westerburg, Rittmeisters a. D. zu München, worin letzterer unter Angabe seiner Gründe seinen Austritt aus dem Verein erklärt.

Alle Anwesenden, die sich hierzu äusserten, erklärten ihr Bedauern über das Ausscheiden des Herrn Grafen, der eine so vielseitige Thätigkeit im Interesse des Vereins entfaltet hatte. Die Erwägungen, welche in dem Schreiben angeführt sind, beziehen sich durchweg nicht auf Dinge, auf welche der Verein als solcher hätte Einfluss nehmen können. Man sprach sich daher einhellig dahin aus, dass in den Umständen, welche den Herrn Grafen bestimmten, eine Nöthigung zum Austritt nicht enthalten sein dürfte. Der Schriftführer wird ersucht, das Schreiben in diesem Sinne zu beantworten.

Weiter wird ein Schreiben des Herrn Direktors der Reichsdruckerei verlesen, welcher sich bereit erklärt, 2 Kunstbeilagen in der Auflage der Ex-libris-Zeitschrift zum Preise von 60 M. drucken zu lassen, wobei die Herstellungskosten der Platten ausser Ansatz bleiben. Es wird beantragt, nach Abschluss der Angelegenheit ein Dankschreiben für dieses liebenswürdige Entgegenkommen an die Direktion der Reichsdruckerei zu richten.

Das Cirkular an die Regimentsbibliotheken wird einer weiteren Besprechung unterzogen. Herr Professor E. Döpler d. J. zeigte seinen Entwurf eines Bücherzeichens für das Regiment der Garde du Corps, Herr Georg Otto den seinigen für die Bibliothek der Marine-Akademie.

Herr Geh.-Rath Warnecke legte eine Auswahl von Bücherzeichen seiner Sammlung zur Besichtigung vor.

Herr Professor Hildebrandt schenkte für die Sammlungen des Vereins drei von ihm ausgeführte Blätter.

Berlin, den 9. Februar 1894.

Der Schriftführer:
Seyler.

25. Sitzung des Ex-libris-Vereins.
Berlin, den 13. Februar 1894.

Vorsitzender: Herr Geh.-Rath Warnecke. In Vertretung des Herrn Schriftführers wurde der Unterzeichnete mit der Führung des Protokolls beauftragt.

Herr Geheimrath Warnecke legte das von Mr. John Leighton herausgegebene „Bookplate annual and armorial year book" vor, dessen gute textliche und illustrative Ausstattung allgemeinen Beifall fand. Sodann gelangte ein längeres Schreiben des Herrn Hofbibliothek-Sekretairs Dr. Adolf Schmidt in Darmstadt zur Verlesung, in welchem derselbe Mittheilungen über die in der Grossherzoglichen Hofbibliothek aufbewahrten Bücherzeichen, namentlich des XVI. und XVII. Jahrhunderts, giebt. Der Verein beschliesst das dort vorhandene Material an seltenen Blättern, soweit möglich, in der Vereins-Zeitschrift nach und nach zu veröffentlichen und die von Herrn Dr. Schmidt hierzu so liebenswürdig angebotene Vermittelung mit Dank anzunehmen.

Herr Geh.-Rath Warnecke legte ferner eine interessante Auswahl seltener alter Blätter aus der Sammlung unseres Mitglieds, des Herrn Rudolf Springer, vor. Dieselben werden dem Verein ebenfalls behufs Reproduktion in der Zeitschrift bereitwilligst vom Besitzer zur Verfügung gestellt.

Nunmehr gelangte der Kassenbericht für das Jahr 1893 durch den Schatzmeister, Herrn Max Abel, zur Verlesung. Danach betrugen die Einnahmen pro 1893 an Mitglieder-Beiträgen, Extra-Spenden einzelner Mitglieder, sowie durch den Verkauf von früheren Jahrgängen der Zeitschrift und Einbanddecken Rm. 2105.84 (gegen Rm. 1317.55 im Vorjahre). Die Ausgaben pro 1893 betrugen für die gesammte Druckherstellung der Vereins-Zeitschrift mit den Kunstbeilagen Rm. 1450.57 (gegen Rm. 1359.32 im Vorjahre), ferner für Porti, Frachten, Einbanddecken und kleinere Drucksachen Rm. 280.34. Die Vereinskasse, welche im Jahre 1891 ein Defizit von Rm. 12.77, im Jahre 1892 ein solches von Rm. 203.61 aufwies, hat nunmehr, trotz der so viel kostspieligeren Ausstattung der Zeitschrift, einen Ueberschuss von Rm. 375.03 zu verzeichnen.

Der Herr Vorsitzende dankt Herrn Abel im Namen des Vereins für die mühselige und stets so sorgsam geführte Kassenverwaltung und ersucht die anwesenden Mitglieder als Zeichen ihres Dankes sich von den Plätzen zu erheben.

Verlagsbuchhändler Mecklenburg erbat sich die Erlaubniss einige Clichés der Zeitschrift für seinen Verlag verwenden zu dürfen und erbot sich zu Gegenleistungen gleicher Art.

Ein in No. 6 der „Papierzeitung" von 1894 befindliches „Eingesandt", betreffend die Bezeichnungen: „Buchmarke — Bibliothekzeichen" giebt zu einer lebhaften Kontroverse Veranlassung, an welcher sich die Herren Béringuier, Doepler, Seger und Warnecke betheiligen. Als Resultat dieser Debatte gelangte einstimmig der Beschluss zur Annahme, die durch Warnecke's Werk und die Ex-libris-Zeitschrift eingeführte Bezeichnung „Bücherzeichen" beizubehalten, so lange sich, wie bisher, kein zutreffenderer Ausdruck dafür finden sollte. Herr Professor Ad. M.

Bücherzeichen
Ihrer Majestät der Kaiserin und Königin Auguste Victoria
gez von H. Otto.

Hildebrandt legte ein von ihm für Elisabeth von Knobelsdorff und ein von Frau Olga Schramm, geb. O'Swald, für ihre eigene Bibliothek gefertigtes Bücherzeichen vor.

Ferner wurde beschlossen, für einzelne litterarische Beiträge auf Verlangen Honorar zu bewilligen, soweit der jeweilige Stand der Vereinskasse dies zulässt.

Herr Harrwitz legte mehrere interessante Einbände mit Superlibros vor, u. a. eine Wappenpressung mit der Umschrift: „Joh. Susan. v. Ohl. u. Adlerscron geb. v. Ridel u. Levenstern." Zum Schluss wurde noch ein Exemplar von der in Baltimore erschienenen American Revolution by Richard Snowden herumgezeigt, welches auf dem Vorsatzblatte die handschriftliche, unorthographische Eintragung enthält:

„Adam Lechler's Book Steel not this book my honest frend for the Gallos might bee your end — bought in the year 1802."

Berlin, den 13. März 1894.

In Vertretung des Schriftführers:

Wolfgang Mecklenburg.

26. Sitzung des Ex-libris-Vereins.

Berlin, den 13. März 1894.

Vorsitzender: Herr Geh.-Rath Warnecke.

Der Herr Vorsitzende verliest eine Zuschrift des Herrn Prof. Dr. O. Hartwig in Halle, wegen des Austausches des Centralblattes für das Bibliothekswesen gegen die Zeitschrift des Ex-libris-Vereins.

Ein Antrag des Herrn Raths v. Weitenhiller in Wien wegen des Austausches von Bücherzeichen findet seine Erledigung durch eine mit dem nächsten Hefte*) erscheinende Bekanntmachung.

*) Heft 2 dieses Jahrgangs, Seite 68. Anm. d. Red.

Der Herr Vorsitzende verliest einen Artikel über Ex-libris von F. D. aus der Sonntagsbeilage der Hamburger Nachrichten.

Herr Dr. Jean Louvier legte zwei mit Ex-libris geschmückte Bücher aus der reichen Sammlung des Herrn Freiherrn v. Lipperheide zur Besichtigung vor: das Held'sche Trachtenbuch und das Kress'sche Schenbartbuch, beides Manuskripte von hohem kulturgeschichtlichen Interesse.

Herr Wolfgang Mecklenburg referirt über den Inhalt des englischen Ex-libris-Journals; Herr Amtsrichter Dr. Béringuier legte einige neuere Bücherzeichen zur Ansicht vor.

Zum Schluss zeigte Herr Professor Ad. M. Hildebrandt den Entwurf eines Bücherzeichens für das 24. Infanterie-Regiment.

Berlin, den 10. April 1894.

Der Schriftführer:

Seyler.

Dem Ex-libris-Verein sind als Mitglieder ferner beigetreten:

Angemeldet von Herrn Geheimrath Friedrich Warnecke:

1. Grossherzoglich Sächsische Bibliothek zu Weimar.
2. Mittelschweizerische Geograph. Commerzielle Gesellschaft zu Aarau.
3. The Grolier-Club zu New-York.
4. Frau Emma Gräfin Henckel von Donnersmarck, Excellenz, Schloss Groeditzberg in Schlesien.
5. Herr H. S. Ashbee, London W. C., 53 Bedford Square.
6. Herr Otto von Brentano di Cumezzo, Offenbach a. M., Louisenstrasse 54.
7. Herr Hugo Freiherr von Dunop, Oberhofmeister I. K. H. der Frau Grossherzogin von Sachsen-Weimar und Kammerherr, Major z. D., Weimar.

8. Herr Adolph Graf von Fürstenstein, Excellenz, Oberstkuchsess S. M. d. Kaisers und Königs und Landeshauptmann der Preussischen Oberlausitz, Ullersdorf per Jänkendorf O.-L.

9. Herr Friedrich Freiherr von Gaisberg-Schöckingen, Schöckingen, Oberamt Leonberg in Württemberg.

10. Herr Buchhändler Adolf Geering in Basel.

11. Herr Erich Freiherr von dem Knesebeck-Mylendonk, Kgl. Landrath, Rittmeister d. Res. d. Thüring. Husaren-Regiments No. 12 auf Karwe b. Wustrau.

12. Herr Albert Ferd. Graf von Schlippenbach, Kgl. preuss. Kammerjunker, Arendsee bei Schönermark (Kreis Prenzlau).

13. Herr R. Thiele, Kgl. Hofsticker, Berlin S. W., Markgrafenstrasse 27a.

14. Herr Oskar Georg Ludwig Ernst Graf von Wedel, Excellenz, Grossherzogl. Sächs. Wirkl. Geheimrath und Oberhofmarschall, Weimar.

Angemeldet von Herrn Kgl. Hoflieferanten Georg Starke in Görlitz:

15. Herr Hermann Grevel, Buchhändler, London, W. C. 33 King Street, Covent Garden.

Angemeldet von Herrn Professor Ad. M. Hildebrandt:

16. Herr Frederik Heyman, Brauereibesitzer, Kopenhagen, Bryggeriet Svanholm.

17. Herr Dr. Franz Weinitz, Berlin S.W., Dessauerstrasse 17.

Angemeldet von Herrn Max Abel:

18. Herr Richard Kraft, Fabrikbesitzer, Berlin W., Kurfürstendamm 131.

Angemeldet von Herrn Architekt R. Springer:

19. Herr Heinrich Eduard Stiebel, Frankfurt a. Main, Taunusstrasse 12.

Ein Bücherzeichen mit den Buchstaben W. H.

aus dem Jahre 1536.

(Aus der Sammlung des Herrn Rudolf Springer.)

Der sonderbaren Gewohnheit, auf den Ex-libris seinen Namen zu verschweigen oder nur anzudeuten, ein Verfahren, das man „Inkognito-Sucht" benennen möchte, hat es das hier abgebildete Blatt zu verdanken, auch nach dem Erscheinen meines Werkes über die deutschen Bücherzeichen noch unbekannt und ein Räthsel geblieben zu sein.*) Es ist dies um so mehr zu beklagen, als dieses Blatt wohl eine besondere Beachtung verdient. Aus diesem Grunde habe ich das unter Nr. 708 beschriebene und bereits auf Tafel VIII meines Buches in Lichtdruck abgebildete Ex-libris getreu dem Original in Farben noch einmal vervielfältigen lassen, um den verehrten Mitgliedern des

---

*) Durch die Verschweigung des Namens kann mancher Uebelstand eintreten und der Zweck des Bücherzeichens oft ganz vereitelt werden. Wer wird z. B. das in dem Nachlasse eines Verstorbenen vorgefundene, von diesem s. Zt. entliehne Buch an den rechtmässigen Besitzer zurückstellen können, wenn das Bücherzeichen einen Rebus darstellt?! Selbst ein Wappen wird für Manchen nicht verständlich genug sein, um den Eigenthümer des Buches zu ermitteln. Gegen die Anbringung des Namens spricht offenbar nichts, denn der lässt sich event. sehr bescheiden über oder unter dem Ex-libris anbringen. Was namenlose Bücherzeichen für den Sammler sind, das hat die Zeitschrift ja schon geklagt! Wappen und Monogramme sind unter Umständen schon kenntlicher, aber das Monogramm allein ist nicht nach unserem Geschmack. Ein Bücherzeichen ohne Namen, das von jedermann benutzt werden kann und Generationen hindurch als Ex-libris verwendet wird, verliert den Reiz des Individuellen und sinkt zu einem „en tous cas" herab. Auf einem „künstlerisch möglichst vollendeten" Bücherzeichen ist also in erster Linie die Anbringung des Eigner-, dann des Künstler-Namens und auch die Anbringung der Jahreszahl erwünscht.

Bücherzeichen W. H. vom Jahre 1536.

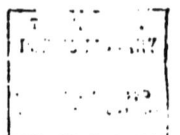

Vereins mit dieser durch die hochverdiente Kunstanstalt von Dr. Wolf u. Sohn in München in authentischer Treue, nicht nur in den Farben, sondern auch durch das Papier sich auszeichnenden Wiedergabe, ein richtiges Bild des alten bemalten Holzschnittes zu geben.

Eigenthümlich ist die in Abkürzungen geschehene Anbringung der Namen MRA. IHS IOES. (Maria, Jesus und Johannes) über dem nach Links gekehrten Wappen, das im rothem Felde 2 auf einem weissen Rost liegende Fische zeigt. Der Stechhelm mit dem daraus hervorgehenden, zwei Löffel in den Händen haltenden pausbackigen Mann lässt auf ein bürgerliches Wappen, vielleicht auf das eines Kochs schliessen, der W. H(echt?) geheissen haben könnte — wenn es ein redendes wäre. Dagegen spricht freilich die Zeichnung der Fische, welche nicht das dem Hecht eigenthümliche Aussehen haben.

Dass die beiden Buchstaben das Monogramm des Künstlers enthalten, darf wohl als ausgeschlossen gelten.

F. W.

Conrad Peutinger und dessen Bücherzeichen.

Aeltere Gelehrten-Exlibris sind lange nicht so häufig, als man bei der grossen Zahl wissenschaftlich hervorragender Männer in Deutschland vermuthen möchte. Zu den bedeutendsten derselben zählt unstreitig das Peutinger's; einerseits wegen der Stellung, welche dieser im Leben und in der Wissenschaft behauptete, andererseits wegen der künstlerischen Ausführung des Blattes.

Peutinger, am 15. Oktober 1465 in Augsburg geboren, entstammt einer wohlhabenden Bürgerfamilie, welche seit 1288 in erwähnter Reichsstadt sesshaft war. Trotz frühen Verlustes seines Vaters erhielt er eine sorgfältige Erziehung. 1482 finden wir ihn als Hörer der Rechte in Padua, von da ging er nach Bologna, dann nach Florenz, zuletzt (um 1480) nach Rom, als Schüler des Pomponius Laptus. Zwei Jahre später — am 11. Dezember 1490 — trat er gegen einen Jahressold von 100 fl. als „Diener der Stadt" in Dienste seines Geburtsortes; am 9. September 1497 wurde er mit 240 fl. rhein. jährlich zum Stadtschreiber auf Lebenszeit ernannt. Seine Thätigkeit in dieser Stellung war nicht blos von grossem Umfange, sondern zugleich von hoher Wichtigkeit. Er hatte sämmtliche Rathsprotokolle zu führen, die eingelaufenen Schreiben zu beantworten, Kauf- und Schuld-Briefe auszufertigen und Rechtsgutachten zu erstatten. Ausserdem vollzog er im Auftrage des Rathes und schwäbischen Bundes eine Reihe von Gesandtschaften. So war er 1491 in Rom, 1496 auf dem Reichstage zu Lindau, 1499 auf den Bundestagen zu Tübingen, Reutlingen und Esslingen, 1502 bei Errichtung des Reichskammer-Gerichts in Speyer, 1505 wohnte er dem Reichstage zu Köln bei, im nächsten Jahre weilte er in Graz bei Kaiser Maximilian I. u. s. f. Von höchstem Werthe für P. war das grosse Vertrauen, welches er bei genannten Kaiser genoss, der ihm zeitlebens ein warmer Gönner blieb, und ihm häufig wissenschaftliche Arbeiten oder Gutachten übertrug. Als der Kaiser 1504 in Augsburg einritt, wurde er von P.'s vierjährigem Töchterchen Juliana in lateinischer Anrede begrüsst. Unter diesen Umständen bedeutete des Kaisers Tod für P. einen schwerwiegenden Verlust; indess war ihm Karl V., dem er Namens seiner Vaterstadt in Brügge huldigte, stets ein wohlwollender Herr. In Fragen der Reformation behauptete unser Gelehrter seiner Natur nach eine vermittelnde Haltung, welche ihm viele Unannehmlichkeiten, seitens der Heisssporne selbst Verdächtigungen eintrug. Von diesem

Zeitpunkte verringerte sich allmählich sein amtlicher Einfluss und da er auch sonst manche Zurücksetzung erfuhr, zog er sich 1534 vom öffentlichen Leben zurück und wurde unter Fortbezug vollen Gehaltes nebst einer Ehrung von 600 fl. in Gold ehrenvoll entlassen; 1538 wurde er ins Patriciat aufgenommen, nachdem ihn Maximilian I. schon früher um seiner Verdienste willen zum „kaiserlichen Rath" ernannt hatte.

P. oblag nun geschichtlichen, philologischen und antiquarischen Forschungen, aus welchen eine grosse und geschätzte Anzahl namhafter Arbeiten hervorging, wie denn sein Hauptruhm in dem liegt, was er als humanistisch-gebildeter Gelehrter für Kunst und Wissenschaft seiner Zeit gethan. Auch mit Patristik und Theologie befasste sich der vielseitig gebildete Mann, und scheute nicht zurück, im Alter von mehr denn 40 Jahren Griechisch zu erlernen. Unterstützung in seinen Arbeiten fand er durch seine Gattin, Margaretha, die wohlhabende Tochter des Memminger Stadthauptmanns Welser, welche zu diesem Behufe sich mit dem Lateinischen so genau vertraut machte, dass sie Briefe und eine Abhandlung in dieser Sprache schrieb! Seit 27. Dezember 1499 verheirathet, war P. Vater von zwei Töchtern und vier Söhnen, von welchen der Aelteste Claudius Pius (1509—1551), in Orleans und Ferrara juristisch gebildet, als Syndikus von Augsburg eine ähnliche Wirksamkeit wie sein Vater entfaltete, indess der zweite, Christophorus (1511—1576), das Bürgermeisteramt seines Geburtsortes bekleidete. Conrad Peutinger, bis an sein Ende ununterbrochen thätig, starb am 28. Dezember 1547 im 83. Jahre.*) Die

*) Wer sich über Peutinger genauer unterrichten will, den verweise ich auf die gediegene Arbeit von Fr. Ant. Veith, Historia vitae C. Peutingeri. Augsb. 1783, 8°. und auf Theod. Herberger's P. in seinem Verhältnisse zum Kaiser Maximilian I. Augsb. 1851, 8°. D. Verf.

reichhaltige Bibliothek und Handschriftensammlung gelangte durch den Letzten des Stammes, Ignaz P., 1715 legatarisch an das Augsburger Jesuiten-Kollegium; von da zum Theil an die Hof- und Staatsbibliothek zu München, zum Theil an die Kreisbibliothek in Augsburg.

Peutingers Bücherzeichen trägt das Datum 1516, ist somit in dessen 52. Lebensjahre entstanden. Wer es gefertigt, ist leider nicht bekannt, doch lassen die schlichte Komposition und die stilgerechte Durchführung die Arbeit eines Künstlers vermuthen. Ueber dem in Farben prangenden Wappen liest man auf flatterndem Spruchbande das Motto: „Moderantvr ipsa et fata leges ac regvnt" (Die Gesetze lenken selbst die Geschicke und regieren sie); unter diesem dreizeilig in lateinischer Sprache: „Konrad Peutinger aus Augsburg beider Rechte Doctor. et cael."

Eine weitere Erklärung des Blattes ist durch dessen treffliche Wiedergabe unnöthig gemacht.

v. Eisenhart.

Ein dithmarsisches Bücherzeichen vom Jahre 1582.

In dem Städtchen Lunden unweit der Eider stand bis vor wenigen Jahren ein strohgedecktes Bauernhaus, das in seinem Aussern sich nur durch Spuren hohen Alters von den Nachbarhäusern sächsischer Bauart unterschied. Aber bei jedem guten Dithmarscher stand das unscheinbare Gebäude in hohem Ansehen. Hier hatte vor dreihundert Jahren der erste Landvogt Norderdithmarschens Marcus Swyn eine der bedeutendsten Persönlichkeiten der dithmarsischen Geschichte, gelebt; und als wertvolles Denkmal jener Zeit barg das Haus unter seinem Strohdach das

Bücherzeichen Conrad Peutinger's.

Prunkzimmer des ehemaligen Landvogts, den sogenannten „Pesel", dessen aus Eichenholz geschnitzte Wandvertäfelung und mit reichem Bildwerk gezierten Möbel zu den hervorragendsten Werken der einst in Holstein blühenden Holzschnitzkunst gehören. Heute steht das Haus nicht mehr. Es hat einem modernen Neubau Platz machen müssen, nachdem der Pesel vorher, i. J. 1885, nach Meldorf in das Museum dithmarsischer Alterthümer überführt war.

Mit dem Pesel ist auch Marcus Swyn's Bibliothek nach Meldorf gelangt, eine beträchtliche Anzahl ehrwürdiger in Pergament und Leder trefflich gebundener Folio- und Quart-Bände, meist juristischen Inhalts. Drei Jahre vor seinem Tode, i. J. 1582, hatte Marcus Swyn diese Büchersammlung der Kirche seiner Vaterstadt geschenkt. In sinniger Weise hat man damals in jedes Buch vor den Titel ein Vorsatzblatt eingefügt, welches die Benutzer an den hochherzigen Stifter erinnern sollte. Dieses Bücherzeichen, von welchem beistehende Abbildung eine Facsimile-Reproduktion giebt, enthält innerhalb eines mit Druckerstempeln ausgeführten Maureskers-Rahmens das Swyn'sche Wappen in koloriertem Holzschnitt, darüber in niederdeutscher Mundart den Stiftungsvermerk: „Marcus Swyn. Heft disse Lyberye gestiftet, unde heft alle disse Böker mildichlife(n) hyrinn gegeuen Anno 1582." d. h. „Marcus Swyn hat diese Bücherei gestiftet und hat alle diese Bücher mildiglich hergegeben i. J. 1582." Unter dem Wappen liest man ein aus zwei Distichen bestehendes lateinisches Epigramm:

Haec sunt praestantis praeclara insignia Marci,
Qui de porcorum nomine nomen habet.
Hic vir, quam cernis construxit bibliothecam.
Selectis ornans hanc, variisque libris.

Auf deutsch etwa:

Hier ist das weithin bekannte Wappen des trefflichen Marcus.

Der nach dem Namen des Schweins, Swyn ist mit Namen benannt.
Er hat die Bibliothek, die Du siehst, von Anfang begründet.
Bücher erlesener Art kauft' er nach weislicher Wahl.

Marcus Swyn gehörte dem alten dithmarsischen Geschlecht der Wurthmannen an, welches sich in die beiden Linien — nach dem Sprachgebrauch des Landes „Klüfte" — der Nannen und Swyne theilte.*) Das Wappen der Wurthmannen kehrt, mit dem Bilde des Bücherzeichens übereinstimmend, in dem Schnitzwerk des Pesels mehrfach wieder; farbig ausgeführt sieht man es in einem Oelbild vom Jahre 1552, welches Marcus Swyn und seine Gattin darstellt und im Pesel zu Meldorf bewahrt wird. Der Schild ist von Gold und Roth gespalten; rechts am Spalt halber schwarzer Adler, links halbe silberne Lilie. In unserem Bücherzeichen ist das Wappenbild — allerdings ohne heraldisches Verständniss — durch ein laufendes Wildschwein erweitert, ein redendes Beizeichen, dessen sich Marcus mehrfach bediente. Die Wurthmannen gehörten zu den angesehensten Geschlechtern des Landes. Aus der Swyn-Kluft hatte, solange die dithmarsische Bauernrepublik ihre Selbständigkeit bewahrte, immer ein Mitglied einen Sitz in der obersten Landesbehörde der „Achtundvierzig" gehabt. Auch Marcus Swyn bekleidete eine Reihe von Jahren diese Würde, bis die Ereignisse des Jahres 1559 ihn zu selbständiger Verwaltung seiner engeren Heimath, Norderdithmarschens, beriefen. Es war das Unglücksjahr, welches das Ende der republikanischen Freiheit heraufführte. Trotz hartnäckiger Gegenwehr mussten die Dithmarscher dem überlegenen Heer König Friedrichs II. von Dänemark, der mit den

*) Weiteres siehe bei J. C. Kinder, Bilder aus der Lundener Chronik. Heide 1885.

Herzögen Adolf von Gottorp und Johann von Hadersleben verbündet war, erliegen. Vierundzwanzig der vornehmsten Dithmarscher, unter ihnen Marcus Swyn, wurden als Geiseln nach Rendsburg gebracht, wo die siegreichen Fürsten den Frieden diktierten.

Es ist kein Zweifel, dass die Dithmarscher es vor allem dem maassvollen und klugen Auftreten Marcus Swyn's zu danken hatten, dass ihnen eine für damalige Zeiten milde Behandlung zu theil ward. Ihr Land wurde unter den Fürsten nach dem Muster des dreigetheilten Schleswig-Holsteins in drei Theile zerlegt und von jedem Fürsten ein Landvogt zur Verwaltung seines Antheils eingesetzt. Aber man nahm soviel Rücksicht auf die alten Rechte und Gewohnheiten des freien Volkes, dass die Aemter der Land- und Kirchspielvögte den geborenen Dithmarschern vorbehalten wurden. Herzog Adolf erhielt das nördliche Drittel, Norderdithmarschen. Gerade zu ihm war Marcus Swyn in besonders nahe Beziehungen getreten. Diese führten dazu, dass Marcus als Landvogt seiner engeren Heimath nach Lunden zurückkehrte.

Seine Landsleute begrüssten diese Wahl mit Freuden. Nach der Wendung, welche die Dinge nun einmal genommen hatten, mussten sie es als ein unerwartetes Glück empfinden, dass der allverehrte Achtundvierziger hinfort als herzoglicher Statthalter über sie regieren durfte. Wussten sie doch, dass ihm jedes Streben nach Fürstengunst fern lag, dass er das keineswegs beneidenswerthe Amt nur übernommen hatte, um seinem Vaterlande zu dienen. Von den drei ersten Landvögten war er denn auch der einzige, der es verstand, in der schwierigen Mittelstellung zwischen dem regierenden Fürsten und dem an Selbstregierung gewöhnten Volke nach beiden Seiten sich volles Vertrauen zu erhalten. Vierzehn Jahre verblieb Marcus Swyn im Amt; im Jahre 1573 erbat er seine Entlassung — wie J. Kinder vermuthet, weil es ihm nicht gelungen war, den Herzog zu bewegen, ein über Norderdithmarschen verhängtes Kornausfuhrverbot zurückzunehmen. Die Entlassung wurde ihm in einem sehr ehrenden herzoglichen Schreiben bewilligt, dessen Wortlaut noch erhalten ist.

Marcus Swyn war erst fünfzig Jahre alt, als er von seinem Amte zurücktrat. Er fühlte sich denn auch keineswegs „in den Ruhestand versetzt". Der Betrieb seiner umfangreichen Landwirthschaft, der zweitgrössten in Lunden, bot ihm ausreichende Beschäftigung. Noch 12 Jahre lebte er, frei von den Amtsgeschäften. Am 11. Juni 1585 starb er, nachdem seine Gattin bereits vor ihm gestorben war. Kinder hinterliessen sie nicht. Marcus Swyn war der letzte seines Stammes.

Hamburg.
Friedrich Deneken.

Dr. med. Georg Wirth,

Leibarzt Karl's V., geboren zu Lauban um 1524, gestorben zu Leipzig im Jahre 1613, bediente sich eines Bücherzeichens, das in der Umschrift des Wappens nicht seinen Namen, sondern den eines Peter Wirth trägt. Ueber diese Verwendung geben die Nachrichten Aufschluss, welche uns von Herrn Hofbibliothek-Sekretär Dr. Adolf Schmidt in Darmstadt zugegangen sind. Danach befindet sich das 65 mm. breite, 95 mm. hohe Ex-libris in einem der Grossherzoglichen Hofbibliothek gehörigen Werke: „Dioscorides. Venetiis in Aedibus Aldi et Andreae Soceri" 1518, 6⁰. Der nach dem dem Vorderdeckel aufgedruckten Titel: „Diosco / rides. / com Ni , candro" früher in dem Bande noch enthaltene Nicander (Theriaca. ebd. 1523) ist kider herausgeschnitten worden. Das Buch trägt auf dem hinteren Deckel ein Superlibros: „Joannes / Lange / Lumber gensis ," gehörte also ursprünglich dem berühmten kur-

Bücherzeichen des **Marcus Swyn**,
Landvogts von Norderdithmarschen.

THE NEW YORK
PUBLIC LIBRARY

ASTOR, LENOX AND
TILDEN FOUNDATIONS

pfälzischen Leibarzt Johannes Lange zu Heidelberg (1485—1565), dessen Verwandter der auf der Umschrift des Wappens genannte Leipziger Professor Peter Wirth*) und dessen Erbe ein anderer Verwandter der Besitzer des Ex-libris Georg Wirth war.

Für Foliobände besass Georg Wirth noch ein grösseres Bücherzeichen, das sich in „Pedacii Dioscoridae de materia medica libri V. Basileae 1557 Froben. fol." findet. Das Mittelstück mit dem Wappen stimmt mit dem des kleineren Ex-libris überein und ist offenbar von demselben Holzstock abgedruckt, dagegen sind für die Ueber- und Unterschrift grössere Typen benutzt, und das Ganze durch Zierleisten eingerahmt. Die Grösse dieses Blattes ist 220 : 320 mm. Auch der Folioband gehörte ursprünglich dem Johannes Lange, wie die dem Vorderdeckel aufgedruckten Buchstaben: I.L.D./1557. beweisen. Das Wappen Peter Wirth's: getheilt, oben mit einem halben Löwen, unten mit 3 schrägen geasteten Baumstämmen und auf dem Helm mit dem wachsenden Löwen — müsste dem Obigen zufolge vor 1521, dem Todesjahre Peters geschnitten sein. Dagegen spricht aber der Stil des Wappens, das in seiner etwas derben Ausführung in der zweiten Hälfte des 16. Jahrhunderts entstanden sein muss. Dies geht auch aus einem Abdrucke des Holzstocks in meiner

GEORGII WIRTH, PHILOSOPHIAE ET MEDICINÆ DOCTORIS, ET FAMILIÆ ARMA.

*Arma dedit virtus ævuis præsentia nostris,
At suus ex merito, quemq́ tuetur honos.*

---

*) Der bekannte Theologe, geb. zu Lemberg (Schlesien) 16. (?) Juli 1461, gestorben zu Rom 18. Juli 1521.

Sammlung hervor, der ebenfalls die zweizeilige Unterschrift: „Arma dedit etc." hat und sich auf der Rückseite des Titels eines im Jahre 1592 in Leipzig erschienenen Psalters „D. Petri Wirth Lembergy" befindet. Wie sind damit die vorstehenden, der Allgemeinen Deutschen Biographie 17, 637 f. und aus E. M. Oettinger's Moniteur des Dates entnommenen Angaben in Einklang zu bringen?

Noch will ich nicht unerwähnt lassen, dass im neuen Sibmacher, Band V, Theil III. nach einem Bildniss des Dr. jur. Polycarp Wirth, Kanonikus zu Naumburg, das dort abgebildete Wappen von dem unsrigen insofern abweicht, als hier statt der 3 geasteten Baumstämme, 3 Schrägrechtsbalken befindlich sind.

F. W.

Ein elsässisches Bücherzeichen Derer von Gottesheim.

Ein auch durch seine Grösse*) auffallendes Blatt ist das in der Sammlung des Architekten Herrn Rudolf Springer befindliche, uns von demselben freundlichst zur Abbildung überlassene Bücherzeichen der elsässischen Familie von Gottesheim. Es besteht nur aus einer durch Buchdruck hergestellten Umrahmung, in welcher sich das nach links gekehrte Wappen**) befindet: „in Blau ein rother, mit drei goldenen, sechsspitzigen Sternen belegter Schrägbalken; auf dem Helm mit blaugoldenen Decken ein blauer Schwanenhals mit einem sogen. Kamm, dessen drei rothe Spitzen mit je einem goldenen Stern besteckt sind. (Siehe Sibmacher's Wappenbuch von 1605, Theil I, Seite 196.)

Wie bei vielen, der ersten Hälfte des 16. Jahrhunderts angehörenden Bücherzeichen

---

*) 147 mm. breit und 226 mm. hoch.
**) natürlich ohne Farbenbezeichnung, da diese erst sehr viel später (um 1640) allgemein Anwendung fand.

hat sich sowohl der Besitzer des Blattes, als auch sein Verfertiger — der in Strassburg zu suchen sein dürfte — nicht genannt.

Mit Hülfe des alten Sibmacher hat sich wenigstens das Wappen, das als Bücherzeichen dienend, sich dem heraldischen Gebrauche entsprechend, dem Titel des Buches zuzuwenden hatte, also nach Links gekehrt wurde, ermitteln lassen.

Ferner können wir wohl annehmen, dass die Familie von Gottesheim, welche nach Hefner's Stammbuch des blühenden und abgestorbenen deutschen Adels österreichisch und aus welchem Geschlechte noch 1835 eine Freiin Luise von Gottesheim Stiftsfräulein zu Hall in Tirol gewesen ist, schon im 16. Jahrhundert eine Bibliothek besass.

Elsässischen Kunstgelehrten wollen wir es überlassen, über den recht geschickten Zeichner des Wappens Aufschluss zu geben.

F. W.

Bücherzeichen einer Königin von Spanien.

Unter den vielen Bücherzeichen von fürstlichen Personen besitze ich das einer deutschen Prinzessin, die als Königin von Spanien gestorben ist. Es ist dies:

„Maria Anna, (Tochter des Kurfürsten Philipp Wilhelm) geb. auf Schloss Benrath 28. Okt. 1667, verm. als 2. Gattin mit König Karl II. von Spanien, 14. Mai 1690, † kinderlos zu Guadalaxara 16. Juli 1740."

Das Blatt stellt in einer barocken Umrahmung in Rund das spanische und pfälzische Wappen dar, darüber die Königskrone, über welcher sich ein Spruchband mit der Inschrift: „Marianna Palatina Regina Hispan" befindet. Der Stecher ist nicht angegeben, doch kann man der Ausführung nach annehmen, dass es ein Deutscher war. Grösse: 100 mm. hoch, 65 mm. breit.

Frankfurt a. Main.

Heinrich Eduard Stiebel.

Colonel-Lieutenant Abraham Jaeger.

Ein Kupferstecher, dessen Name den Kunstgelehrten unbekannt geblieben zu sein scheint, ist der Colonel-Lieutenant Abraham Jaeger, der im Jahre 1771 sein eigenes Bücherzeichen entworfen, gezeichnet und gravirt hat. Fällt seine Leistung auch nicht durch grosse, technische Fertigkeit auf, so spricht für den kleinen Stich desto mehr seine gefällige Anordnung, und dies ist der Grund, weshalb wir uns das nur 68 mm. breite und 80 mm. hohe Blättchen von seinem Besitzer, Herrn R. Springer, zur Abbildung an dieser Stelle erbeten haben.

Es besteht aus einer durch Blattwerk gebildeten, oben durch ein Band mit der Inschrift:

„Nous n'avons point ici de Cité permanente mais nous recherchons celle qui est a venir. Rom . . doit appeller aux Heb. Cap. XIII V. 14".

(Also der Vers in der durch Timotheum aus Italien gesandten Epistel St. Pauli an die Ebräer: „Wir haben hier keine bleibende Stadt, sondern die zukünftige suchen wir.")

abgeschlossenen Umrahmung, an welcher unten ein mit einem Wappen*) belegtes Band hängt.

Die Aufschrift des letzteren lautet:
„Jean Guillaum[e] Abram Iaeger C. L. de l'Artillerie. Projeté desigier (statt designé) et gravé par moi-même."

In der Umrahmung im Vordergrunde ein am Wege neben einem Bildstöckl (Meilenstein?) sitzender Wanderer mit Stab in der Rechten. Der Weg führt zu einem überbrückten grossen Flusse, an dessen linkem (?) Ufer eine Kirche und Häuser erscheinen. Im Hintergrunde sieht man eine hoch gelegene Burg, daneben einige Bergspitzen und darüber das Auge Gottes, oder vielmehr ein von Strahlen umgebenes Dreieck.

Ist über diesen Abraham Jaeger, der sicherlich ein guter Deutscher — vielleicht elsässischer Offizier — war und sich, trotz seiner mangelhaften französischen Sprachkenntniss, doch in diesem Idiom auszudrücken beliebte, oder über andere Arbeiten Jaeger's Etwas bekannt?

---

*) Dieses Wappen ist herzlich schlecht gezeichnet und soll „vermuthlich" einen getheilten Schild, oben mit Schwertern, unten einen Blätterzweig, auf dem Helm einen schwarzen Flug darstellen; zwischen den Helmdecken unterhalb des Schildes steht die Jahreszahl „1771".

F. W.

Das Bücherzeichen des Magisters Paul Crusius aus Mühlberg i. Th.

Unter den vielen Gelehrten, welche in biographischen Lexicis bei dem Namen „Crusius" (Krause) aufgeführt sind, habe ich einen Magister Paulus Crusius, welchem das in der Grossherzoglichen Hofbibliothek zu Darmstadt befindliche, durch die Liebenswürdigkeit des Herrn Dr. Ad. Schmidt uns zugänglich gemachte Bücherzeichen angehört, nicht auffinden können. Es ist nach den gemachten Mittheilungen in: „Carolus Stephanus und Joh. Libaltus. XV Bücher von dem Feldbaw." Strassburg. Jobin 1592 fol. eingeklebt. Der Besitzer hat dem in Jost Amman'schen Stile auf Holz geschnittenen Wappen handschriftlich: „M. Paulo Crusius Molêdino." und ausserdem auf dem Vorsatzblatt des Buches: „M. Paulo Crusius Molendino / Hennenbergiacq. / Anno aerae christianae / 1. 5. 9. 4. / Cõstat liber hic cũ llga / tura, 1 fl. 5 ß 4 ₰.," auf dem Titelblatt unten: „cõstat 17 ß 8 ₰" — letzteres wohl der Preis des ungebundenen Buches — hinzugefügt. Auf dem Vorderdeckel des schön gepressten weissen Schweinslederbandes finden sich in Schwarzdruck die Buchstaben: „M P C M," unten die Jahreszahl 1594. Paul Crusius stammte also aus Mühlberg in Thüringen. Er war später zu Strassburg i. E. ansässig und ist vielleicht der Vater des Strassburger Dramatikers Johann Paul Crusius (vgl. Allgem. deutsche Biographie IV, 632.) Das Blatt misst in der Breite 90, in der Höhe 130 mm.

F. W.

Bücherzeichen mit Orts-Ansichten.

Zu den in diesen Blättern schon aufgeführten Bücherzeichen mit Ortsansichten füge ich aus meiner Sammlung noch einige interessante Stücke hinzu:

Bücherzeichen der Stadt **Augsburg.** Das Stadtwappen, „die Zirbelnuss auf dem Kapital", zu dessen Seiten rechts (im heraldischen Sinne) Neptun mit dem Dreizack und links ein Flussgott mit Ruder, wahrscheinlich den Lech darstellend. Im Hintergrunde Gebüsch und Pappelbäume, am Horizont mit einer Draperie abgeschlossen. Das Kapital steht auf einer Kartusche, in welcher sich eine Ansicht der Stadt mit der Ueberschrift „Augspurg" befindet. Die Ansicht wird unten von zwei Füllhörnern begrenzt. Das vorzüglich gestochene kleine Blatt trägt keinen Stechernamen, ist 100 Millimeter hoch und 70 Millimeter breit und dürfte um 1690—1700 entstanden sein.

Bücherzeichen der Stadt **Nürnberg.** Unter einem von zwei Posaune blasenden Engeln gehaltenen Schriftband ist eine barocke von einem Engelkopf bekrönte Kartusche, die die drei Wappen der Stadt, das Reichswappen, das Jungfernwappen und das eigentliche Wappen einschliesst. Diese Kartusche wird an einem Bande gehalten (rechts) von einer weiblichen Figur mit der Waage und (links) von einer solchen mit einem Palmenzweige. Darunter eine reiche barocke Kartusche mit der Ansicht der Stadt. Auch bei diesem Blatte ist ein Stechername nicht vorhanden und mag dasselbe ungefähr 1660—80 entstanden sein. Grösse: 132 Millimeter hoch, 121 Millimeter breit.

Ein drittes Blatt hat eine kleine Ansicht von **Königsberg.** Ueber derselben in einem Kreis der preussische Adler auf Postament mit der Umschrift „Siegel der Königl. Deutschen Gesellschaft zu Königsberg." Gehalten wird dieses als Ex-libris benutzte Siegel von zwei Genien, rechts mit Helm, links mit Lanze; neben dem rechts befindlichen ein Schild mit Medusenhaupt. Bezeichnet links unten: Sysang. sc. Grösse: 60 Millimeter hoch, 85 Millimeter breit.

Ein viertes Blatt stellt eine Ansicht von **Frankfurt a. Main** aus dem 17. Jahrhundert dar, Kopie nach Merian, und ist bezeichnet: „Bibliothek Heinrich Stiebel, Frankfurt a. Main No." Dieses Bücherzeichen ist der Abdruck einer alten Kupferplatte, in die der jetzige Besitzer die Unterschrift einstechen liess.

Ein fünftes Blatt mit der Unterschrift: „Georg Henric. Hager, Notar. Caes. Publ. Jur." und der Ueberschrift: „Gregis Haeccine Habenae" darüber in der Umrahmung 17 .. hat die Ansicht einer mir unbekannten Stadt mit mittelalterlichen Ringmauern und Thürmen. Im Vordergrunde auf einem runden Tische symbolische Bezeichnungen des Reichs und der Gewalt, ein aufgeschlagenes Buch, auf dem, gekreuzt, Krummstab, Scepter und Schwert liegen. Grösse: 80 Millimeter hoch, 70 Millimeter breit.

Frankfurt a. Main.
Heinrich Eduard Stiebel.

Mittelalterliche Bücherschliessen.

Die in der Sitzung des Ex-libris-Vereins am 26. September v. J. ausgesprochene Ansicht, dass die Eignerbezeichnung auf den Metallschliessen sich nur bei sehr wenigen Büchern finden werde, scheint nicht zuzutreffen, denn es ist dem Herrn Hofbibliotheksekretär Dr. Ad. Schmidt gelungen, in der Darmstädter Hofbibliothek ein zweites Exemplar aufzufinden, das derselben Zeit und gleichfalls — wie das in Heft 1 von 1894 durch Herrn Regierungsrath von Rosen veröffentlichte des Zütpheld Wardenberg — Rostockischen Ursprungs ist. Herr Dr. Schmidt schreibt: „Unsere Bibliothek besitzt ein Prachtwerk in dem Missale Diocesis Coloniensis, Impensis Francisci Birckmann, in alma Parisiorum academia a Wolffgango Hopylio impressum L'enale trabetur Colonie apud templum trium Regum in pingui Gallina." — 1514 fol., auf Pergament gedruckt, mit wundervoll übermalten Holzschnitten und Initialen (vgl. über das Buch: Weale, Bibliogr. liturgica S. 56). Auf der oberen Schliesse ist eingravirt: „N Francke pptūs II./", auf der unteren: „S. Jacobi Rostoccē/."

Unser verehrtes Mitglied Herr Hofsekretär C. Teske zu Schwerin hat nun nicht nur über den Propst Francke*) sondern auch über zwei weitere im Grossherzoglichen Geheimen und Haupt-Archive gemachte Funde von Eignerbezeichnungen auf Metallschliessen Mittheilungen hierher gelangen lassen, welche wir nachstehend

*) Ueber F r a n c k e vergl. Krey, Beiträge zur Mecklb. Kirchen- und Gelehrten-Geschichte, I. S. 337. — Mecklb. Jahrbücher IV, 256, XXXII, 152.

zum Abdruck bringen: Nicolaus Franck ist unterm 27. Juli 1477 in die Matrikel der Universität Rostock eingetragen als „Nicolaus Franke de Röbel prepositus Rostoc- censis". 1522 wird „magister Nicolaus Francke" urkundlich als senior des Schweriner Kapitels genannt. Er war der letzte katholische Pastor (plebanus) an St. Marien zu Rostock. Herzog Heinrich V. berief ihn als ersten protestantischen Prädikanten nach seinem Geburtsorte, in die Neustadt Röbel. Dort scheint es ihm schlimm ergangen zu sein: 1539 wurde ihm die Pfarre angezündet. Im Rostocker „Etwas" vom Jahre 1737, S. 99 findet sich folgende alte Nachricht: „N. Francke, Eccl. collegiate s. Jacobi Rost. Prepositus (dieser Posten war mit dem Plebanat zu St. Marien verbunden), Archidiaconus Rost. in Eccl. Zwerin. Diocesis Ecclesiarum Senior Canonicus Judex et loci Ordinarius, gaff sick van der Wedeme tho unser leven Fruwen, dhon Valentinus Korte Apostata ordinis minorum van deme Erbarn Rade unde eren Syndico D. Johann Oldendorp in die Palmarum sinen ersten Sermon dede in Marien Karcken. Wort up der Orgelen geslagen, Alleluja gesungen, das Sacrificium Misse getegt un andere Ceremonien, wo in deme Daghe brucklich in contemptum antique religionis, und dhone vorleth bemeldet Herr N. Franck sine Karcke und bekoffte sick by dat JunckfruwenCloster thoo hilligen Cruze. Ubi obiit."

Weitere Beispiele für ex-libris auf Buch-Schliessen bieten zwei Bände in Grossherzoglichen Geheimen- und Haupt-Archive in Schwerin, welche ebenfalls noch dem Ende des 15. Jahrhunderts angehören dürften, nämlich: 1) ein Kopiale und Kollectaneen-Buch des bekannten Professors und herzoglichen Raths Dr. Peter Boye*) zu Rostock. Der Eigenthümer bezeichnet es selbst fol. 1ª

---

*) Ueber Boye vergl. Krey a. a. O. I, S. 356. — M. J. B. III, 60; IV, 09; V, 147; XVI, 21; XXIII, 248. Vergl. Hofmeister, Matrikel der Universität Rostock I, S. 203, 291.

als „Liber pluriū antiquar/ rerum gestarum", und auf der äusseren Seite des hinteren Deckels steht von seiner Hand die Bemerkung: „Antiqu/reru/gestar/noullar/liber mei P. B." — Das Papier-Manuskript ist in Pergament gebunden; der hintere Deckel fasst klappenartig über den vorderen. Durch eine in der Mitte des Vorder-Deckels, bezw. der Klappe, befindliche Messing-Schliesse wird das Buch zusammen gehalten. Auf dieser Schliesse ist in vertieften Minuskeln eingegraben:

Liber - d- doctor ┌┘ petri - boye

[Liber. d(omini). doctor(is) petri. boye]

Dieses Kollektaneen-Buch hatte Boye dem Herzog Heinrich s. Zt. geliehen; letzterer hat es nicht zurückgegeben und so ist es gekommen, dass es bis auf den heutigen Tag im Schweriner Archive bewahrt geblieben ist. Am Sonntage profesti S. Mathei an. 1534 schreibt nämlich Boye an den herzoglichen Kanzler Kaspar von Schöneich, dass er seinem „g. h. (dem Herzog) bynnen syner g. stad Rostock eyn myner boke myt van dar gedan" und dasselbe ungeachtet seiner Bitten noch nicht wieder erhalten habe.

2) Das andere Buch, ein Kopiale der Kollegiatkirche zu St. Jakob in Rostock, gleicht im Einbande dem Kollectaneen-Buche durchaus; beide zeigen auch dieselben (verschiedenen) Hände der eintragen den Schreiber und gelegentliche Bemerkungen von Boyes eigener Hand. Auf der Messing-Schliesse ist ein gegraben:

L : copiarū ┌┘ Capituli

[L.(iber) copiaru(m) Capituli]

Boye ist unter'm 17. October 1498 in die Rostocker Universitäts-Matrikel eingeschrieben als „Petrus Boye de Ditmercia". Seit 1508 wird er in geistlichen und Lehr-Aemtern nicht selten erwähnt; zum fürstlichen Rath wurde er 1516 angenommen. Er war ein starrer

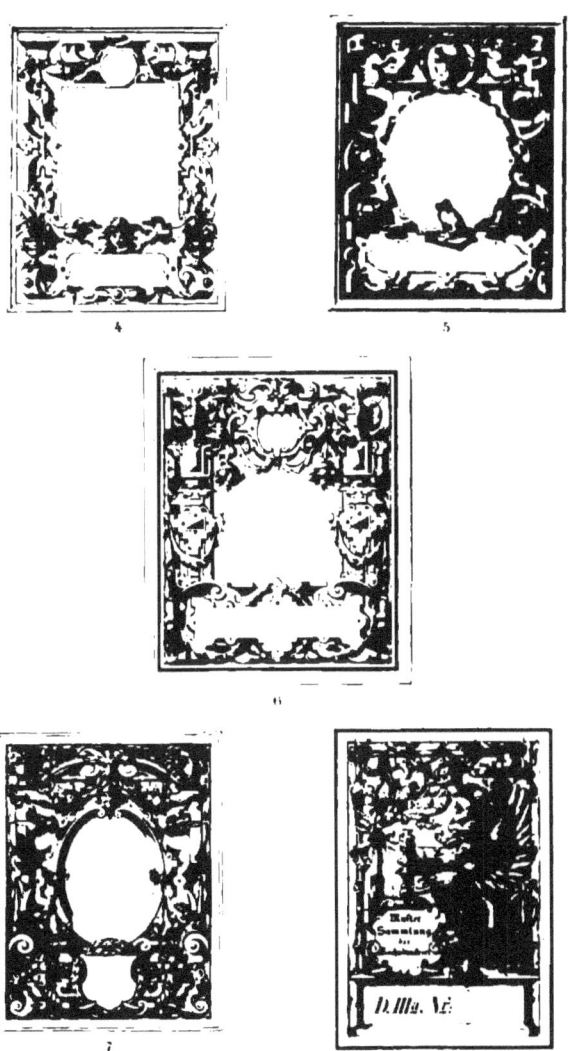

Bücherzeichen, entworfen und gedruckt in der Reichsdruckerei.

Eiferer gegen das Lutherthum und gab, nachdem 1531 die Reformation in Rostock eingeführt war, seine Stelle als Dechant am Dom (Kollegiatkirche zu St. Jakob) daselbst freiwillig auf. Boye starb als Rektor der Universität, welches Amt er wiederholt bekleidete, am 17. März 1542. Am Palmsonntage (2. April) desselben Jahres präsentirte Herzog Heinrich seinen Sekretär Simon Leupold dem Rostocker Dom-Kapitel nach dem Tode des Dr. Boye zu einem geistlichen Lehn, welches dieser mit drei anderen Magistern zusammen gehabt hatte. —"

Aus diesen interessanten Mittheilungen ergiebt sich die Thatsache, dass, soweit bis jetzt bekannt, die Sitte, auf Metallschliessen der Bücher die Eignerbezeichnung anzubringen, in Rostock heimisch war, vermuthlich aber eine weitere Verbreitung nach ausserhalb nicht gefunden hat.

Des Weiteren dürfte aber auch die schon oft ausgesprochene Vermuthung, dass unsere Bibliotheken und Archive noch manchen zu hebenden Schatz bergen, hier wieder in erfreulicher Weise eine Bestätigung finden.

F. W.

Notiz.

In Heft 1, Seite 25 Spalte 1 des laufenden Jahrgangs ist das bekannte Bücherzeichen des evangelischen Kollegs von Sankt Anna in Augsburg — eine Predigt im Hofe genannten Kollegs darstellend — (W. 72) reproducirt. Genau dieselbe Darstellung findet sich auf einem grösseren Blatte meiner Sammlung (310 mm. br. und 235 hoch) mit der einzigen Abweichung, dass oben in den Wolken in sechs, von zierlichen Genien getragenen Kartuschen ebenso viele Kirchen der Reichsstadt abgebildet sind, über denen auf einem Bandstreifen ein Psalmspruch angebracht ist. Am unteren Rande des sorgfältig ausgeführten, äusserst figurenreichen Blattes sind: G. Pögg als Zeichner, Phil. Andreas Kilian als Stecher angeführt; Letzterer stammt aus einer bekannten Augsburger Künstler-Familie,*) deren Hauptvertreter Lukas K. (1579—1637) ist.

Hiernach erscheint das von L. M. Steinberger hergestellte Ex-libris als eine verkleinerte Kopie des eben besprochenen Blattes; ob Letzteres als Bücherzeichen diente, glaube ich verneinen zu dürfen.

v. E.

Bücherzeichen
des Oswald Ulrich Ecker, Freiherrn von Käpfing, vom Jahre 1705.

Nach einem Original der Sammlung des Herrn Rudolf Springer.

Ex-libris der deutschen Klöster.

Zusammengestellt von **A. von Eisenhart** auf Grund der betreffenden Abtheilung seiner Sammlung.

(Schluss.)

Name des Klosters und Abtes.	Zeit.	Stechername.	Bemerkungen.
D) **Regulirte Chorherren. (Augustiner).** (Schluss.)			
14. **Sankt Florian** [Ober-Oesterreich]			
a) Comparat ad bibl. S. Fl. J[ohann] G[eorg] Wiesmayr] P. 17... 2 Wappen-Schilde	[1732—54]		
b) Comparavit etc. E[ngelbert] P. dieselbe Darstellung	[1755—66]		
c) Comparavit etc. M[atthäus] P. ebenso	[1766—1777]		sehr selten.
15. **Sankt Nicolaus** bei Passau			
a) F[ridericus] H. [comes ab Harrach] P. S. N. Ex bibl. eccl.		Fnz. Buchholzer S. Nicolay	W. 1449.
b) Ebenso, ohne Stechername			W. 1450.
c) Dies. Darstell. etw. kleiner in veränderter Umrahmung			W. 1451.
d) [anon]. Ex bibl. eccl. coll. etc. Engel den Vorhang lüftend, darunter gevierter Schild geg. Ende des 18. Jahrh.			W. 1452.
16. **Stadtamhof** bei Regensburg Biblioth. S. S. Andr. u. Magni sub. Joanne Praepos. in oval. Blätterkranze	1747		W. 2072 typogr.
17. **Wengen** bei Ulm [S. Michael]			
a) Joannes D. G. Praep. W. Abtswappen	1682	muthmassl. Kilian sc.	
b) Augustinus D. G. Pr. W. Ebenso	1693		W. 2429.
c) Nicol. [Haicher] I. D. G. immed. et exemptae canon. etc. Praelat. & Abbas 3 Schilde	[ca. 1755]		W. 2428.
18. **Wettenhausen** [Reichsabtei in Schwaben] Bartholom. D. G. S. R. I. Prael. ad. R. V. in W.	1764		Koll. Franks.
18. **Weyarn** [Weihero] a. Mangfall b. Miesbach			
a) J. Aempel Dekan, handschriftl. 4 zeil. Legat f. Weyarn; darunter: Pr. Ge. Hikit, in usum Fröm Mon. W.	1181		handschr. Sehr schönes Wasserzeichen: Ochsenkopf.
b) P. Valentin Hansch. conv. comparavit ad bibl. etc. in W.			W. 2458 typogr.
c) d] Ad bibl. Can. S. Apost. Petri et Pauli in W. 3 Zeilen.	1672		W. 2459 typogr. 2 verschiedene Grössen.
e) [anon.] Kloster- u. Abt-Wappen unter geflüg. Engelskopf m. Infulu. Stab	18. Jahrh.		W. 2460, Kopie.
E) **Trinitarier*)**			
Pressburg Ex Bibl. Patr. Trinit. Poson. Wappen-Schild mit Orden umhängt	18. Jahrh.		W. 1605 Koll. Springer

---

*) Die **Trinitarier** (zu den regulirten Chorherren zählend) wurden von den französischen Einsiedlern Joh. von Martha und Felix von Valais 1198 gestiftet, und im nämlichen Jahre vom Papst Innocenz III. bestätigt. Der Orden bezweckte Loskaufung gefangener Christensklaven und ist erloschen. —

— 93 —

Name des Klosters und Abtes.	Zeit.	Stechername.	Bemerkungen.
Sogen. **Bettler-Orden***) ht. F.—L. inkl.			
F) **Dominikaner** od. **Predigermönche****)			
1. **Augsburg** Convent. Aug. F. F. Ord. Praed. In sehr reichem Umrahm. mit Karyatiden das Ordenszeichen: Ein auf einem Buche sitzender Hund mit brennender Fackel im Rachen.	18. Jahrh.		W. 82.
2. **Botzia (Bolzanum)** Bibl. Fr. Ord. Praed. can. Bul. In den Ecken geflügelte Engelköpfe; in einem Oval das Ordenszeichen, der Name Jesu und ähnl. Insignien			W. 241.
3. **Eichstädt** (Mittelfranken) Unter Sprachband mit Conv. Eyst. Firum Conv. in niedl. Kartusche das Ordenszeichen			W. 438.
4. **Kirchheim** a. d. Mindel [Schwaben] Ad bibl. Kirchemens. F. Trum. ord. Praed. über Ordenszeichen in einem v. 2 Engeln gehaltenen Rosenkranze die Weltkugel etc.			
5. **Medlingen** [bei Lauingen] Ad. bibl. Fr. Fr. Ord. Praed. ven. conv. Medling, dieselbe Darst. wie bei N. 1			W. 1208.
6. **Neudorf** [Neovilla] Bibl. conv. Neo-Villani S. Annae ord. Praed. In Kartusche 2 Wappen-Schilde. 4 Zeilen Unterschr. der Stifterin		Birckhart sc.	
7. **Regensburg** Conv. Ratis. F. F. Ord. Praed. in reich, gezierter von 2 Engeln getragener Kartusche das Ordenszeichen		J. A. Fridrich sc.	W. 1666.
8. **Würzburg** Nome bibl. T. F. Praed. Wireburg. in gewundener Einfassungs-Linie			typogr.
G) **Franciskaner** oder **Minoriten*****)			
1. **Goldberg** a. d. Katzbach Aus d. Bibl. d. Franz. zu Goldberg (3 Zeilen, kleiner Zettel)			typogr. Das Klostergebäude war längere Zeit ein berühmtes Gymnasium, das auch Wallenstein besuchte.
2. **Hammelburg** Sum Bibl. Frum Minorum Recollect.†) Prov. Thüring. conv. Hamelb. (5 Zln.)	1762		W. 748 typogr.
3. **Ingolstadt** a] In einem Kreise neben einem Kreuze S. M. A. I. (?)	16. Jahrh.		Stempeldruck. Aus einem Werke der Ingolst. Franzisk.-Bibliothek.

*) Die vier grossen **Bettel**-Orden der katholischen Kirche sind die **Dominikaner, Franziskaner** mit ihren Abarten, die **Karmeliter** und die **Augustiner**-Einsiedler.
) Die **Dominikaner- od. Prediger-Mönche (Fratres praedicatores) wurden 1215 zu Toulouse von dem Spanier **Domingo** de Guzmann als Altkastilien für Predigt und Seelsorge gestiftet und 1216 vom Papst Innocenz III. bestätigt.
***) Die **minderen Brüder** (fratres minores, **Minoriten**) wurden von Johann de Bernardone aus Assisi genannt Franziskus, 1210 in Italien gegründet, im nämlichen Jahre von Papst Innocenz III. feierlich bestätigt und hiessen nach ihrem Stifter später vorzugsweise: „**Franziskaner**". Der Vater Bernardone nannte bei seiner Vorliebe für Frankreich seinen Sohn Johann „Francesco" (Franzmann), woraus das lateinische „Franciscus" entstand. —
†) Die „**Rekollekten**" sind Minoriten strenger Observanz, welchen Zurückgezogenheit zu besonderer Pflicht gemacht ist.

— 94 —

Name des Klosters und Abtes.	Zeit.	Stechername.	Bemerkungen.
b) In einem Oval Madonna mit d. Kinde auf dem Throne, umgeben v. Anbetenden, darunter Distichon und Landschaft mit Städteansicht.	1576	I. F.	Ebenso. — [Exlibris-Eigenschaft zweifelhaft!]
4. **Landshut** Conv. Fr^{um} Min. Landish comparuit P. Rog. Holzner. Lact. cm. länglicher Papierstreifen.	18. Jahrh.		typogr.
5. **Luzern** Bild. F. F. Min. S. Franc. Lucernae etc. Wappen u. Kreuz zw. 2 gekreuzten Händen.	18. Jahrh.		W. 1236.
6. **München.** Ad conv. Fr. Francisc. Monachie. — Cl. . . . Nr. . . .			W. 1359 typogr.
7. **Regensburg** Ad bibl. Min. conv. ad. S. Salvatorem Ratisb. in zierl. Einfassung.			W. 1667 do.
H) **Kapuziner*)**			
1. **Sursee** [Surlacus, Kant. Luzern] In vierfacher Linien-Einfassung: Bibl. F. F. Cap. Surlaci			W. 2142 typogr.
2. **Zug** Anonym. Wappen in breiter Kartusche mit Todtenkopf und Schlange als Helmzier und 2 Todtengerippen als Schildhalter	1672		Das Bl. enthält mehrere Sentenzen.
I) **Minimen (mindeste Brüder)** oder **Paulaner**)**			
1. **München** a) Auf schwarzem Grunde unter einer v. Karyatiden getragenen Krone der Wappenschild mit den Ordens-Insignien, darunter ein auf die Minimen bezügl. Distichon.			Schönes, seltenes Blatt.
b) Dieselbe Darstellung; auf einem Beiblättchen 2 zeilig: Ex bibl. Fr. Min. conv. Monac. ad. S. Carolum Bor.			ebenso.
c) In Randleiste: Charitus, Ex bibl. Fr. Minim. conv. Monac.			W. 1357 typogr.
2. **Passau** In einem Kranze der von 2 Engeln gehaltene Wappenschild. Bibl. Pestiens Ord. S. Pauli etc.	1769		W. 1848 selten.
K) **Karmeliten***)**			
1. **Metz** Auf schwarzem Grund das Karmel.-Zeichen: auf Spitze Kreuz zw. 3 Sternen, mit d. Umschr.: Ex bibl. Carm. Exc. Me.	19. Jahrh.	I. P.	

*) Die **Kapuziner** — nach der Kapuze so benannt, — wurden von Matthaus Baschin im Herzogthum Urbino 1525 in's Leben gerufen, und erklärte sie Papst Clemens 1528 (gegenüber den Franziskanern) als selbständigen Orden.
) Ihr Stifter ist Franz v. Paula in Kalabrien (1416—1580), dessen Regeln die Päpste Alexander IV. (1502) und Julius II. (1506) bestätigten, und dessen Schüler sich in Demuth die „Minimos** = Mindesten" nannten.
***) Die **Karmeliten** — einer der vier grossen Bettelorden — führen ihre Entstehung gern auf die Propheten Elias und Elisäus zurück. In Wirklichkeit ist ihr Stifter Berthold, Graf v. Limoges, ein Kreuzritter, der im letzten Drittel des 12. Jahrhunderts auf dem Berge Karmel (daher der Name „Karmeliten") für sich und seine Genossen einige Zellen erbaute, worauf Papst Honorius die vom Patriarchen von Jerusalem entworfenen Satzungen der neuen Gemeinschaft 1224 bestätigte. Die nur Sandalen tragenden Karmeliten (discalceati, unbeschuhte) nannte man **Barfüsser**; indessen gab es bei den meisten Orden Barfüsser.

Name des Klosters und Abtes.	Zeit.	Stechername.	Bemerkungen.
2. **München**			
a) In besternter Randleiste: Ex bibl. conv. Monac. carm. discalceat. (4 Zln)	18. Jahrh.		W. 1353 typogr.
b) Auf kleinem 4 eckigen Blättchen: Ex libr. Conv. Mon. Carmel. disc. N. 4? (4 Zln)			W. 1354 typogr.
c) In Kartusche m. Krone zw. d. Inschr. convent. Monac. das Karmeliten-Zeichen (Blaues Papier)	18. Jahrh.		
3. **Regensburg**			
a) Auf längl. Streifen in zierl. Randleiste: Ex-libr. conv. Ratisb. carm. discalec. N? 3 (5 zeilig)	18. Jahrh.		W. 1664 typogr.
b) Mit etwas veränderter Einfassung Inschrift wie München a.	do.		W. 1663 ebenso.
4. **Unbekanntes Kloster**			
(Anon.) In einem kleinen, mit Ringelchen besetzten Kreise unter Krone ein verzierter Wappenschild mit dem erwähnten Ordenszeichen	17. Jahrh.		
L) **Augustiner (Augustiner-Eremiten*)**			
1. **Aufkirchen** (unweit des Wurmsees) ad bibl. Fr. Eremit. Ord. S. P. August. in Auffkirchen ad Vermilacum			typogr.
2. **München** Madonna mit Kind, darunter zwei Heilige und Ordens-Insignien. Ad bibl. conv. Monac. ord. Erm. S. P. August.			W. 1358.
M) **Hieronymiten**)**			
München.			
a) Ex libr. Fr. Erem. Ord. S. Hieron. Monachii.			W. 1359 typogr.
b) Ex libr. Fr. Congreg. Ord. S. P. Hieron. Mon.			W. 1361 theils gedruckt, theils geschrieben.
N) **Karthäuser***)**			
Buxheim (Buxia) in Schwaben In einem Perlenoval gevierter Wappen-Schild mit d. Umschr. Bibl. Buxheim.			W. 302. Buchstempel.
O) **Serviten†)**			
1. **Volders Tyrol** Unter Krone Lilien-Wappenschild mit verschlungenem S. M., darunter: Conv. Ord. B. V. M. in S. Carol. in Volders.	18. Jahrh.		
2. **Wien (Rossau** Vorstadt) a) Ex Biblioth. vener. Conv. Vienn. in Rossaugia. Ord. Serv. B. V. M. darunter Krone mit Lilien und die verschlungenen Buchstaben: S. M.	18. Jahrh.		W. 2474 a.

---

*) Im 11. Jahrhundert bildeten sich besonders in Italien mehrere Eremitengesellschaften mit streng einsiedlerischem Leben. Papst Alexander V. vereinte sie 1256 in einen Orden nach der Lehre des heiligen Augustinus, weshalb man sie **Augustiner** oder Augustiner-Eremiten nannte.

) Die **Hieronymiten sind jene Einsiedler, welche sich nach Vereinigung zum Cönobiten-Leben nach Mitte des 13. Jahrhunderts unter den Schutz des hl. Hieronymus stellten.

***) Der **Karthäuser**-Orden — (der strengste aller Mönchsorden) — wurde v. hl. **Bruno** (1050—1101) aus Köln gegründet durch Erbauung der grossen Karthause b. Grenoble und vom Papst Alexander III. 1170 feierlich bestätigt.

†) Die **Serviten** — (servi Mariae Virginis) wurden von 7 angesehenen florentiner Rathsherren gegründet, welche sich 1233 zu klösterlichem Leben vereinten, und 1255 die Approbation Alexanders IV. erlangten.

Name des Klosters und Abtes.	Zeit.	Stechernamen.	Bemerkungen.
b) dieselbe Darstell. kleiner, in den 4 Ecken B. V. O. S.			W. 2474 äusserst selten!
c) Gleiche Darstellung. Umschrift Bild. Vien. ord. Ser. B. V. M.			Kleinstes Kloster-Ex-libr. Stempeldruck.
P) **Barmherzige Brüder** (Fratres misericordiae*) **Wien** Auf hohem, horizontal getheilten Sockel im oberen Theile die Inschrift: ad bibl. Conv. Vienn. F. F. Misericordiae.	19. Jahrh.		
Q) **Piaristen****) **Nikolsburg** a) In Strahlenkranz ein von 6 Engelköpfen umgebenes, gekröntes Doppel-M. — Auf Spruchband: Bibl. Nicolsb. plar. scholarum. b) Auf s. dekorativem Blatte dasselbe M. im Strahlenkranze. Unten 2 zeil. die gleiche Unterschrift.		Ant. W. sc.	
R) **Theatiner** oder **Cajetaner*****). **München** a) In Kartusche auf Dreiberg ein Kreuz, darunter Domus. S. S. Adelaid. et Cajet. b) Ebenso; in der Unterschr. „Dom" statt Domus. c) Ebenso, mit 2zeiliger Unterschrift. d) Ebenso.Bild.Asietica C.R.Theatin. Monach.			
S) **Jesuiten**†) 1. **Ingolstadt** a) [anon.] In Linien-Einfassung zw. Palmzweigen das umstrahlte Zeichen: I. H. S. b) Brustbild des Franz Xaverius mit gekreuzten Händen. Oben Sem. Ingol.; unten S. Franz. Xaver.	18. Jahrh.		W. 943. W. 912. Das Seminar war eine von Jesuiten gegründete und geleitete Anstalt.
2. **München** a) Liber. Coll. Soc. Jesu Mon. — Catal. Inscr. (3 Zeilen) b) Dies. Inschr. mit verändertem Drucke ohne Jahreszahl	1595 150.		W. 1396 typogr. W. 1396 dto.

*) Ihr Stifter **Johann v. Gott** (1495—1550) aus Monte major el novo in Portugal, gründete 1540 in Granada ein Hospital, welches Alexander VIII. unter Einführung der Augustinischen Regel bestätigte.
) Joseph Casalanza aus Peralta de la Sal in Aragonien (geb. 1556) stiftete zur Hebung der Volksbildung die regulirten Kleriker der „frommen Schulen**" (piarum scholarum), kurzweg **Piaristen** genannt. — Papst Gregor XV. bestätigte 1622 den Orden, welcher gegenwärtig in Oesterreich seine grösste Verbreitung hat.
***) **Cajetan** v. Thiena im Venetianischen und Johann Peter v. Caraffa, Bischof zu **Theat** (daher die Namen: **Cajetaner** und **Theatiner**) gründeten zur Hebung der arg verderbten Klosterzucht einen Orden, den Papst Clemens VII. 1524 genehmigte, wobei er ihnen die milden Satzungen der regulirten Chorherren der lateranen-iscben Kongregation gab.
†) Die Schöpfung der jüngsten grösseren geistlichen Ordens — die „**Jesuiten**" oder „**Gesellschaft Jesu**" — ist bekanntlich ein Werk des spanischen Edelmannes **Ignatius von Lojola** (1491—1555), welcher seine Anhänger ausser den drei üblichen Gelübden noch dazu verpflichtete, sich überall hin zu verfügen, wohin sie der Papst entsendet. Die Gründung erfolgte 1539, die Bestätigungs-Bulle Paul III. am 27. Septbr. 1540.

Name des Klosters und Abtes.	Zeit.	Stechername.	Bemerkungen.
c] Aloysius Gonzaga vor einem Arbeitstische neben einem Bücherschrank etc. stehend. Darunter S. Aloy. Gonz. S. J. Amator Lectionis Spiritualis etc.			W. 1396 Exlibris des im Besitz der Jesuiten befindlichen sogen. Exercitien-Hauses.
d] Zw. Palmzweigen die Buchstaben J. H. S. mit Kreuz im Strahlenkranze; darunter T. S. S. J., oben d. Jahreszahl.	1715		W. 1397.
e] Ebenso; oben T. S. — S. J., unten die Jahreszahl.	1717		W. 1398.
3. **Pressburg** (Posonium) In einem Oval Madonna mit dem Kinde, das auf unten liegende Ketzer Blitzstrahlen schleudert; darunter Ex Bibl. Polem. Catech. S[ociet] J[esu] Posonii.	1741		Schön gestochenes, sehr seltenes Blatt.
4. **Unbekanntes Kloster** In einem Kreise das übliche Zeichen J. H. S. mit der Umschrift: Turris Fortissima Nomen Domini. In den 4 Ecken Attribute der vier Evangelisten.	15. Jahrh.		W. 2253 Ex-libris eines Jes.-Klosters oder Konventualen; selten.
A. a.) **Camaldulenser-Eremiten**[*]) **Josephsberg** auf dem Kahlenberg b. Wien. In einem Oval mit der Umschrift: Ex Bibl. E. C. Mont. S. Jos. supra Viennam zw. Maria und Joseph der Knabe Jesus.			W. 951. Unter Joseph II. aufgehoben.

(Nachtrag folgt im nächsten Hefte.)

Die auf bestimmte Ordensgeistliche sich beziehenden Bücherzeichen wurden, weil eben nur auf einzelne Personen lautend in das gegenwärtige Verzeichniss nicht aufgenommen.

Bezüglich Entstehung und Satzungen der Orden habe ich benutzt: Joseph Fehr, Allgem. Geschichte der Mönchsorden — Tübingen 1845. 2 Bde. in 8°, eine freie und vermehrte Uebersetzung der „Histoire des ordres religieux" von Henrion (Paris 1835. 2 Bde.); dann: Chr. Fr. Schwan, Abbildung der vorzüglichsten geistlichen Orden nebst historischen Nachrichten von deren Ursprung etc. Mannheim 1791, 2 Bde. 4°.

München, Ende April 1894.   v. Eisenhart.

---

[*]) Die **Camaldulenser** (eine Abzweigung der Benediktiner) vom hl. Romuald aus Ravenna (952—1027) in Camaldoli im Toskanischen unter päpstl. Gutheissung gestiftet, zerfallen in Cönobiten und Eremiten.

Waaren- oder Firmen-Zeichen.

Die Waaren- und Firmen-Zeichen (Marken) sind den Bücherzeichen nahe verwandt; mit Rücksicht auf den Zweck könnte man sie als Stiefbrüder der Letzteren bezeichnen. Diese Blätter wurden auf Waaren und Verpackung geklebt, um das Kaufhaus oder den Absender kenntlich zu machen. Gedachte Sitte herrschte in Deutschland und der Schweiz, in Frankreich und Italien jedenfalls seit dem 17. Jahrhundert — muthmasslich schon früher, doch fehlen mir hierfür die Belege. Ein auch den Ex-libris-Sammlern bekanntes Blatt, ist jenes von „Escher im Wollehof" in Zürich, auf dem unter zeltartigem Wappenmantel die Firmen- oder Hausmarke angebracht ist, und das Warnecke unter No. 383 beschrieben hat, weil es nebenbei als Bücherzeichen diente, wie überhaupt einige dieser Blätter bisweilen auch zu gedachtem Zwecke Verwendung fanden. Da manche Waaren-Zeichen künstlerische Behandlung verrathen, empfiehlt es sich, dieselben — etwa als Anhang zu einer Ex-libris-Sammlung — in einem Hefte zu vereinigen.

Zum Schluss gebe ich in verkleinertem Maassstabe jedoch in getreuer Abbildung das Firmenzeichen der längst eingegangenen Nürnberger Firma: Hauseck. In ovaler Kartusche sieht man den vertikal geteilten Schild, dessen (her.) rechtes Feld eine Hausecke mit Erker zeigt, während das linke damascirt ist. Darunter gewahrt man das Wappen der Reichsstadt Nürnberg.

Bücherzeichen Otto Jahn's.

Durch die Güte des Herrn Dr. Voullième in Bonn ist die Bibliothek des Börsenvereins der Deutschen Buchhändler in den Besitz eines Clichés von Otto Jahn's Bücherzeichen gekommen, das wir hier abbilden (Warnecke

923). Es ist wohl das einzige Bücherzeichen, das Ludwig Richter, der bekannte Illustrator, gezeichnet hat und reiht sich seinen andern bekannten Schöpfungen aufs würdigste an.

K. B.

Bücherzeichen von Ludwig Burger.

Warnecke führt in seinem Werke: „Die Deutschen Bücherzeichen" folgende fünf von L. Burger gezeichnete Ex-libris auf: No. 228 Prof. Dr. Heinrich Bohn in Königsberg in Preussen, No. 288 und 289 die eigenen Bücherzeichen des Künstlers, von denen eins in der letzten Nr. der Zeitschrift abgedruckt worden ist. Ferner No. 290 für Dr. Dr. Emil Jacobsen, Chemiker in Berlin und No. 806 für P. Henckel zu Berlin.

Zum 8. Mai 1894.

Im vierten Jahr des Lebens nunmehr stehend,
geziemt's mir heute wohl, zu kommen selbst,
um Glück zu wünschen zum Geburtstagsfeste.

Geboren unter schwarz-weiss-rother Decke,
als ächtes deutsches Mädchen, war's ein Schmerz,
dass gleich nachher - zur Taufe möcht ich sagen -
ich blau auf blaugrau Euch begrüssen musst,
weil man bemerkte, dass ich schmutzig wurde,
und doch, wie wenig konnte ich dafür!

Indessen blau auf blaugrau schlug gut an,
Blau ist zur Taufe ja der Jungen Farbe,
stramm wie ein Junge bin ich heut geworden.

Doch glaubet nicht, dass man mir's leicht gemacht,
an Nahrung freilich hat's mir nicht gefehlt
und gar noch, wenn ich nichts mehr konnt vertragen,
weil voll die Seiten alle zum Zerplatzen,
da kam der Vater mit gewicht'gem Wort:
„Das muss hinein!"
　　　　　　was blieb mir da wohl übrig?

Wollt ich den Zorn des Alten nicht erregen,
- Ihr kennt ihn nicht! - da musst ich halt verschlucken
der zwanzig neuen Glieder des Vereins,
an Zeilenlänge, Punkten, und so weiter,
so recht verschieden!
　　　　　　und noch nicht genug,
gleich drauf ein Einschiebsel: noch 5der Silben,
dort ganze Zeilen, ja n'en ganzen Absatz!

Dazu noch musste ich dann wieder nehmen
ein ganz - Ex libris - von dem blanken Zink
schief zugeschnitten, ohne rechte Winkel
und dann zu gross, um in die Spalt zu passen.

Auch darfs nicht hin, wo grad' ein Plätzchen übrig,
nein, nur an richt'ger Stelle soll's hinein,
denn alt' und neue Kunst soll streng sich trennen.

Der Zeitschrift Mutter pflegt mit treuer Liebe
ihr Kind, und wenn zum Schluss die grossen Bilen,
die Einschiebsel, die Zinke und die Kupfer
sie bringt, die ich durchaus dann soll noch schlucken,
da sieht man, wie ihr voll Erbarmen
ob solchem Stopfens Angst und bange wird:
Sie weiss, dass solchem Ueberfüttern
Obstructio, stets bedenklich, folgen muss.

St. Stephans Karten, oftmals in der Grösse
veränderlich, je nach des Kindes Ansicht,
die sollen dann, mit jeder Post ankommend
Erleicht'rung bringen, doch da weit gefehlt:
Was halt nicht geht, das ist nicht zu erzwingen.

Drum heut die Bitt':
　　　　　　schickt mir nur stets recht zeitig
und auch in angemessnen Zwischenräumen
das, was ich brauche, ich verspreche Euch
viel dicker noch zu werden, wie ich bin,
der treuen Pflege, der ich mich erfreu,
mich würdig zu erweisen, nach wie vor.
Behalt mich lieb!
　　　　　　pflegt weiter Eure Tochter.
das Band, das alle Euch umschlingt,
und wenn sie mal nicht kann, wie Ihr gern möchtet,
am Willen fehlt es nicht,
　　　　　　dess' seid versichert.

Görlitz, am 8. Mai 1894.　　Eure treue dankbare
G. Starke.　　E. K. Zeitschrift.

Hierzu kommen jedoch noch die beiden Bücherzeichen: Konrad Burger, Gustav Oppermann, Berlin. Alle drei Bücherzeichen sind in Lithographie mit einem Tonunterdruck ausgeführt und zu gleicher Zeit mit dem für Professor Bohn gezeichneten im Jahre 1882 entstanden.

K. B.

Das Bücherzeichen der Frau Mathilde Abel geb. Berend,

von welchem wir je eins der in der Wolff'schen Druckerei zu München in unvergleichlicher Technik und Kunstfertigkeit hergestellten Exemplare unserer Zeitschrift beilegen können, zählt zu den 42 von Josef Sattler in Strassburg entworfenen Ex-libris, welche binnen Kurzem in der hiesigen Verlagsanstalt von J. A. Stargardt erscheinen sollen.

Josef Sattler's Name, der in Deutschland und auch im Auslande sich bereits eines so guten Klanges erfreut, wird durch sein Werk vermuthlich zum besonderen Liebling vieler Kunstfreunde, namentlich aber der Sammler von Bücherzeichen werden, denn die Arbeiten dieses jungen, etwa 20 Jahre alten Künstlers, sind in der Erfindung und Ausführung so originell und schön, dass man dem Ähnliches nur selten entdecken wird.

Das Blatt spricht für sich selbst, aber ich möchte doch verrathen, dass die von 4 beflügelten Kindergestalten besuchte Schule einen Hinweis auf die vier lieblichen Mädchen des Abel'schen Ehepaares bieten soll.

Einen besonderen Dank möchte ich schliesslich auch noch unserem Herrn Schatzmeister für die gütige Stiftung dieses Blattes aussprechen, welche ihm im Stillen sicherlich von allen unseren verehrlichen Lesern mit grossem Beifall gelohnt werden wird.

F. W.

Zur Litteratur der Bücherzeichen

J. Guigard,

Nouvel Armorial du Bibliophile.

(Guide de l'amateur des livres armoriés.)

Paris, Emil Rondeau, 1890.

4°. 2 Vols. 390 und 494 pag.

Das treffliche Werk sollte sich in der Fachbibliothek jedes grösseren Sammlers französischer Bücherzeichen befinden, da der Verfasser auf schwarzem Grunde in getreuer Abbildung mehrere hundert in Gold gepresste Wappen (sogen. „superlibros") liefert, welche sich auf der Vorder- und Rückseite des Einbandes befinden, weshalb das Buch mit gleichem Rechte den Titel: „Les super-libros français" führen könnte.

Unter den prunkliebenden französischen Königen bildete sich zu Anfang des 16. Jahrhunderts die Sitte, hübsche Bücher auch mit schönen Einbänden zu versehen und zu diesem Behufe letztere mit goldgepressten Wappen (superlibros) auszustatten. Die Ersten, welche ihre Bücher auf diese Weise schmückten, waren Ludwig XII. (1498—1515) und Franz I. (1515—1547); ihrem Beispiele folgten bald die Prinzen, die Aristokratie und der höhere Klerus. Bei der Vorliebe der Franzosen für Bücherschmuck und super-libros überwogen diese im 16. und 17. Jahrhundert die Exlibris, und noch im 18. Jahrhundert, in dem Letztere massenhaft auftraten, sind die Super-Libros in Frankreich viel häufiger als in anderen Staaten. Der Verfasser[*] gliedert das zweibändige Werk in vier ungleiche Abschnitte und lässt den geradezu mustergiltigen Nachbildungen heraldische Beschreibungen folgen, welchen sich nicht selten sehr anziehende bio- und bibliographische Bemerkungen anschliessen. — Der erste Abschnitt ist den souveränen Fürstenhäusern (B. I. S.1-84) gewidmet; bei Ludwig XII. und XIII., bei Heinrich III. und IV., bei Karl V. und Rudolf und mehreren Anderen fesseln uns jene Prachtbände, welche heute noch als Meisterwerke dieses Kunst-Gewerbe-Zweiges gelten und die von dem damals hohen Stande der Buchbinderei und des Stempelschnittes sprechenden Beweis liefern. Den 2. Abschnitt, der gleich dem folgenden alphabethisch geordnet ist, räumt der galante Autor den „Femmes bibliophiles" ein (I. 87—210), den 3. den Kirchenfürsten, den Päpsten und Kardinälen, Bischöfen, Erzbischöfen und Prälaten (I. 213—380). Der vierte und grösste Abschnitt handelt von den Bücherfreunden und Bibliothek-Besitzern im Allgemeinen (II. 3—479). Wir finden hier all' die grossen und vornehmen Familien des „ancien regime", welche mit den Bourbonen eng verbündet, im Hof- und Staatsdienste, in der Armee und den Parlamenten die Interessen des Königthums mit Nachdruck vertraten. Es würde zu weit führen, auch diese ahnenreichen Namen einzugehen; wir hegen indess die Ueberzeugung, dass Beschauer und Leser das Werk mit Befriedigung aus der Hand legen, weil sie aus demselben neben Belehrung auch anregende Unterhaltung schöpfen.

V. E

---

[*] Nagler, Künstler-Lexikon. B. VII. S. 9—19 inkl.

[*] Derselbe gab auch 1861 in 4 Abschnitten eine sehr brauchbare „Bibliotheque heraldique de la France" heraus. (Paris, E. Dentu, 1861. 8° 527 Seiten.)

Bücherzeichen des Klosters Benediktbeuren, etwa v. J. 1530.

Aus „(100) Bücherzeichen des XV. und XVI. Jahrhunderts, herausgegeben von Fr. Warnecke", Berlin 1894.*)

*) Das Cliché ist dem Verein für die Ex-libris-Zeitschrift von der Verlagsfirma J. A. Stargardt zur Verfügung gestellt worden.

Redaktionelle Mittheilungen.

 ● Wiederum haben des Vereins treue Freunde und Gönner reichliches Material an Wort und Bild uns zur Verfügung gestellt, so dass die vorliegende Nummer der Zeitschrift ihren Vorgängern sich ebenbürtig anschliessen darf. Vor Allem ist der Ex-libris-Verein in dieser Hinsicht den Herren Max Abel, Geh. Oberregierungsrath Busse, Dr. F. Deneken, A. von Eisenhart, Excellenz, Georg Otto, R. Springer und Geheimrath Fr. Warnecke zu Danke verpflichtet. Als besonderes Angebinde hatte Herr Hoflieferant Georg Starke in Görlitz, unser Druckherr und geschätztes Vereinsmitglied, einen Festgruss in künstlerischer Ausstattung zur Stiftungsfeier gesandt, den wir hier für unsere Mitglieder in Facsimile beifügen. Seitens des Vorstandes ist Herrn Starke bereits der Dank im Namen des Vereins ausgesprochen worden. Es ist uns eine Freude, in Herrn S. ein so regen Antheil nehmendes Vereinsmitglied zu wissen. — Textliche und illustrative Beiträge für die nächste Nummer (IV, 4) erbitten wir bis spätestens zum 1. September a. c. Erwünscht wäre uns z. B. eine Reihenfolge von Abhandlungen über die Bücherzeichen der verschiedenen Berufsstände. So dürften u. A. gesonderte Abhandlungen über Ex-libris von Aerzten, Malern, Architekten etc. etc. von grossem Interesse sein. Falls einige unserer verehrten Mitglieder sich derartigen Arbeiten zu unterziehen gewillt sein sollten, möchten wir zuvor davon in Kenntniss gesetzt werden, welche Gruppe als Thema gewählt worden ist, so dass wir der etwaigen Ausarbeitung mehrerer Artikel über den gleichen Gegenstand rechtzeitig vorbeugen können.

● Von Herrn Hugo Freiherrn von Donop, Oberhofmeister I. K. H. der Frau Grossherzogin von Sachsen-Weimar, erhalten wir aus Soestdijk bei Baarn u. A. folgende Mittheilung: „Ich besitze selbst eine sehr bescheidene Kollektion von Ex-libris, von denen jedoch das Eine oder Andere sich wohl zur Publikation in der Zeitschrift empfehlen dürfte, so z. B. ein reizendes Rokoko-Ex-libris von Goethe's Jugendfreundin Susanne von Klettenberg etc." Gern werden wir von dem uns so freundlich gemachten Anerbieten zum Nutzen unseres Vereins-Organs Gebrauch machen und u. A. das letzterwähnte Ex-libris S. v. K. eventuell in nächster Nummer zum Abdruck bringen.

● Unser neues Vereinsmitglied Herr Friedrich Freiherr von Gaisberg-Schöckingen schreibt der Redaktion wie folgt: „Die Zeitschrift interessirt mich ganz ausserordentlich und werde ich wohl demnächst neue Mitglieder anmelden können." Das ist uns eine erfreuliche Botschaft und wir können nur wünschen, dass von recht vielen Mitgliedern thatkräftig unsere Bestrebungen unterstützt werden.

● Monsieur Henry André, Vorstandsmitglied der französischen Ex-libris-Gesellschaft, äussert sich bezüglich unseres Vereins-Organs in folgenden anerkennenden Worten: „Votre Journal est certainement ce qu'il y a de mieux dans le genre, il est de plus artistique et le mieux imprimé. La lecture de l'Ex-libris-Zeitschrift a pour moi le plus grand charme. Que vous dirais-je le la partie artistique? Je ne trouve qu' un terme c'est „l'Ideal" Diese Anerkennung ist uns um so werthvoller als Mr. Henry André selbst ausübender und anerkannter Künstler auf dem Ex-libris-Gebiet ist.

● Herr Professor Emil Doepler d. J. ist von seiner Reise aus Italien zurückgekehrt. Wir dürfen, seiner Zusage gemäss, für eines der nächsten Hefte wieder auf einen Beitrag von seiner Künstlerhand rechnen.

● Ueber einige von Herrn Professor Ad. M. Hildebrandt neu entworfene Bücherzeichen ist in den Sitzungsprotokollen bereits berichtet worden. Hoffentlich werden wir in der Lage sein, demnächst das eine oder andere dieser Blätter unseren Lesern vor Augen zu führen. Auch Herr Georg Otto hat einige neue Arbeiten auf diesem Gebiete geliefert, so u. A. ein „redendes" Bücherzeichen für R. Springer. Das von Herrn Professor E. Doepler d. J. gezeichnete, schöne Ex-libris Sehring, das ebenfalls zu den „redenden" gehört (in der Initiale S eine Hand, an deren Ringfinger ein Ehe-Ring), dürfte inzwischen manchem unserer Mitglieder bekannt geworden sein.

● Die Bücherzeichen haben sich in der diesjährigen Berliner Kunstausstellung auch einen Platz errungen: Herr Georg Otto hat eine grössere Anzahl der von ihm entworfenen Ex-libris, zum Theil im Original, zum Theil in Reproduktion, ausgestellt. (No. 2300). Es sind dies die bei J. A. Stargardt in Buchform erschienenen 20 Bücherzeichen.

● Seine Excellenz der Adelsmarschall und Generallieutenant Graf Miloradovich sendet uns aus St. Petersburg für die Sammlung des Vereins ausser seinem eigenen Ex-libris auch diejenigen des Grossfürsten Paul Alexandrovich, jüngeren Bruders des Czars, und des Fürsten Konstantin Lubomirsky. Russische Ex-libris waren bisher in unserer Sammlung noch nicht vertreten.

● Die von unserem verehrten Mitgliede Herrn Amtsrichter Dr. R. Béringuier, herausgegebene treffliche Monatsschrift „Die französische Colonie" bringt in No. 6 dieses Jahres einen „Ersten Bericht über die Bibliothek des französischen Consistoriums zu Berlin für das Jahr 1893." Diesem Berichte ist auch das für die betreffende Bibliothek von Prof. Ad. M. Hildebrandt gezeichnete Ex-libris beigefügt, dessen Beschreibung hier folgt: „In der Mitte der Basis erinnert die Pergamentrolle mit der Bezeichnung „Marie Brandt née Mathieu an den Don Marie Brandt -Mathieu und die darauf bezügliche Stiftungsurkunde. Die zur Rechten und zur Linken aufgeschlagenen Bücher mit den Inschriften: Huguenots, Réfugiés, Vaudois, Wallons deuten die Gebiete geschichtlicher Forschung an, für die unsere Bibliothek zunächst bestimmt ist. Ueber der Stiftungsurkunde befindet sich das Siegel der reformirten Kirchen Frankreichs vom Jahre 1559, welches nach 2. Mos. 3, 1—15 die Offenbarung Gottes im feurigen Busche darstellt und mit seiner Inschrift: „Flagrot non consumor" nicht nur an jenen biblischen Bericht erinnert, sondern auch darauf hindeutet, dass die französisch-reformirte Kirche von Anfang an eine Kirche der Märtyrer war, die ihre edelsten Glieder in den Flammen der Scheiterhaufen verbrennen sah und dennoch nicht zu Grunde ging. Aus dem brennenden Busch wächst ein Zweig nach oben, der das Siegel der französischen Kirche zu Berlin trägt und also andeutet, dass die Kolonie eine Tochter der reformirten Kirche Frankreichs ist; zu beiden Seiten befinden sich in Medaillonform die Portraits von Calvin und dem Grossen Kurfürsten, den geistlichen und dem weltlichen Begründer unserer französischen Kolonie. Hoch oben endlich breitet die Sonne der Wahrheit ihre Strahlen aus über einem Bande, welches die Worte: „Post tenebras lux", der Wahlspruch der Genfer Kirche, trägt." Dieses Bücherzeichen der französischen Kolonie ist auch in dem 2. Bande des Hildebrandt'schen Ex-libris-Werkes als Tafel XXIV. abgedruckt.

● Die beliebte und verbreitete illustrirte Wochenschrift „Daheim" bringt in ihrer Nummer 30 einen von Hans von Zobeltitz verfassten Artikel über Bücherzeichen. Die Clichés zu den beigegebenen Abbildungen waren der Daheim-Redaktion zum Theil vom Ex-libris-Verein, zum Theil von der Verlagsfirma J. A. Stargardt zur Verfügung gestellt worden. Der Verfasser sagt am Schluss seiner Arbeit sehr zutreffend: „Solch eine Zeichnung aber bleibt ein Schatz für Generationen. Nicht nur der Besitzer der Bücherei, welche durch sie geschmückt wird, hat seine sich immer wieder erneuernde Freude an ihr, nicht nur seine Freunde — nach dem Pirkheimer'schen Spruch: sibi et amicis! — werden den künstlerischen Sinn zu schätzen wissen; solch ein kleines Blatt trägt auch noch über das Leben des einzelnen hinaus seine Frucht. Heute zersplittern die Bibliotheken nur zu schnell mit dem Dahinscheiden des Besitzers — ein Bücherzeichen giebt ihnen einen festen Zusammenhang, macht sie zu einem Familiengut!" Bei der grossen Verbreitung des „Daheim" in gebildeten Familien ist zu hoffen, dass unserer Sache manche neue Freunde geworben werden. Wir empfehlen die betr. Nummer der Zeitschrift unseren Mitgliedern zur Anschaffung.

● Die „Illustrirte Zeitung für Buchbinderei" bringt in der Nummer vom 30. Mai 1894 einen Artikel über den berühmten Bibliophilen Jean Grolier de Servin, Vicomte d'Aguisy. Seine so überaus geschätzten Büchereinbände tragen die Devise: „Jo Grolieri et umicorum." Ferner ist derselben Nummer die Abbildung eines in der Kgl. Bibliothek zu Dresden verwahrten Einbandes des 16. Jahrhunderts mit dem Super-libros: „Augustus D. G. Dux Saxoniae etc." beigegeben.

● Das Märzheft des „Journal of the Ex-libris-Society" hat folgenden Inhalt: Our third annual meeting. — On the processes for the production of ex libris. By J. Vinycomb. (Contin.) — Additional bibliography of bookplates. By H. W. Fincham. (Contin.) — „Castle's english book-plates." By J. Hearley. — Miscellanea.

Inhalt der April-Nummer: Notes on the annual exhibition. — On the processes for the production of ex libris. By J. Vinycomb. (Contin.) — Littleton book-plate — Some stray notes on excentric heraldry. By W. Bolton. — Armorial bearings. — Notes on the bookplate market. By F. J. Thairlwall. — Miscellanea. —

Inhalt der Mai-Nummer: American notes. By Charles Dexter Allen. — An index to Leicester Warren's guide to the study of bookplates. By F. J. Thairlwall. — A critic on heraldry. — Notes on the annual exhibition. (Contin.) — Miscellanea.

Die drei Hefte enthalten zahlreiche Abbildungen, von welchen diejenigen des Märzheftes recht ansprechend sind. Bei dem im Aprilheft abgebildeten Ex-libris von Mr. Chas. Norton Elwin ist, wie Herr Geh. Warnecke im Berliner Ex-libris-Verein darlegte, eine Dürer'sche Zeichnung vergewaltigt worden, indem man in den Schild moderne Wappenbilder setzte und darunter ein ebenso modernes Schriftband anbrachte. Auf dem Helm ein „unpassender Löwe und eine sehr natürliche Weinrebe." Wie passt das Alles zu Dürer? Mr. Elwin, der doch selbst eine Reihe heraldischer Werke herausgegeben hat, hätte solche Anachronismen vermeiden sollen!

● Inhalt von Nr. 3 (Februar 1894) der „Archives de la Société Française des Collectionneurs d'Ex-libris": L. Bouland, Armoiries de Maria d'Abadie, Marquise du Coudray. — —. Laus de Boissy. — L. Mar, petite étude des styles français pour assigner une époque approximative aux ex-libris. — Victor Advielle, mon ex-libris. — L. Bouland, des ex-libris comme preuves. — Questions. Réponses. —

Inhalt von No. 4 (März 1894); L. Bouland, ex-libris du Comte et de la Comtesse de Fuligny-Damas. — —. Armoiries de Philipp Desportes. — Quantin, L., Ex-libris allégorique (Henry André del. etinv.) — Benoit, A., L'Abbé Xaupi. — Questions. Réponses. —

Inhalt von Nr. 5 (April 1894): L. Bouland, Chiffres, monogrammes et blasons. — Un papier de garde — comme ex-libris. — A. Benoit, Armand d'Hocquincourt. — V. Advielle, les femmes bibliophiles de la noblesse et de la bourgeoisie. [I. Mlle Weigel (d'Arras). II. Guillemette Bezard]. — Questions. Réponses.

Diese 3 Hefte sind mit Abbildungen von Ex-libris und Super-libros versehen. Das in Nr. 5 erwähnte „papier de garde" ist ein für Dr. L. Bouland hergestelltes, zugleich als Bücherzeichen dienendes Vorsatzblatt, welches in bunten Feldern mit den Initialen des Besitzers — L. und B. — einer Schlange mit dem Aeskulapstab und einer Lilie bemustert ist. Die Ausführung dieses Vorsatzblattes fand in der Mai-Sitzung des Ex-libris-Vereins zu Berlin allgemeine Anerkennung.

● Die englische Kunstzeitschrift „The Studio" enthält in Vol. I. Nr. 1 (April 1893) einen von Mr. Gleeson White verfassten, interessanten Artikel über „Zeichnungen für Ex-libris." Diesem Artikel sind Abbildungen einiger von R. Anning Bell, Warrington Hogg, Alan Wright und Herbert P. Horne gezeichneter Ex-libris beigegeben, darunter auch das von letzterem für Fred Trehawk Davies angefertigte, sehr schöne „redende" Bücherzeichen. „Mr. Walter Crane's Ex-libris", sagt der Verfasser am Schluss seiner Abhandlung, „sind zwar gut, stehen aber keineswegs über dem Durchschnitt seiner sonstigen Arbeiten. Mr. Stacy Marks vorzügliche Zeichnungen sind nicht Ex-libris im eigentlichen Sinne. Die Bücherzeichen Mr. Sherborn's sind fast durchweg in deutschem Geiste durchgeführt; ihre Schönheit besteht hauptsächlich in ihrer vorzüglichen Akuratesse und der lebendigen Wiedergabe alter bewährter Formen. Auch die Zeichnungen von Erat Harrison, John D. Batten, Alan Wright, Herbert Horne Leslie Brooke, R. Anning Bell können als aussergewöhnlich gut erwähnt werden."

Von hervorragendem Interesse ist auch in dieser Nummer ein mit Abbildungen versehener Artikel Joseph Pennell's über: „Einen neuen Zeichner: Aubrey Beardsley". Die geistreichen, wenn auch zum Theil gar zu phantastischen Zeichnungen dieses jungen Künstlers flössen hohes Interesse ein und erwecken in uns den Wunsch, von Mr. A. B. auch einmal Arbeiten für die Ex-libris-Kleinkunst kennen zu lernen. In Vol. I. No. 4 (Juli 1893) derselben Zeitschrift findet sich der Aufsatz: „Ueber einige neuere Bücherzeichen mit 7 Abbildungen hierzu." Letztere zeigen Arbeiten der bereits zuvor erwähnten englischen Künstler. Vol. I No. 6 (Sept. 1893) bringt 2 Ex-libris von Sidney Heath; No. 10 (Jan. 1894) zeigt als Frontispiece das für Frederick Brown von R. Anning Bell gefertigte Bücherzeichen und berichtet von „Einigen neuen Werken über das gedruckte Buch und dessen Ausschmückung", so über Alfred W. Pollard's early illustrated books (London, Kegan Paul, Trench & Co.), über die 2. Auflage von Egerton Castle's Werk und über William Roberts' Printers' Marks (London, Bell & Sons). Dem Aufsatz ist eine Anzahl von Ex-libris-Abbildungen eingefügt: Ein solches von C. R. Halkett, ein von F. C. Tilney sehr fein ausgeführtes Blatt für Geroge Kitchen; ferner ein von Elmsley Inglis für Alma Tadema und das übermüthige von Phil May für Clement K. Shorter gezeichnete Exlibris, fünf an der Lektüre des Rabelais sich ergötzende Mönche im Innern einer Klosterzelle darstellend. In Nr. 12 (März 1894) finden wir einen von W. Shaw Sparrow verfassten „Englische Kunst und Fernand Khnopff" lautenden Artikel, in welchem letzterem Künstler das folgende, den „Belgischen Nachrichten" entnommene günstige Prognostikon gestellt wird: „At no distant date F. K. seems destined to occupy amongst English painters a position akin to that which Alma Tadema has so long enjoyed." Es ist nicht unseres Amtes, über die dem Artikel beigefügten Illustrationen an dieser Stelle zu urtheilen, ausgenommen über die beiden Ex-libris darstellenden Zeichnungen. Diese lassen doch, unserer Meinung nach, gar zu wenig ihre Bestimmung als Bücherzeichen erkennen. Ein weiterer interessanter Artikel von Cyril Davenport bespricht „Englische gestickte Bucheinbände." Zwei der darin besprochenen Muster geben uns Gelegenheit, Mrs. Walter Crane, die Gattin des genialen Künstlers, auf diesem Gebiete kennen und schätzen zu lernen. In Nr. 14 Mai 1894 bespricht F. Kruckl Lederarbeiten für heraldische Bucheinbände etc., besonders die von F. H. Jacobsen ausgeführten, die, wie die beigegebenen Abbildungen zeigen, in deutschem Stile gehalten sind.

Wie man sieht, ist „The Studio" auch von ganz besonderem Interesse für alle Mitglieder unseres Vereins und dürfte auch für die Folge auf diesem Gebiete noch manche anregenden Beiträge bringen. Der Preis der einzelnen Hefte ist mit 6 bzw. 8 Pence ganz erstaunlich billig bemessen und empfehlen wir hiermit recht angelegentlich, sich diese Zeitschrift zugänglich zu machen. (Office: 16 Henrietta Street, Covent Garden). Die Redaktion der Ex-libris-Zeitschrift ist Herrn Ober-Post-Direktions-Sekretär Oberländer zu Dank verpflichtet, dass er sie auf „The Studio" aufmerksam gemacht hat.

● Der „Art Amateur" (New-York) bringt in Vol. 30 No. 3, 4 u. 5 (Febr., März, April 1894) eine Folge von illustrirten Artikeln über „Colonial book-plates." Auch finden sich darin noch manche für Ex-libris-Freunde hochinteressante Mittheilungen; so auch zwei erwähnenswerthe, von den New-Yorker Künstlern Henry Blackwell (für die eigne Bibliothek) und E. A. Abbey (für E. W. Gosse in London) gezeichnete Ex-libris. Reichlicher Aufträge auf Ex-libris-Entwürfe sollen sich dem „Art Amateur" zufolge, Mrs. G. Hurlbut, Mr. George R. Halm und Mr. Edwin D. French erfreuen. Betreffs des Letzteren (French) finden wir noch die Angabe „designing principally in the German style" und die Zusage, in der (inzwischen wohl erschienenen) Mai-Nummer eine seiner Arbeiten in Abbildung zu bringen. Mr. Charles Dexter Allen, den ja unsere Leser als eifrigen Mitarbeiter des englischen Ex-libris-Journals bereits kennen, hat einen Artikel „Der Missbrauch von Wappenbildern" beigesteuert. Ferner sei noch erwähnt, dass alle 3 Nummern Abbildungen von unbekannten Ex-libris bringen, deren Namhaftmachung vom Leserkreise erbeten wird. Zum Theil sind dann auch die gewünschten Angaben von „Wissenden" eingesandt und in den nachfolgenden Nummern jeweilig zur allgemeinen Kenntnissnahme bekannt gegeben worden.

● Mr. Chas. Dexter Allen veröffentlicht in „Book Reviews" (New-York, Macmillan & Co., Mai 1894) einen anregend geschriebenen Artikel über „Amerikanische Bücherzeichen." Es ist erfreulich, dass Mr. Allen, dessen umfangreiches Werk „American book-plates: a guide to their study" nunmehr wohl in allernächster Zeit die Presse verlassen wird, so unermüdlich darin ist, seinen Landsleuten Interesse für unser Sammelgebiet einzuflössen.

● Der Grolier-Club in New-York beabsichtigt im Oktober dieses Jahres eine Ausstellung von, hauptsächlich amerikanischen, Bücherzeichen zu veranstalten. Mr. Allen wird diese Ausstellung leiten und verdient den Dank aller Ex-libris-Freunde für seine rastlosen Bemühungen. Deutsche Sammler, welche interessante und seltene amerikanische Bücherzeichen besitzen, werden gewiss Mr. Allen

(Hartford, Conn. U. S. A. Box 925) hierbei durch leihweise Hergabe ihrer Schätze gern unterstützen.

● Von Mr. Walter Hamilton's Werk über „Dated book-plates" wird binnen Kurzem der erste, etwa 80 Seiten und zahlreiche Illustrationen umfassende erste Theil erscheinen.

● In diesen Tagen soll im Verlage der Herausgeber erscheinen: Les Ex-libris Neuchatelois par Jean Grellet et Maurice Tripet. Das Werk wird eine sorgfältige Beschreibung von etwa 120 Neuchateler Bücherzeichen mit zahlreichen Textillustrationen und ausserdem über 60 Ex-libris auf 17 Tafeln in Facsimile bringen, sowie ferner ein Kupferstichblatt als Frontispiece. Der Subskriptionspreis ist auf 6 Francs festgesetzt. Bestellungen sind zu richten an: L'Institut héraldique à Neuchâtel, Avenue de la gare No. 15.

● Ein Exemplar des Bücherzeichens Pirkheimer's von Albrecht Duerer wurde bei Bangs & Co. in New-York für 6 Dollars versteigert. Der „Grolier-Club", welcher, wie die Leser aus Seite 77 ersehen, zu unserem Verein kürzlich in Mitgliedschaft getreten ist, erstand das geschätzte Blatt. Ein (zweifelhaftes) Bücherzeichen von George Washington brachte, ebenfalls bei B. & Co., drei Dollars. Als einige Jahre früher drei Bücher mit dem Bücherzeichen George Washington's zur Versteigerung kamen, machten 3 Ex-libris-Sammler gemeinschaftliche Sache und erstanden die drei Bücher für 60 Dollars, so dass ein Jeder für 20 Dollars in den Besitz eines Exemplars kam.

● Die Buchhandlung Adolf Geering in Basel versendet eine Liste von 120 einzeln verkäuflichen, besonders schweizerischen Ex-libris zu Preisen von 20 ct. bis zu 6 fr. 50 ct.

● Die Firma A. Saffroy in Le Pré St. Gervais (Seine) verzeichnet in einem ihrer letzten, uns von Herrn Amtsrichter Dr. Béringuier freundlichst übermittelten Kataloge unter No. 4257—4263 verkäufliche Ex-libris und Werke zur Ex-libris-Litteratur.

● Die rühmlich bekannte Aktien-Gesellschaft für Buntpapier und Leimfabrikation zu Aschaffenburg hat der vorliegenden Nummer unserer Zeitschrift das Muster von einem feinen Brokat-Vorsatzpapier, das gewiss den Beifall der Bücherfreunde findet, beigefügt. Der uns vorliegende reichhaltige Muster-Katalog der genannten Aktiengesellschaft verzeichnet nicht weniger als 341 verschiedene, vorzüglich ausgeführte Vorsatzblätter. Bibliothekbesitzer und Bücherfreunde thun gut daran, ihre Buchbinder bei Ertheilung von Aufträgen auf die Aschaffenburger Fabrikate hinzuweisen.

Zur gefl. Kenntnissnahme.

Im ersten Jahrgange der Ex-libris-Zeitschrift haben wir, von der Voraussetzung ausgehend, dass unseren Mitgliedern mit Sonderabzügen von Abbildungen gedient sein und durch deren Verkauf noch ein Vortheil für die Vereins-Kasse erwachsen würde, der Druckerei die Erlaubniss ertheilt, solche, auf der Rückseite besonders zu kennzeichnende Abdrücke ausliefern zu dürfen. Es ist jedoch von vielen Seiten der berechtigte Einspruch erhoben worden, dass die betr. alten Originale und neueren Bücherzeichen von den Besitzern ausschliesslich zur Abbildung in der Vereins-Zeitschrift, nicht aber zur Einzel-Abgabe hergeliehen worden sind. Somit haben wir die frühere Anordnung wieder aufgehoben.

Der Vorstand des Ex-libris-Vereins.

Tauschverkehr.

Zum Austausch ihrer eigenen Bücherzeichen gegen diejenigen von anderen Mitgliedern des Ex-libris-Vereins sind bereit:

Miss Edith A. Greene, 14 Royal Park, Clifton, Bristol, England.

Herr Dr. med. Walter von Boetticher in Bautzen.

Herr Frederik Heyman, Brauereibesitzer, Kopenhagen, Bryggeriet Svanholm.

Herr Heinrich Eduard Stiebel, Frankfurt a. Main, Taunusstrasse 12.

Weitere Anmeldungen für diese Rubrik werden von der Redaktion gern entgegengenommen und gelangen kostenlos zum Abdruck. (Vergl. auch No. 2 dieses Jahrgangs, Seite 73.)

Briefkasten.

Pfarrer G. in K. — W. H. K. Wr. in Pl. — Graf M. in St. P. — Professor Ad. M. H. in B. — Frau M. A. geb. D. in B. — Professor Ad. H. in K. — Verlagsbuchhändler Paul Cz. in B. — Georg O. in B. Herzlichen Dank für die neuen Beiträge zur Vereinssammlung!

Excellenz Graf v. F. zu G. — H. S. A. in London. — Kgl. Kammerjunker A. Graf von N. in A. — Friedrich Freiherr von G.-N. in N. Die bisher erschienenen Jahrgänge I—III sind Ihnen sogleich zugesandt worden. Es ist uns sehr erfreulich, dass die Zeitschrift Ihren Beifall findet.

Fräulein C. L. in H. Es ist auch unsere, wiederholt ausgesprochene Meinung, dass jedem Ex-libris ein auf den Besitzer oder seine Bibliothek besonders zutreffendes Charakteristikum eingefügt werden sollte. Hoffentlich wird Ihr neues Bücherzeichen künstlerisch schön ausgeführt.

Erich Freiherr v. d. K.-M. auf K. Ihrem Wunsche ist sogleich entsprochen worden und freuen wir uns, auch Sie als Mitglied begrüssen zu dürfen.

Paul N. R. in B. — Justizrath N. in Bad Ems. — Hoflieferant Georg St. in G. — J. B. in M. — Frau Geheimrath W. geb. v. L., Frau Professor Ad. M. H., Frau v. O., Frau Amtsrichter Dr. B.; sämmtlich in B. Der Verein war herzlich erfreut über die ihm dargebrachten liebenswürdigen Glückwünsche zum 4 Stiftungsfeste. Aufrichtigsten Dank!

K. S. in B. Sie haben richtig vermuthet, dass in der letzten Nummer auf Seite 58, Spalte 1, einige Zeilen durcheinander gerathen sind. Es muss richtig heissen: „Mr. M. findet dasselbe auch in der von Herrn Staatsrath von Eisenhart im Heft 1 (1894) unserer Zeitschrift veröffentlichten Liste klösterlicher Ex-libris. Der dritte Schild enthält weder ein Monogramm, noch den Buchstaben F, sondern wohl nur ein vom Abte gewähltes Zeichen."

Inhaltsverzeichniss.

21., 25. u. 26. Sitzung des Ex-libris-Vereins. — Bücherzeichen Ihrer Majestät der Kaiserin und Königin Auguste Victoria. (Beilage.) — Ein Bücherzeichen mit dem Buchstaben W. H. aus dem Jahre 1536. (Mit Beilage.) — Conrad Peutinger und dessen Bücherzeichen. (Mit Beilage.) — Ein dalmatisches Bücherzeichen vom Jahre 1582. (Mit Beilage.) — Dr. med. Georg Wirth. (Mit Abbildung.) — Ein chinesisches Bücherzeichen Herrn von Gottesheim. (Mit Abbildung.) — Bücherzeichen einer Königin von Spanien. — Colonel-Lieutenant Abraham Jaeger. (Mit Abbildung.) — Das Bücherzeichen des Magisters Paul Crusius aus Mühlberg i. Th. (Mit Abbildung.) — Bücherzeichen mit Ortsansichten. — Mittelalterliche Bücherschliessen. (Mit 2 Abbildungen.) — Bücherzeichen, entworfen und gedruckt in der Reichsdruckerei. (Beilage.) — Notiz. — Bücherzeichen des Oswald Ulrich Ecker, Freiherrn von Küpfing, vom Jahre 1705. (Abbildung.) — Ex-libris der deutschen Klöster. (Schluss.) — Waaren- oder Firmen-Zeichen. (Mit Abbildung.) — Bücherzeichen Otto Jahns. (Mit Abbildung.) — Bücherzeichen von Ludwig Burger. — Das Bücherzeichen der Frau Mathilde Abel geb. Berend. (Mit dem Original-Ex-libris.) — Zur Litteratur der Bücherzeichen. — Redaktionelle Mittheilungen. — Briefkasten. —

Verantwortlicher Herausgeber: Wolfgang Mecklenburg, Berlin S. W., Dessauerstrasse 2.
Selbst-Verlag des „Ex-libris-Vereins" zu Berlin.
Druck und auftragsweiser Verlag von C. A. Starke, Königl. Hofl., Görlitz, Salomonstr. 30, a. d. Berlinerstr.

Ex-libris

Zeitschrift

für

Bücherzeichen-

Bibliothekenkunde und Gelehrtengeschichte

Organ des Ex-libris-Vereins zu Berlin
Jahrgang IV. Heft 4.

1894.

Auftragsweiser Verlag von C. A. Starke, Königl. Hofl., Görlitz.

Zeitschrift
für
Bücherzeichen — Bibliothekenkunde
und Gelehrtengeschichte.

IV. Berlin, im Oktober 1894. № 4.

Der jährliche Preis der „Ex-libris-Zeitschrift" beträgt für Mitglieder 12 (sonst 15) Mark. — Anzeigen für die „Ex-libris-Zeitschrift" werden von C. A. Starke, Kgl. Hofl., Görlitz, Salomonstr. 30 entgegengenommen.

27. Sitzung des Ex-libris-Vereins.

Berlin, den 10. April 1894.

Vorsitzender: Herr Geh.-Rath Warnecke.

Herr Geh.-Rath Warnecke legte vor: die Kopie eines Wappens, das sich auf dem inneren Deckel einer von Andreas Frisner, Wunsidelensis, verfassten und zu Nürnberg 1476 gedruckten Einladungsschrift befindet. Um ein Buchzeichen scheint es sich nicht zu handeln, es ist jedoch möglich, dass der Holzschnitt in anderen Fällen als solches benutzt wurde. Weiter legte er ein auf Anregung der Gesellschaft Hamburger Kunstfreunde nach einem Entwurfe von Ed. Lorenz Meyer, von Frau Dr. Engel-Reimers in Holz geschnittenes Ex-libris vor.

Herr Wolfgang Mecklenburg berichtete über das neueste Heft des englischen Ex-libris-Journals und zeigte das von Herrn G. Otto für ihn ausgeführte Bücherzeichen. Weitere Vorlagen wurden von Herrn Professor Ad. M. Hildebrandt gemacht.

Berlin, den 8. Mai 1894.

Der Schriftführer:

Seyler.

28. Sitzung des Ex-libris-Vereins.

Berlin, den 8. Mai 1894.

Vorsitzender: Herr Geh.-Rath Warnecke.

Als Geschenke waren eingegangen von Herrn Stiftsbibliothekar Dr. Schmidt in Kremsmünster: 2 Bücherzeichen A. Haslcur, von Herrn stud. Jantzen: Bücherzeichen von W. v. Paleske.

Herr Geh.-Rath Warnecke legte eine Anzahl neu erworbener Bücherzeichen, Herr Amtsrichter Dr. Béringuier mehrere Blätter seiner Sammlung. Herr Georg Otto den Entwurf eines Bücherzeichens für Herrn Springer zur Besichtigung vor. Herr Wolfgang Mecklenburg besprach das neueste Heft des englischen Ex-libris-Journals.

Nach Schluss der geschäftlichen Sitzung blieben die Anwesenden zur Feier des 3. Stiftungsfestes bei gemeinschaftlichem Abendessen versammelt. Aus Ems war ein Telegramm eingetroffen folgenden Inhalts:

„Ein donnerndes Hoch für das Gedeihen des Vereins und herzliche Grüsse für die anwesenden Mitglieder sendet: Seger."

Herr Geh.-Rath Warnecke brachte ein Hoch aus auf die Damen, welche der Verein zu seinen Mitgliedern zu zählen die Ehre hat, der als Gast anwesende Herr Schwartz jun. toastete auf den Verein. Herr Georg Starke in Görlitz hatte ein in Kunstdruck höchst geschmackvoll ausgeführtes (der vorigen Nummer der Zeitschrift in Vervielfältigung beigegebenes) Gratulations-Gedicht eingesandt, dessen Verlesung mit grossem Beifall angehört wurde. So nahm die Geburtstagsfeier des Vereins einen würdigen und alle Theilnehmer befriedigenden Verlauf.

Berlin, den 12. Juni 1894.

Der Schriftführer:
Seyler.

29. Sitzung des Ex-libris-Vereins.
Berlin, den 12. Juni 1894.

Vorsitzender: Herr Geh.-Rath Warnecke.

Herr Geh.-Rath Warnecke legte mehrere Nova vor:

1. Das Bücherzeichen der mittelschweizerischen Geographisch-Kommerziellen-Gesellschaft in Aarau, welches demnächst durch eine bessere Ausführung ersetzt werden soll.
2. zwei verschiedene Ex-libris des Johanneums in Hamburg, von Frau Dr. Engel-Reimers in Holzschnitt ausgeführt.

Längere Zeit nahm die Besichtigung der von Herrn Adolf Geering in Basel eingesandten Privat-Sammlung, die viele interessante und zur Publikation geeignete Stücke enthält, in Anspruch.

Der Herr Vorsitzende hatte eine Vereins-Matrikel angelegt, welche gegenwärtig 187 Mitglieder umfasst.

Es cirkulirt die englische Kunstzeitschrift „The Studio", auf welche von Seiten des Vereins subskribirt worden ist. Die Zeitschrift enthält eine Menge Bücherzeichen. Der Herr Vorsitzende fordert die Herren, welche die Zeitschrift mitlesen wollen, auf, sich bei Herrn Wolfg. Mecklenburg zu melden.

Letzterer zeigte eine Reihe von Bücher-Einbänden, ausgeführt von der Grossbuchbinderei von Hübel & Denk in Leipzig. u. A. den Deckel zu einem Werke von Carl Hoffmann mit dem Wappen der Papierindustrie. — Abbildungen von Einband-Decken enthält der Katalog von E. Deman in Brüssel.

Sodann wurden noch mehrere Nova vorgelegt, ein von Fräulein A. Kessler gezeichnetes Bücherzeichen für Gustav Kessler und die neuesten Arbeiten des Herrn Professors Ad. M. Hildebrandt.

Herr Oberbibliothekar Dr. von Heinemann in Wolfenbüttel theilt mit, dass die dortige Bibliothek ausser den zahlreichen Ex-libris, welche sich in den Büchern befinden und dort verbleiben sollen, eine ansehnliche Zahl loser Blätter besitze, namentlich die Berlepsch'sche Sammlung, die zu den reichhaltigsten ihrer Art gehört. Er benennt das Zeichen des Königs Georg Podiebrad von Böhmen, eine kolorirte Zeichnung, nicht Druck, mit dem böhmischen Löwen.

Berlin, den 11. September 1894.

Der Schriftführer:
Seyler.

Dem Ex-libris-Verein sind als Mitglieder ferner beigetreten:

Angemeldet von Herrn Geheimrath Friedrich Warnecke:

1. Herr Louis Baron von Ahlefeldt-Dehn, Weimar, Belvedere-Allee.

2. Herr Robert Bohlmann, Braunschweig, Hagenmarkt-Apotheke.

3. Herr Wilhelm Freiherr von Erlanger, Nieder-Ingelheim.

4. Herr Albert van Hauten, Pfleger des Germanischen National-Museums, Bonn a. Rhein, Herwarthstrasse 1.

5. Herr Bankdirektor Henkel, Hauptmann der Landwehr-Artillerie des XIV. Armee-Korps, Wiesloch b. Heidelberg.

6. Herr Rentner H. Lempertz sen., Köln, Breitestrasse 125—127.

7. Herr Hans Baron von Lüneburg, Ritterschafts-Deputirter und Premier-Lieutenant d. R., auf Uetze, Station Dollbergen.

8. Herr Dr. jur. Karl Wilhelm Meister, Kgl. Landrath im Kreise Höchst a. Main.

9. Herr Dr. jur. J. C. Schwartz, ehemals Rathsherr zu Riga, z. Z. in Potsdam, Mangerstrasse 29i.

J. Philipp von Stuffis,

nicht Steffis wie auf dem ausserordentlich zierlich und stilvoll gezeichneten, gegen Ende des 16. Jahrhunderts entstandenen Bücherzeichen zu lesen, war dessen Eigner. Es giebt in der Schweiz (nach Sibmacher, Band V 180 und 182) eine Familie von Stelfis, welche im gevierteten Schilde: 1 u. 4 in Roth einen wilden, einen ausgerissenen Baumstamm haltenden Mann, in 2 und 3 in ✠ einen goldenen Löwen führt; eine Familie von Stuffis hat dagegen einen von Gold und Roth fünffach gespaltenen Schild, überzogen mit einem silbernen, mit drei rothen Rosen belegten Balken; auf dem gekrönten Helm

mit rothgoldenen Decken einen mit dem Balken belegten Busch von golden-rothen Straussfedern. Letzteres Wappen ermittelte ich zufällig, nachdem ich mich vergeblich gefragt hatte, wie denn die Familie von Steffis auf ihrem Ex-libris zu einem Wappen komme, das dem im genannten Buche nicht im Geringsten gleiche. Wie der Stecher dazu gelangte, statt des Namens Stuffis, Steffis zu schreiben und wie der Besitzer des Ex-libris sich bei der unrichtigen Schreibart beruhigen konnte, muss dahin gestellt bleiben. Waren etwa beide Familien gleichen Stammes mit verschiedenartigen Wappen und legte man auf die verschiedenartige Schreibung des Namens keinen Werth?

Das reizvolle Blättchen hat an der linken (herald.) Seite unten ein aus den Buchstaben M.A.(?) bestehendes Monogramm, das ich nicht zu deuten weiss. Nicht uninteressant ist das Wappen für den Heraldiker: in erster Linie durch eine, wie es scheint, aussergewöhnlich grosse Helmzierde, welche, den ausländischen Heraldikern bekanntlich ein Dorn im Auge ist. Diesen auszuziehen fühle ich mich aber durchaus nicht berufen, denn ich muss gestehen, dass mir das schöne Helmkleinod besonders zusagt und seine Grösse mich keineswegs stört. Wohl aber kann ich den auf englischen und italienischen Wappen vorkommenden winzigen Kleinoden, mögen sie nun aus Thieren oder Figuren bestehen, absolut keinen Geschmack abgewinnen. Das Schönheitsgefühl sollte solche heraldische Verirrungen einfach verbieten! Die Vergleichung deutscher mit ausländischen Wappen, muss es selbst dem Laien klar machen, dass Italien, Frankreich und England, deren vortrefflichen Wappen früherer Jahrhunderte, — vom 13. bis zum 16. — ich gern und freudig meine Anerkennung zolle, in den letzten Jahrhunderten erhebliche Rückschritte zu verzeichnen haben. Erst neuerdings ist in England eine Wendung zum Besseren eingetreten, welcher hoffentlich auch die widersinnige Anwendung der Crests zum Opfer fällt.

Eine weitere Eigenthümlichkeit zeigt das Stuffis'sche Wappen insofern, als es zu jener Zeit, wo durch Schraffirungen die Farben noch nicht bezeichnet wurden, letztere mit Buchstaben erklärt sind. Das sieht man schon früher, auch um das Jahr 1600 in Siebmachers Wappenbuche, aber auf einem Einzelblatt war die Anbringung der Farbenbezeichnung durch Buchstaben damals ganz ungewöhnlich.

Das vielerwähnte Ex-libris misst 48:71 mm. und befindet sich im Besitz des Herrn Adolf Geering zu Basel, welcher dessen Abbildung freundlichst gestattete.

F. W.

Bücherzeichen des Johann Cuspinianus (Spiessheimer) aus Schweinfurt.

Unter den im Jahrgang II Heft 3 aufgeführten Portrait-Ex-libris steht das vorliegende als zweitältestes Bücherzeichen dieser Art verzeichnet. Cuspinian ist 1478 zu Schweinfurt geboren und starb in Wien, wo derselbe im Dom St. Stephan begraben wurde und sich sein Denkmal noch vorfindet. Er gab sich zuerst philosophischen, dann humanistischen Studien hin, später studirte er jedoch Medicin und wurde in dieser Fakultät Doktor. Cuspinian besass eine glänzende Beredsamkeit, welche die Aufmerksamkeit Kaiser Maximilian I. auf ihn lenkte, der sie den beredten Mann zu diplomatischen Missionen nach Ungarn, Böhmen und Polen benutzte. Cuspinian ist Autor vieler philosophischer und geschichtlicher Werke. Sein grosses Werk: De Caesaribus atque Imperatoribus Romanis gab Gerbel nach Cuspinians Tode, i. J. 1540, in Strassburg bei Crato Mylius heraus, welcher Ausgabe der Herausgeber eine Lebensbeschreibung des Verfassers voraussetzte. Ueber das Blatt selbst ist nicht viel zu sagen. Es verräth in seiner Früh-Renaissance-Zeichnung noch gothische Anklänge. Auch der eckige Faltenwurf lässt auf den im Verschwinden begriffenen Stil der Gothik schliessen. Schon in jener Zeit scheinen die Entleiher von Büchern nicht sehr skrupulös im Zurückgeben gewesen zu sein, sagt doch Cuspinian, dass er sein Bild nur anbringe, um „Diebe" abzuhalten das Buch sich anzueignen und dass dieses Bild den wahren Besitzer darstelle; wolle man nicht Dieb genannt werden, so möge man seine Hand davon lassen.

Frankfurt am Main.

Heinrich Eduard Stiebel.

CVSPINIANVS VT FVRES SI POSSET A &
CEAT. HIC SVAM IMAGINEM LOCAVIT.

Hinc compefce manum, ne fur dicaris / ab illa
Quæ ueri faciem pagina reddit Heri.

Bücherzeichen des Joh. Cuspinianus
(Joh. Spiessheimer) aus Schweinfurt. Ca. 1520.

Das Bücherzeichen des Sebastianus Linck.

Die korrekte Zeichnung des vorliegenden Blattes verräth die Hand eines tüchtigen Künstlers und Holzschneiders um die Mitte des 16. Jahrhunderts, dessen Name wir leider nicht kennen, der aber wahrscheinlich der Regensburger Schule des Michael Ostendorfer

Nobilis ut clarum specimen virtutis haberent,
Hoc Linckis Quintus Carolus arma dedit.

angehört. Sebastianus Linck war Theologe, Redner und Dichter. 1535 war derselbe Professor der Redekunst in Ingolstadt, wurde Doktor der Theologie und ging als Dom- prediger nach Freising, wo er 1548 starb.
(Siehe Adelung, Fortsetzung von Joecher's allgemeinem Gelehrten-Lexikon).

Frankfurt a. Main. H. E. St.

Jakob Christoph Blarer von Wartensee,
Fürstbischof von Basel 1575—1608.

Das älteste Bücherzeichen, welches die Schweiz besitzt, ist zugleich auch das grösste der daselbst bekannt gewordenen, es misst 258 mm. in der Höhe und 180 mm. in der Breite und ist ein Holzschnitt.

Der Künstler, der entschieden zu den besten der damaligen Zeit gehört, ist uns leider unbekannt, dürfte aber doch noch zu finden sein. Die ganze Anlage ist äusserst vollkommen und harmonisch, der Wappenschild freilich etwas gross, was aber seiner Viertheilung wegen weniger auffällt. Im 1. u. 4. Quartier steht der Baselstab, das alte Wahrzeichen der Stadt und des Bisthums; in 2. und 3. Quartier das Familienwappen des Bischofs, ein schreitender rother Hahn. — Wie damals üblich, sitzt mitten auf dem Schilde die Inful sammt pedum darüber, hier in sehr sorgfältiger Ausführung; rechts und links von ihr zwei einander zugekehrte Helme, auf dem ersten die Helmzierde seiner Familie, auf dem anderen diejenige seines mütterlichen Grossvaters von Hallweil. Die Architektur, mit der das Wappen eingerahmt ist, zeichnet sich weniger aus, als die 4 in den Ecken angebrachten Wappen seiner Grosseltern, wo namentlich bei dem ersten, rechts oben, das anmuthige Spiel des wappenhaltenden Putten mit dem Wappenthiere selbst auffällt*), welche Relation uns noch nie vorgekommen ist. Oben sind die 2 Grossväter: Hans Jakob Blarer von Wartensee und Kaspar von Hallweil (2 schwarze Flügel in Gold). Unten die 2 Grossmütter: Apollonia von Sirgenstein. (In Silber ein schwarzer Rechtsschrägbalken mit quergestellten goldenen Adler belegt.) Barbara von Hohenlandenberg: Geviertet:
1 u. 4: 3 weisse Ringe in Roth. 2 u. 3: gelb und schwarz geviertet. — Den beiden unteren Putten sind Kirchengeräthe in die Hände gegeben, der eine schwingt das Weihrauchfass, der andere hält den Kelch. Neben diesem grossen Bücherzeichen besass Blarer noch ein mittelgrosses und ein kleineres, die sich alle in den Trümmern der fürstbischöflichen Bibliothek in Pruntrut*) gefunden haben. Von 1523 an, also nach Einführung der Reformation, verlegte der Fürstbischof seine Residenz nach Pruntrut. Ueber die Persönlichkeit des Trägers theilen wir Folgendes mit:

Jakob Christoph Blarer von Wartensee, geb. 1512, Bischof von Basel, erst 33jährig, 1575, brachte am 26. September 1579 ein Bündniss des Bisthums mit den 7 katholischen Orten zusammen, in welchem sie sich gegenseitig Schutz versprachen und speciell zur Beihülfe verpflichteten, die katholischen Unterthanen beim Glauben zu behalten und die „abgestandenen" zu ihrem alten christlichen Gehorsam" zurückzuführen. Er berief zur Gegen-Reformation den Jesuiten Conisius und gründete 1591 in Pruntrut das Jesuitenkollegium. Schon 1581 begann er mit List und Gewalt die Bevölkerung des Lauferthals und Birseck, das mit Basel verburgrechtet war und die Reformirten angenommen hatte, wieder katholisch zu machen und erreichte diesen Zweck im Laufe eines Jahrzehnts, da Basel sich zu schwach fühlte, um seine Verburgrechteten zu schützen und der Bischof als Landesherr die Rückfälligen in jeder Weise bevorzugen, die Standhaften bedrücken konnte. 1589 wurde die Pfarrkirche von Laufen wieder feierlich zum katholischen Gottesdienst geweiht; nachdem 50 Jahre darin reformirt gepredigt worden war. — Im Münsterthal dagegen, wo er dasselbe versuchen wollte, wider-

---

*) Wir können in dieser Darstellung etwas besonders Auffallendes nicht finden. (Anm. d. Red.)

*) Heute Porentruy (Schweiz, Bern.) Anm. d. Red.

IACOBVS CHRISTOPHO-
RVS DEI GRATIA EPISCOPVS BASILIENSIS.

setzten sich die Berner, stellten Mannschaft auf die Beine und drohten mit Einmarsch ins Bisthum. Er suchte daher Bern zum Aufgeben des Burgrechts mit den Münsterthalern zu bewegen und bot ihnen an dessen Stelle die Stadt Biel als Tausch an. Bern wollte anfangs darauf eingehen, aber Biel, das sich unter dem Bischof freier fühlte, wehrte sich, fand Unterstützung bei den katholischen Orten (!), die Berns Gebiet nicht wollten vergrössern lassen und so musste der Bischof vom Tausch abstehen.

Der streitbare Bischof starb am 16. April 1608, nachdem er sein Lebenswerk nur halb vollendet hatte.

Unser Abdruck ist weit sorgfältiger hergestellt, als der von Saffroy in den Handel gebrachte. Alte Originale sind ausserordentlich schwer zu bekommen.

L. Gerster,
Pfarrer.

Johannes Maximilian zum Jungen,

einem alten, im Mannesstamme 1732*) erloschenen alten Patriziergeschlechte der Stadt Frankfurt a. M. angehörig, bekleidete die Stelle eines Rathsherrn und war nebenbei Historiker und Büchersammler. Aus dem Nachlasse wurde seine bedeutende Bibliothek für die Stadt erworben und die Bücher des gelehrten Herrn sind noch heute durch die Bücherzeichen kenntlich, welche sich in den Bänden befinden. Er besass vier dieser Zeichen:

1. 106 zu 168 mm.
2. 71 „ 119 „
3. 54 „ 104 „ und
4. 35 „ 73 „

*) Die Letzte ihres Geschlechts starb im Jahre 1746.

von denen wir das drittgrösste, mit freundlichst ertheilter Genehmigung des Vorstandes der Stadtbibliothek, Herrn Dr. Ebrard, hier abbilden.

Die Ex-libris weichen ausser in der Grösse noch durch kleine, ganz unwesentliche Unterschiede in der Umrandung von einander ab, welche nur bei genauerer Vergleichung erkennbar werden.

Die Blätter haben oben eine Schrifttafel mit dem Sinnspruch: „Aeternitatem cogita", eine grössere, unten befindliche mit dem Namen „Johannes Maximilianus zum Jungen." Dazwischen befindet sich ein ovaler, mit 4 Ahnenwappen: zum Jungen — Kellner — Holzhausen — Neuhaus belegter Rahmen, welcher das auf schraffirtem Grunde liegende

Familienwappen umschliesst, das im rothen Schilde drei über einander liegende silberne Jagdhörner und auf dem Helme zwei an einem rothen Hute mit Hermelin-Aufschlag befestigte silberne, mit goldenen Schüren versehene (manchmal mit letzteren verbundene) Hülfelhörner zeigt.

Von Belang ist, dass Grösse 1 und 3 über den Ahnenwappen keine Bänder mit Namen haben, während solche bei 2 und 4 vorhanden sind.

Das vortrefflich gestochene, gegen Ende des 16. Jahrhunderts entstandene Blättchen, dessen Verfertiger sich leider nicht nannte, befindet sich in einem ausserordentlich seltenen Buche: „Emblemata nobilitatis von Theodor de Bry", das demnächst in einer in Lichtdruck hergestellten Auflage*), neu herausgegeben werden wird.

F. W.

Bücherzeichen der Mandel von Deutenhofen.

Die **Mandel** von Deutenhofen, welche sich jetzt nach ihrem Hauptgute Mandel von Tüssling nennen, gehörten ursprünglich zum schwäbischen Land-adel. Franz v. M. dessen Vater als vorderösterreichischer Pfleger in Günzburg lebte, zog nach Beginn des 17. Jahrhunderts nach Bayern, erwarb dort eine Reihe namhafter Güter und behauptete im Staatsdienste als Kammerpräsident, geheimer Rath und oberster Lehenspropst eine sehr angesehene Stellung. Kurfürst Maximilian II. schenkte ihm sein besonderes Vertrauen und verwandte ihn im 30jährigen Kriege wiederholt zu wichtigen Sendungen. 1653 in den erblichen Reichsfreiherrnstand erhoben, starb Franz 1688 in München und liegt in der von ihm neuerbauten Maria-Verkündigungs-Kapelle bei Unserer Lieben Frau begraben.

Das hier abgebildete, anonyme Ex-libris ist muthmaasslich das des vorerwähnten Günzburger Pflegers. Es zeigt in einer mit verschiedenen Musik-Instrumenten geschmückten Bordüre das Familien-Wappen, welches im 1. und 2. Felde einen springenden, schwarzen Steinbock, im 3. und 4. einen goldenen Pfahl in Schwarz zeigt, während unter dem Wappen eine leere Schrifttafel angebracht ist.

Die Mandel scheinen ihrer Schloss-Bibliothek stets besonderes Augenmerk zugewendet zu haben, wofür mehrere Bücherzeichen sprechen dürften, deren sich die Familie bediente.

So besass Franz zwei identische Exlibris aus den Jahren 1631 und 1638, auf denen sich unter dem Wappen dessen volle Titulatur befindet. Das Bücherzeichen eines weiteren Sprossen der Familie, Johann Ignaz, zeigt auf schraffirtem Grunde das Wappen, unter diesem auf Spruchband den Namen. Thaddäus v. M. war Inhaber des bayrischen Ritterordens des Erzengels Michael und benutzte nach damaliger Gepflogenheit (gleich den Spreti's, Törring's, Preysing's etc.) das betreffende Wappen-Blatt in dem periodisch erscheinenden Ordenskalender als Exlibris; das eine derselben ist vom Jahre 1775, das andere von 1781, in welchem Jahre Thaddäus das Grosskreuz des Ordens erhielt. Endlich liess sich das gegenwärtige Haupt der Familie, Ludwig, Freiherr v. M., Reichsrath der Krone Bayern, ein zierliches Blatt anfertigen, auf dem wir in kreisrunder Einfassung das bekannte Wappen mit der Umschrift „Baron Mandel — Schloss Tüssling" erblicken.

V. E.

*) Verlag von J. A. Stargardt, Berlin S.W.

Bücherzeichen des **Mandl von Deutenhofen** (W. 1220.)
XVI. Jahrhundert.

Die Bücherzeichen der schweizerischen Familie Perroman (Praroman).

Ein in heraldischer Beziehung und durch die Person des Eigners bemerkenswerthes Ex-libris, dessen Nachbildung uns von dem Besitzer des Blattes, Herrn Buchhändler und Antiquar Adolf Geering zu Basel, freundlichst gestattet wurde, ist das des „Niclaus von Perroman Ritter vnd Schuldtheiss In Friburch auch diser Zytt Ein Obrister vber ein Regiment Eydtgenossen In Ir aller Christenlichesten Kgl. May. zu Franckhrich vnnd Nauuarra Dienst, anno 1606" (3 zeilige Unterschrift unter dem Wappen.)

Ueber dem nach links gekehrten Wappen: im Schilde ein kreisförmig gebogenes Fischskelett; auf dem gekrönten Helme ein Brackenkopf mit ausgeschlagener Zunge, rechts daran der Orden des heiligen Grabes von Jerusalem und links der Katharinen-Orden vom Kloster auf dem Berge Sinai. Dazwischen eine Wiederholung der Jahreszahl 1606.

Die Grösse des Blattes, dessen Stecher mir unbekannt blieb, beträgt 83 mm. in der Breite und 111 mm. in der Höhe.

Von der in Neuchâtel heimischen Familie Perroman (Praroman), welche angeblich im Mannesstamm erloschen ist, besitzt Herr Geering noch ein anderes, 60 mm. breites, 93 mm. hohes Bücherzeichen mit der Unterschrift: „Livres de Mr. de Praroman Capt. aux Gardes Suisses, 1782."

darunter ein aus den Buchstaben „L. B. P." gebildetes Monogramm.

Das Wappen*) zeigt in schwarzem Felde ein silbernes, rundes Fischskelett und auf den drei gekrönten Helmen:
1) einen silbernen Brackenkopf mit schwarzen Ohren,
2) eine wachsende Jungfrau und
3) einen Pfaustutz.

Die dem Namen des Kupferstechers entsprechende Arbeit ist mit „Schueler" gezeichnet.

Uebrigens finden sich die beiden Bücherzeichen in dem kürzlich erschienenen Werke Jean Grellets und Maurice Tripets „Les Ex-libris Neuchatelois" nicht mit aufgeführt.

F. W.

---

*) Siehe Rietstaps Armorial général, tome II 481, wo jedoch das Wappen nur als ein einhelmiges aufgeführt steht. Im alten Sibmacher'schen Wappenbuche Band I Seite 197 ist das Wappen der Familie „Praromon" mit einer nur wenig gekrümmten, fast aufrecht stehenden Fischgräte gezeichnet.

Das Bücherzeichen der Bibliotheca Gottlobiana.

Unter den Bücherzeichen, die ein Bibliothek-Inneres darstellen, ist das hier abgebildete wohl eins der seltensten! Vicars kennt nur ein Exemplar, welches in der Kollektion Carson ist.

Herr Vicars sagt zwar in seiner Vorrede, dass er „no stone unturned" gelassen, aber er muss doch sehr wenige deutsche Sammlungen eingesehen haben, sonst hätte derselbe vieles in seinen Listen Fehlende noch gefunden.

Einen Gelehrten Gottlob hat es, wie es scheint, nie gegeben. Nur unter dem Pseudonym Gottlob hat der in der Stadt Michelm, Amt Freyberg, 1629 geborene Fritsch (Ahasverus) 300 Andachten etc. veröffentlicht. Dieser Fritsch starb 1701. Es ist allerdings nur eine Hypothese meinerseits, dass dieser Fritsch der Inhaber des Bücherzeichens mit der Aufschrift Bibliotheca Gottlobiana gewesen sein könnte, denn das Blatt mag um diese Zeit entstanden sein. Ueber den Kupferstecher Bruchholz ist trotz eifriger Nachforschungen nirgends etwas zu finden.

Frankfurt a. Main.

II. E. St.

Dr. med. Christoph Salomon Schinz in Zürich

liess sich von dem berühmten Daniel Chodowiecki ein Ex-libris anfertigen, das jetzt zu

den seltensten der von ihm gestochenen Bücherzeichen zählt, da vermuthlich die Kupferplatte damals nach der Schweiz gesandt und nur eine geringe Anzahl von Abdrücken hier zurückbehalten wurde. Die letzteren haben ohne Ausnahme die Form eines abgerundeten länglichen Vierecks, welches die fehlende Umfassungslinie ersetzt und das Bild

Ein französisches Bücherzeichen vom Jahre 1779.
(Boudinot — Marrier de Vassery.)

gewissermassen abschliesst.*) Es stellt Aeskulap dar, der mit seinem Schlangenstabe den Tod von dem Bette eines Kranken forttreibt.

Das die Bezeichnung: „D. Chodowiecki f. 1792" tragende Blatt ist in meinem Werke über die deutschen Bücherzeichen unter No. 1909 aufgeführt.

F. W.

Ein französisches Ex-libris von 1779.

In der Sammlung von Bücherzeichen unseres Mitgliedes, des Herrn Buchhändlers Adolf Geering zu Basel, fanden wir das hier auf besonderer Beilage nachgebildete, zu den besseren Kupferstichen dieser Art zählende Ex-libris einer Frau Boudinot geborenen Marrier du Vassery.

Das reizend gestochene Blatt — 82 mm. breit und 111 mm. hoch — ist nach einer Zeichnung von P. Marillier durch D. Launay le Jeune im Jahre 1779 entstanden und darf als ein Muster der damaligen Darstellungsweise bezeichnet werden. Besonders schön ist der schildhaltende, beflügelte Knabe.

Das Wappen der Boudinot zeigt in Gold einen blauen, oben von 2 blauen Sternen, unten von einem rothen flammenden Herzen begleiteten Sparren; das der Marrier in Blau einen goldenen Sparren, oben begleitet von 2 goldenen Blumen an grünen Stengeln zwischen 1 silbernen Stern, unten 2 treue Hände in natürlicher Farbe.

Herr Geering gehört zu den wenigen Antiquaren, welche in ihren Katalogen wirklich echte und alte Ex-libris zu mässigen Preisen Sammlern anbieten, und ist eifrig bemüht seine Vorräthe zu ergänzen.

F. W.

---

*) Diese fehlende Umfassungslinie ist hier durch eine wirkliche ersetzt.

Das Bücherzeichen George Pflümer's,

von welchem wir eine vortreffliche Autotypie bringen, zeigt den vor einem Pulte in seiner Bibliothek sitzenden, mit dem Studium von Münzen beschäftigten Eigner des Blattes. Es umgeben ihn eine Sonnenuhr und ein Globus, eine alterthümliche Lampe spendet ihr Licht und in den Regalen stehen dicke Folianten, welche der Benutzung harren. An der heraldisch linken Seite ist ein drei Früchte tragender Pflaumbaum angebracht, neben welchem — unter einem Bretterverschlage — eine kleine, vom Monde beschienene Flusslandschaft sichtbar wird. Ueber der Hauptdarstellung erscheint eine Ansicht der am rechten Weserufer belegenen, von Bergen eingeschlossenen, uralten Rattenfängerstadt Hameln, deren Münster- und Marktkirchthürme besonders hervortreten. Die sagenumwobene, von der Natur reich gesegnete Stadt wird mit dem linken Flussufer durch eine landschaftlich sehr zur Geltung gelangende, schöne Kettenbrücke verbunden. Vorn erkennt man auch das Thürmchen der malerisch am Fusse des Klütberges gelegenen Pflümer'schen Villa. Rechts von der Stadt, über welchem der sinnige Wahlspruch „Inter folia fructus"*) angebracht ist, befindet sich das redende Wappen des für alles Schöne begeisterten, kunstsinnigen Eigners, unseres verehrten Mitgliedes G. Pflümer**), in Roth ein silberner, mit drei (blauen) natürlichen Pflaumen belegter Schrägbalken, der auf dem rothen Fluge des Helmkleinods wiederkehrt. Wulst roth-

---

*) Derselbe, den Ludwig Richter für das Bücherzeichen des Professors Otto Jahn in Bonn wählte.

**) Herr Pflümer besitzt ausser einer grossartigen Münzsammlung viele auf seine Vaterstadt bezügliche Alterthümer und hat ein lebhaftes Interesse für Alles, was das verflossene Königreich Westfalen betrifft.

weiss-blau, Decken, rechts roth-silbern, links blau-silbern.

Dieses gewiss Jeden anheimelnde Ex-libris verdankt seine Entstehung unserem — Pflümers und gleichzeitig meinem — Landsmanne Reinhold Thiele, einem der „Propheten", welcher in seinem Vaterlande bis jetzt nichts gilt, dafür aber desto mehr in Londoner Kunstkreisen gekannt und geschätzt wird. Er besitzt ein bedeutendes Atelier für Holzschneidekunst etc. etc. in London, W. C., Chancery-Lane No. 59 und 60.

Herr Thiele, am 29. Januar 1857 in Hameln geboren und erzogen, besuchte das dortige Gymnasium und bekundete schon früh eine unzweifelhafte Begabung für die Zeichenkunst. Einige der damaligen Entwürfe verdienen wegen ihrer Auffassung und Ausführung noch jetzt das höchste Lob.*)

Schon als ganz junger Mann verliess Thiele Deutschland und lenkte bald in England die Aufmerksamkeit auf sich. Der frühere Lord-Major Alderman Nottage übertrug ihm die alleinige Führung der artistischen Abtheilung der wohlbekannten London-Stereoscopic-Co., welche Stellung er 14 Jahre lang, bis zur Einrichtung seines eigenen Ateliers, mit grossem Erfolg bekleidete. Von jeher ein Anhänger des altdeutschen, markigen Stils gehört Thiele — der seit Kurzem auch unserem Ex-libris-Verein beigetreten ist — zu den deutschen, in England lebenden Künstlern, welche es sich zur Aufgabe gestellt haben, der echten deutschen Kunst jenseits des Kanals Achtung zu verschaffen. Er arbeitet unermüdlich in dieser Richtung und lässt es sich eifrig angelegen sein, auch die deutsche Heraldik, deren Studium ihm bis jetzt fern lag und welches er erst neuerdings in anerkennenswerther Weise betreibt, zu pflegen.

Hoffen wir von ganzem Herzen, dass seine Bestrebungen von günstigem Erfolge gekrönt sein mögen.

F. W.

Geliehene Bücher!

In der „Plauderecke" des Schorer'schen Familienblattes von 1883 finde ich zufällig einen mit R. F. unterzeichneten Artikel, welchen ich seines sicherlich interessirenden Inhalts wegen — der Vergessenheit entreissen und hier abdrucken lassen möchte. Vielleicht wird einer der Leser über die Verirrungen des Isaak Vossius und des Magisters Tinius nähere Mittheilungen machen können. Die Aufschrift „Keine Leihbibliothek" wird ursprünglich nicht v. Gaudy, sondern dem Fürsten Pückler-Muskau zugeschrieben, dem es wohl noch Andere nachgemacht haben?

Der Artikel lautet:

„Unter den Schicksalen, von denen nach dem alten lateinischen Sprichwort: „Habent sua fata libelli" Bücher betroffen werden können, gehört zu den allergewöhnlichsten wohl das, dass die entliehenen Bücher den Eigenthümern nicht zurückgegeben werden. Es ist geradezu eine litterarische Konvenienz geworden, in dem Zurückhalten oder gar Verleugnen fremder Bücher keine Unterschlagung im strafrechtlichen Sinne zu finden. Die Gelehrtengeschichte kann schon sehr früh

---

*) Schon als Unter-Tertianer wurde Thiele von verschiedenen, in der Umgegend von Hameln begüterten Adelsfamilien, wie von Hake, von Münchhausen u. s. w. mit der Anfertigung kleiner Zeichnungen beauftragt. Sein Zeichentalent ist vermuthlich ein Erbstück seines Grossvaters, des mir noch in bester Erinnerung verbliebenen, kunstsinnigen Pastors Wachsmuth in Hemeringen.

Thiele's Thätigkeit in London wird fast nur durch die bildliche Ausschmückung von Büchern und Zeitschriften in Anspruch genommen.

Bücherzeichen **George Pflümers**,
gezeichnet von **Reinhold Thiele** in London.

eine grosse Anzahl von Beispielen aufweisen in denen hervorragende Männer der Wissenschaft in Betreff entliehener Bücher den Begriff des fremden Eigenthums vollständig verloren hatten. Von dem grossen Isaak Vossius wird sogar gemeldet, dass er aus einer öffentlichen Bibliothek in Schweden einen Kodex heimlich entwendete, und der bekannte Magister Tinius wurde im ersten Drittel dieses Jahrhunderts aus Bibliomanie zum Raubmörder. Zum Schutze seines Eigenthums hatte der bekannte Dichter Franz von Gaudy über seine kleine, aber sehr auserlesene Bibliothek einen Zettel geheftet mit der Aufschrift: „Keine Leihbibliothek!" Aus der „guten alten Zeit" wollen wir hier die Schutzversuche zweier Gelehrten mittheilen, ohne aber die Garantie für das „Probatum est" übernehmen zu wollen. Der Professor der Theologie Samuel Gerhard hatte allen Büchern seiner Bibliothek folgenden Zettel eingeklebt:

Bibliothecae Gerhardianae
Pars sum
cave
me macules etc.*)

Ein zweiter derartiger Schutzzettel von etwas energischerem Inhalt befindet sich in der Bibliothek des Germanischen Museums in Nürnberg (Papierhandschrift 28670). Derselbe lautet:

Hic liber est meus
Ideo nomen meum scripsi drein etc.**)

Übrigens sind die „Büchermarder" noch nicht ausgestorben. Aus der Neuzeit wurden Beispiele bekannt, dass gebildet sein wollende Menschen nicht etwa aus „Kleptomanie" —

---
*) Vgl. Jahrgang III, pag. 80 der Ex-libris-Zeitschrift.
**) Siehe Ex-libris-Zeitschrift Jahrgang II., Heft 4 pag. 30. Anm. d. Red.

ein Wort welches Diebstähle mit dem Mantel der Liebe bedecken soll! — sondern aus einfachem, strafbarem Eigennutz Bücher aus öffentlichen Ausstellungen entwendeten, kostbare Kupferstiche aus seltenen Werken öffentlicher Bibliotheken herausrissen und bei Antiquaren lange Finger machten. Auf der heraldischen Ausstellung zu Berlin im Jahre 1882 hatte u. A. der Verein „Herold" für ein dort entwendetes Stammbuch des berühmten Heraldikers O. T. von Hefner, einen hohen Betrag als Entschädigung zu zahlen, das einige Jahre später in Mecklenburg bei einem her— Bücher „liebhaber", Dr. L. zu P., gelegentlich einer Haussuchung entdeckt und dem Verein von der Staatsanwaltschaft wieder zugestellt wurde. Es befindet sich jetzt in meinem Besitz.

Habent sua fata libelli!

F. W.

Neue Ex-libris-Litteratur.

Zwei neue hochbedeutsame Ex-libris-Werke werden in aller nächsten Zeit die Presse verlassen und dürften wohl geeignet sein, das besondere Interesse aller Kunst- und Bücherfreunde wachzurufen: Das eine ist das mit so vieler Spannung erwartete Werk von Joseph Sattler, welches die genialen Kompositionen des jungen Malers, meisterhaft reproducirt von der altbewährten Kgl. Hof- und Universitätsbuchdruckerei von Dr. C. Wolf & Sohn zu München in 42 prächtigen Blättern darbietet. Diese 42 Kunstblätter sind so eigenartig und zeugen von einer so hohen Vollendung dass wir nicht nur dem Ex-libris-Sammler par excellence, sondern Jedem, der Interesse für deutsche Kunst hegt, empfehlen können, das Werk eingehend zu besichtigen. Kunstkenner, wie Oberregierungsrath Dr. von Seidlitz in Dresden, Direktor des Kgl. Kupferstichkabinets Geh.-Rath Dr. Lippmann zu Berlin, Maler Otto Hupp in München, Direktor der Bibliothek des Kgl. Kunstgewerbe-Museums Dr. Jessen, Staatssekretair des Reichs-Schatzamts Graf Posadowsky-Wehner, ja, Alle, denen Arbeiten von Sattler zur Kenntniss kamen, äusserten sich in uneingeschränktem Lob. Einige der Originale waren auch im vorigen Jahre im „Salon" ausgestellt, woselbst ihnen eine „mention honorable" zu theil wurde. Es ist kein geringes Lob, wenn die französische Kritik von den Arbeiten des jungen deutschen Künstlers sagt:

„Les dessins extraordinaires de M. Sattler sont supérieurs à tous les tableaux des salons voisins."

Dass unter den Bücherzeichen solche sich befinden, welche für Mitglieder unseres Vereins angefertigt wurden, ist selbstverständlich. So begegnen wir den Namen: Friedrich Franz Graf Hahn-Basedow, Adolf Bachofen von Echt, Dr. Flatau, Friedrich Warnecke, Abel, Harnisch u. A. Den Tafeln habe ich eine Einleitung beigegeben, welche über die Sattler'schen Bücherzeichen sowie über Ex-libris-Sammler und -Litteratur berichtet.

Das Werk ist, seiner ganzen inneren Ausstattung entsprechend, auch in einer eleganten äusseren Hülle, einer schön gearbeiteten Mappe, erschienen. —

Das andere Werk erschliesst zum ersten Male die Schätze einer der bedeutendsten deutschen Ex-libris-Sammlungen und betitelt sich:

Die Ex-libris-Sammlung der Herzoglichen Bibliothek zu Wolfenbüttel. Einhundert und sechzig ausgewählte Bücherzeichen des XV.—XIX. Jahrhunderts. Mit einer Einleitung von Professor Dr. O. Heinemann, Oberbibliothekar der Herzoglichen Bibliothek zu Wolfenbüttel.

Die vorzüglich ausgeführten Tafeln zeigen die schönsten heraldischen Blätter, Bibliothek-Interieurs, allegorische Darstellungen etc. und geben zum ersten Male einen Einblick in die durch lange Jahre hindurch aufgehäuften Ex-libris-Schätze des so unermüdlich gewesenen Sammlers von Berlepsch. Von Letzterem selbst und seinen Sammlungen giebt von Heinemann eine interessante Schilderung, auch bringt er einige Aufzeichnungen von B's, betreffend die Klassifikation der Sammlung.

Das Werk ist, ebenso wie das vorhergenannte Sattler'sche, im Verlage von J. A. Stargardt in Berlin erschienen.

F. W.

Bücherzeichen des Theologen Sebastian Fridlin.

Bücherzeichen der Familie Haller von Raitenbuech,
von der Original-Kupferplatte gedruckt.

Redaktionelle Mittheilungen.

 ● Im Anschluss an das auf Seite 122 erwähnte neue Werk über die von Berlepsch'sche Ex-libris-Sammlung weisen wir noch auf zwei andere, soeben erschienene Werke hin, welche die Sammlungen der Herzoglichen Bibliothek zu Wolfenbüttel behandeln:

1.) Die Herzogliche Bibliothek zu Wolfenbüttel. Ein Beitrag zur Geschichte deutscher Büchersammlungen von O. von Heinemann. Zweite völlig neugearbeitete Auflage. Mit vier bildlichen Darstellungen. 22 Bogen 8°. Diese zweite Auflage eines im Jahre 1878 veröffentlichten Vortrages über die Bibliothek zu Wolfenbüttel darf als ein ganz neues Werk bezeichnet werden, das bei der Bedeutung der Herzoglichen Bibliothek mit Freuden von jedem Bibliophilen begrüsst werden wird. Aber nicht allein dieser wird dem Buche das grösste Interesse entgegenbringen, sondern jeder Litterarhistoriker und jeder Litteraturfreund. Die Stätte, wo ein Leibniz und ein Lessing gewirkt haben, ist auch heute noch eine hervorragende Stätte geistigen Schaffens, wovon die bedeutsamen Veröffentlichungen der letzten Jahre bereites Zeugniss ablegen, ebenso zur Ehre deutscher Wissenschaft, wie des kleinen Landes Braunschweig und der altehrwürdigen Bibliotheca Augusta.

2.) Alphabetisches Verzeichniss der französischen Litteratur in der Herzogl. Bibliothek zu Wolfenbüttel. 75 Bogen 4° (erscheint auch unter dem Titel: Bücher-Verzeichnisse der Herzoglichen Bibliothek zu Wolfenbüttel, II. Band. Der vorliegende II. Band der Katalog-Veröffentlichungen der Herzoglichen Bibliothek (das erste Heft enthält ein systematisches Verzeichniss der in der Bibliothek zu Wolfenbüttel vorhandenen Lessing-Litteratur) enthält das Verzeichniss der französischen Litteratur bis zum Ende des 18. Jahrhunderts. Dasselbe giebt aufs neue ein klares Bild davon, mit welchem Fleiss und welchem Sachverständniss die Schätze in der Bibliotheca Augusta zusammengetragen sind. Eine grosse Zahl werthvoller, seltener oder ganz unbekannter Editionen aus den vier letztvergangenen Jahrhunderten findet sich darin verzeichnet. Für den Bücherfreund wird dieser Katalog ein nicht zu entbehrendes Nachschlagebuch werden. Beide hier genannten Werke sind bei der Firma Zwissler in Wolfenbüttel erschienen.

● Im Verlage der N. G. Elwert'schen Verlagsbuchhandlung in Marburg erschien soeben: Hessisches Buchdruckerbuch enthaltend Nachweis aller bisher bekannt gewordenen Buchdruckereien des jetzigen Reg.-Bezirks Kassel und des Kreises Biedenkopf. Im Auftrage des Marburger Geschichtsvereins bearbeitet und herausgegeben von dessen Vorsitzendem Dr. Gustav Könnecke. Mit Abbildungen von 96 Buchdruckerzeichen. 35 $^{1}/_{2}$ Bogen. Gr. 8°. Kart. 12 M.

Unter diesem Titel ist das dritte Buch, das durch die vom Marburger Geschichtsverein 1890 veranstaltete Gutenberg-Ausstellung veranlasst wurde, erschienen. Es zerfällt in zwei Abtheilungen; die erste enthält Nachweise über sämmtliche in dem angegebenen Gebiete bekannt gewordenen Druckereien; die zweite enthält Nachrichten über die 1890—92 dort betriebenen 87 Druckereien. Von allen diesen Druckereien und ihren Inhabern werden genaue historische Nachrichten gebracht, die aus Akten des Marburger Staatsarchivs und sonstiger Behörden, aus den Kirchenbüchern und aus der gesammten in Betracht kommenden gedruckten Litteratur geschöpft sind. Eine besondere Berücksichtigung ist den hessischen Zeitungen zu theil geworden; sie sind häufig die einzige Quelle, aus denen die Zeit, in der eine Druckerei thätig war, genau bestimmt werden kann. Dass auch die Geschichte des Buchdrucks im allgemeinen, die allgemeine politische hessische Geschichte, die Geschichte des Buchhandels, der Pressverhältnisse, der Zensur, der hessischen Litteratur und Kultur vielfach berücksichtigt werden, ist selbstverständlich. Auch die beigegebenen Nachbildungen von 96 Buchdruckerzeichen (in Originalgrösse) werden jedem Freunde der Bibliographie und Druckgeschichte willkommen sein. Besonders hervorzuheben ist, dass die Geschichte aller Buchdrucker bis in unsere Zeit hinein behandelt ist: es ist das erste Werk, das auf so breiter historischer und so sicherer urkundlicher Grundlage die Geschichte des Buchdrucks in einem Territorium von den ältesten Zeiten bis auf unsere Tage behandelt, da die meisten Lokalforscher meist kaum noch das XVIII. Jahrhundert berücksichtigen. — Ausführliche Register erleichtern die Benutzung des Werkes; das erste, die hessischen Buchdrucker und alle, die dazu gehören, umfassend, giebt mehr als 1000 Namen; das zweite bringt über 200 Druckorte Deutschlands und des Auslandes, die in den beiden Abtheilungen des Werkes vorkommen, so dass also auch die allgemeine deutsche und die ausländische Druckergeschichte manchen Nachweis und Gewinn aus dem hessischen Buchdruckerbuche sich holen kann.

● Inhalt von Nr. 6 (Mai 1894) der „Archives de la Société Française des Collectionneurs d'Ex-libris": L. Bouland, Chiffres, monogrammes et blasons. (Suite) —, Armoiries et monogramme de Louise Marie de Gonzague, reine de Pologne. — Ed. Engelmann, Les ex-libris de l'évêque Gobel. — Léon Quantin, „Ex-libris Allemands par Walter Hamilton".*) — Questions et réponses.

Inhalt von Nr. 7 (Juni 1894): L. Bouland, Chiffres, monogrammes et blasons. (Suite). — Th. Devaulx, Ex-libris de Mademoiselle d'Alleray par Louise le Daulceur. — A. Benoit, Nicolas-Joseph Lefébure. — Henri de Beaulieu, Ex-libris de Gabriel de la Gardie et de Carl de Loewenhielm (extr. de l'ouvrage de M. Carlander). — Questions et réponses.

Inhalt von Nr. 8 (Juli 1894): L. Bouland, Chiffres, monogrammes et blasons. (Suite). — Comte de Burey, un ex-libris inédit du XVII ?. siècle. — Ingold, A propos des ex-libris de l'évêque Gobel. — L. Bouland, Ex-libris de Jean-François de Billi. — Henri de Beaulieu, Ex-libris de M. Edmond Engelmann. — Questions et réponses.

Den 3 Heften sind zahlreiche Textabbildungen, sowie einige Beilagen — zwei davon in Kupferdruck — angefügt.

● Das Juniheft des „Journal of the Ex-libris-Society" hat folgenden Inhalt: The Hungerford book-plate. By J. Whitmarsh. — Index to Warren's guide. (Contin.) — Book-plate identification. — Did the poet Byron use a pook-plate? By James Roberts Brown. — New book-plate of the Plymouth Public Library. By W. H. K. Wright. — Book-plate of Portsmouth Free Public Library. By T. D. A. Jewers. — Miscellanea.

Inhalt der Juli-Nummer: Book-plates of celebrities. By H. S. Ashbee. — Samuel Pepy's book-plates. By Henry B. Wheatley. — Index to Warren's guide. (Concluded.) — Book-plate identification. — The heraldic exhibition at Burlington House. By Walter

---

*) Es ist dies die französische Uebersetzung des bereits in Jahrg. IV, Heft 2 unserer Zeitschrift gegebenen Artikels, den wir — der Kuriosität wegen — deutsch wiedergaben.

Hamilton. — Recent book-plates. — Miscellanea.

Inhalt der August-Nummer: Modern book-plate designers: John Forbes Nixon. — Book-plate identification. — Book-plates of the Humes of Polwarth, Co. Barwick. By P. M. Herford. — Some early entries referring to book ownership. By William Bolton. — On Walter Hamilton's „Dated book-plates, part I." — American notes. By Charles Dexter Allen. — Recent book-plates. — Miscellanea.

Inhalt der September-Nummer: German book-plates of Pennsylvania. By J. H. Dubbs. — Book-plate identification. — Dated book-plates. By Walter Hamilton. — Tinctures in heraldry. By W. G. Brown. — Miscellanea.

Den 4 Heften sind mehrere Abbildungen beigegeben.

● Das von unserem Mitgliede, Herrn Konrad Burger zu Leipzig herausgegebene „Buchgewerbeblatt" hat kürzlich eine „Festschrift zur Jubiläumsfeier des 350jährigen Bestehens der Leipziger Buchbinder-Innung" herausgegeben, welche ganz besonders glanzvoll ausgestattet ist. An neueren Arbeiten sind darin zur Anschauung gebracht ein Jubiläums-Album von Hermann Graf in Altenburg, Einbände von Johannes Maul in Leipzig, Franz Vogt in Berlin, E. Ludwig in Frankfurt a. M. und das neue Mitglieder-Album der Buchbinder-Innung zu Leipzig, letzteres nach einem Entwurf von M. Bischof gefertigt. Schade, dass Herr Bischof in seiner sonst sehr sorgfältigen Arbeit die Heraldik in dem Wappen der Stadt Leipzig so stiefmütterlich behandelt hat. Von älteren Einbanddecken finden wir Reproduktionen eines geschnittenen und gepressten Ledereinbandes vom 15. Jahrhundert aus der Münchener Kgl. Hof- und Staats-Bibliothek und eines solchen aus dem K. K. Oesterreichischen Museums für Kunst und Industrie, eines Silber-Einbandes der Kgl. u. Universitäts-Bibliothek zu Königsberg i. Pr. etc.

● Wir haben bereits in unserer vorigen Nummer über die beabsichtigte Publikation des Werkes: „Les ex-libris Neuchatelois par Jean Grellet et Maurice Tripet" genauere Mittheilung gemacht. Nunmehr liegt das sorgfältig ausgestattete Werk uns vor. Wir stehen nicht an, dasselbe angelegentlichst zur Anschaffung zu empfehlen, denn es bietet viel des Interessanten und noch dazu für einen Preis, der wohl kaum die Selbstkosten der Verfasser deckt. Das nur in 300 nummerirten Exemplaren in Lexikon-Oktav erschienene, mit 67 Abbildungen und einer — leider im Format etwas knapp gerathenen — Kupferbeilage erschienene Werk kostet nur 6 Francs. Der um die heraldische Wissenschaft und die Bücherzeichenkunde so verdiente und eifrige Mitherausgeber, Maurice Tripet ist, wie uns angezeigt wird, am 16. Juli verstorben. Wir bringen mit tiefem Bedauern die Trauerbotschaft zur Kenntniss.

● Wir erhalten von Herrn Hans Boesch, Direktor des Germanischen National-Museums zu Nürnberg folgende interessante und zugleich belehrende Zuschrift: „Das neueste Heft Ihrer Zeitschrift hat mich durch seinen gediegenen Inhalt sehr erfreut; es ist wirklich eine Lust, ein solches Heft durchzusehen. Einige Bemerkungen zu demselben seien mir hier gestattet. Die Buchstaben W H des Bücherzeichens von 1536 sind nicht W. Hecht, sondern W. Häring zu lesen. In Nürnberg wurden ehemals vor Weihnachten und werden jetzt noch bei Volksfesten, Messen, Kirchweihen u. s. w. die gesalzenen Häringe auf dem Rost gebraten und von den „Häringsbraterinnen" mit Querschnitten versehen — ganz wie sie das Wappenbild zeigt —, damit sie schneller gar werden. — Was das Wappen

„Hauseck" betrifft, so rührt dasselbe nicht von einer Firma, sondern von einem Nürnberger Pflegamt dieses Namens her, das seinen Sitz in Hauseck, heute Ruine in der Oberpfalz zwischen Hersbruck und Salzbach gelegen, hatte. Vgl. meinen Katalog der im germanischen Museum befindlichen Holzstöcke I, S. 94 ff., woselbst die übrigen zu dieser Serie gehörenden Holzstöcke abgedruckt sind, welche wir noch in Original besitzen. Auf S. 100 ist angegeben, dass uns von Hauseck der Holzstock fehlt.

● „The Art Amateur" bildet in der August-Nummer d. J. das von dem berühmten Zeichner **George Cruikshank** für seinen Freund J. W. Bouton verfertigte, interessante (Portrait-?) Ex-libris ab.

● **Schlechte Zensuren für deutsche Buchbinderkunst.** Der „Art Amateur" vom Mai 1894 sagt von der vom Grolier-Club im April d. J. veranstalteten Ausstellung von Bucheinbänden, dass die englischen und amerikanischen Arbeiten fast durchweg Gutes, die deutschen hingegen wenig Befriedigendes boten. — Ein ebenso ungünstiges Urtheil fällt Will H. Edmunds in der September-Nummer des „Magazin of Art" gelegentlich der „International Exhibition of Bookbinding" im „Caxton Head", High Holborn. Das für die Konkurrenz ausgeschriebene, einzubindende Buch war William Morris' Uebersetzung von „The Tale of King Florus and the Fair Jehane", eine französische Romanze aus dem 13. Jahrhundert, gedruckt in der Kelmscott Press. Der Kostenpreis des Einbandes sollte ungefähr 40 Mark betragen. Mr. Edmunds berichtet über die deutscherseits gelieferten Arbeiten wie folgt: „No example from Germany gives any proof of the present ability of the German binders to compete seriously with our own people. Most are clumsy in technique and devoid oft interest in design."

Wir haben hierbei nicht einmal den Trost, dass die abfällige Kritik nur dem Lokalpatriotismus des Berichterstatters entspringt. Thatsächlich ist man, besonders in England, in der Technik der Buchbinderarbeit uns voran — ein Ansporn für unsere heimischen Kräfte, nachzueifern und die Scharten wieder wett zu machen.

● Mr. **Henry Blackwell** wird im „Art Amateur" als Besitzer einer besonders schönen, etwa 3000 Stück umfassenden Bücherzeichen-Sammlung und einer Bibliothek der gesammten bisher erschienenen Ex-libris-Litteratur genannt.

● Unser Mitglied, Herr Pfarrer L. Gerster zu Kappelen, ein eifriger Freund unseres Vereins-Organs, schreibt u. A.: „Ich glaube nun doch unter allen Schweizern die grösste Sammlung zu besitzen und habe solche in der kurzen Zeit von $^3/_4$ Jahren zusammengebracht." In einer verhältnissmässig nur kurzen Zeit in den Besitz einer so bedeutenden Sammlung zu kommen, zeugt von nicht geringem Bemühen und Glück im Sammeln. Hoffentlich werden wir über des Herrn Pfarrers Sammlung manches Interessante in den Spalten unseres Blattes gelegentlich berichten können.

● Unsere verehrten Gönner und Freunde die Herren Direktor Boesch in Nürnberg, Excellenz von Eisenhart in München, Geheimrath Friedrich Warnecke in Berlin, H. Ed. Stiebel in Frankfurt a. Main, George Pflümer in Hameln, und Pfarrer Gerster in Kappelen haben der vorliegenden Nummer wieder bereitwilligste Förderung zu theil werden lassen, so dass wir den vierten Jahrgang der Ex-libris-Zeitschrift in der bisherigen sorgfältigen Ausstattung abschliessen können. In der Hoffnung auf weitere bereitwillige Unterstützung unserer stets bewährten Mitarbeiter und der treuen Ex-libris-Gemeinde werden wir vertrauensvoll den neuen, fünften Jahrgang vorbereiten.

Tauschverkehr.

Zum Austausch seines eigenen Bücherzeichens gegen diejenigen von anderen Mitgliedern des Ex-libris-Vereins ist bereit:

Herr F. G. Waller, Amsterdam, 43 Vondelpark.

Miss Edith A. Greene, 14 Royal Park, Clifton, Bristol (England), ersucht uns, an dieser Stelle mitzutheilen, dass sie, ausser anderen zum Austausch empfangenen Bücherzeichen, auch zwei Zusendungen erhalten hat, bei welchen die Absender ihre Namen nicht bekannt gegeben haben. Der Poststempel des einen Couverts lautet „Aarberg" der des anderen „Amsterdam." Falls die Absender ihre Adresse Miss Greene bekannt geben wollen, wird sie denselben gern Bücherzeichen in Austausch zugehen lassen.

Briefkasten.

Pfarrer G. in K. — F. G. W. in Amsterdam. — Major Ferdinand Graf von B. in B. — M. von W. in H. — H. A. in Paris. — G. O. in B. — Dr. med. S. in H. — H. Ed. M. in F. a. M. — J. S. in Strassburg. I. E. — Professor Ad. M. H. in D. — Professor E. D. d. J. in B. Vielen Dank für die der Vereinssammlung neuerdings gemachten Zuwendungen.

Dr. M. P. in Fr. a. M. Wir werden gern die von Ihnen in Aussicht gestellte Mittheilung über Abraham Jäger, dessen Ex-libris wir auf Seite 86 des vorigen Heftes abbildeten, zum Abdruck bringen, sobald wir von Ihnen das Manuskript erhalten.

Geh.-Rath Direktor Dr. L. in B. Mit aufrichtigem Dank nehmen wir Ihre freundliche Erlaubniss an, das betr. Bücherzeichen des Stablus, den bisher völlig unbekannten Dürer'schen Holzschnitt, im nächsten Hefte unserer Zeitschrift abbilden zu dürfen.

M. R. & Co. in B. — A. F. in B. — C. A. St. in G. — Dr. C. W. & N. in M. Die uns von Ihnen in Aussicht gestellten Musterdrucke werden wir gern unserer Zeitschrift jeweilig beiheften.

v. K. in G. Die uns eingesandten Blättchen sind mit Ausnahme von No. 34 (Parthey) und No. 37 (Schmidt) sämmtlich Buchdrucker-, nicht aber Bücherzeichen. Sie werden gewiss noch manchmal bei derartigen Käufen Lehrgeld zahlen müssen, aber nur nicht gleich die Lust verloren.

Dr. K. in N. Wir können Ihrem Verlangen, die Ex-libris-Sammlung des Vereins nach dort zur Besichtigung zu übersenden, nicht nachkommen. Falls Sie bei Ihrer Anwesenheit in Berlin im nächsten Frühjahr bei uns vorsprechen wollen, werden wir sie Ihnen gern vorlegen.

Inhaltsverzeichniss.

27. 28. u. 29. Sitzung des Ex-libris-Vereins. — J. Philipp von Stuffis. (Mit Abbildung.) — Bücherzeichen des Johann Cuspinianus (Spieszheimer) aus Schweinfurt. (Mit Beilage.) — Das Bücherzeichen des Sebastian Linck. (Mit Abbildung.) — Jakob Christoph Blarer von Wartensee. (Mit Beilage.) — Johannes Maximilian zum Jungen. (Mit Abbildung.) — Bücherzeichen der Mandel von Deutenhofen, (Mit Beilage.) — Die Bücherzeichen der schweizerischen Familie Perroman (Trarman.) (Mit Abbildung.) — Bücherzeichen der Bibliotheca Gottlobiana. (Mit Abbildung.) Dr. med. Christoph Salomon Schinz in Zürich. (Mit Abbildung.) — Ein französisches Ex-libris von 1779. (Mit Beilage.) — Das Bücherzeichen George Pflümer's. (Mit Beilage.) — Geliehene Bücher. — Neue Ex-libris-Litteratur. — Bücherzeichen des Theologen Sebastian Fridlin. (Abbildung.) —

Redaktionelle Mittheilungen. — Briefkasten. —

Mit 5 Beilagen.

Verantwortlicher Herausgeber: **Wolfgang Mecklenburg**, Berlin S. W., Dessauerstrasse 2.
Selbst-Verlag des „Ex-libris-Vereins" zu Berlin.
Druck und auftragsweiser Verlag von **C. A. Starke**, Königl. Hofl., Görlitz, Salomonstr. 30, a. d. Berlnerstr.

Probeblätter.

Den Lesern der Ex-libris-Zeitschrift als

MUSTER

bei der Auswahl graphischer Verfahren für bibliophile Zwecke

gewidmet von den nachbenannten Kunstanstalten:

A

C. A. Starke, Königl. Hoflieferant, **Görlitz**,
Lithographisches Verfahren (Gravir-Manier.)

B

Actiengesellschaft
für Buntpapier und Leimfabrikation zu Aschaffenburg,
Muster von Vorsatzpapier.

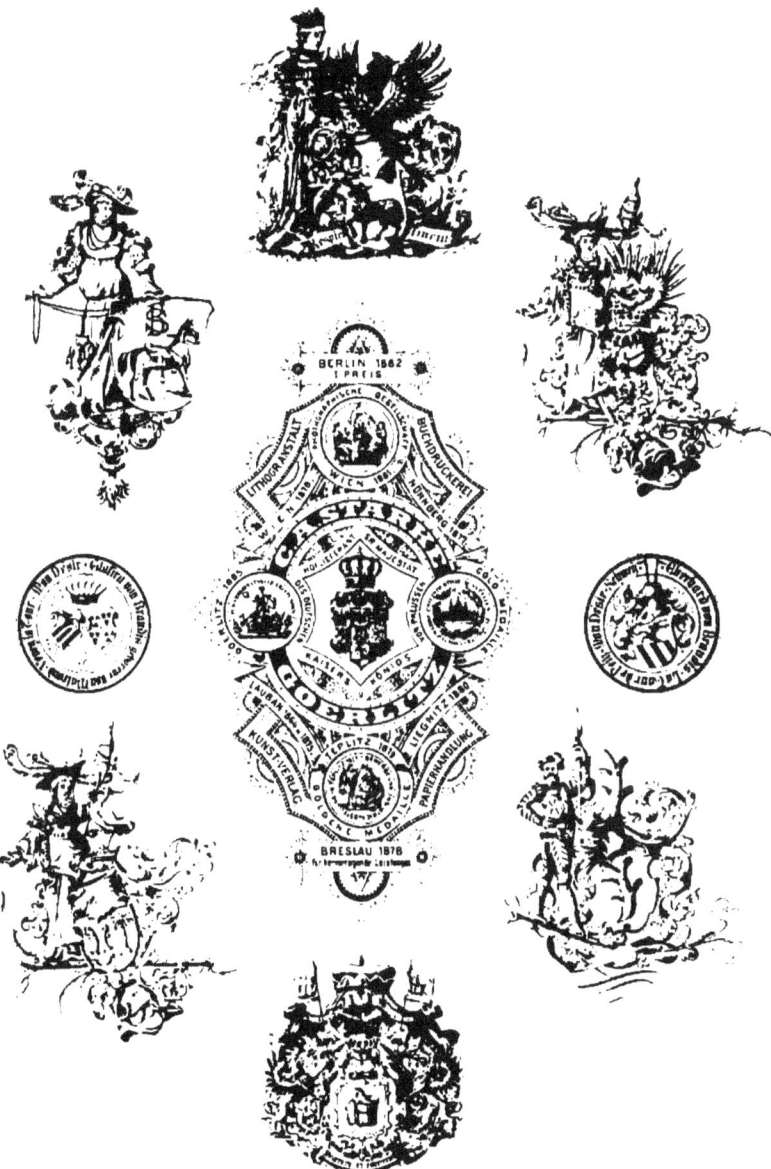

Anzeigen-Beilage

zur Zeitschrift für
Bücherzeichen   Bibliothekenkunde und Gelehrtengeschichte.

Anzeigengebühr: Die einmal gespaltene Petitzeile 40 Pf., ¹/₁ Seite 10 Mk., ¹/₂ Seite 16 Mk., ¹/₄ Seite 25 Mk. — Beilagen nach Uebereinkunft.
Anzeigen-Annahme durch die Expedition dieses Blattes: C. A. Starke, Kgl. Hofl., Görlitz, Salomonstr. 39.

IV.   Berlin, im Oktober 1894.   No. 4.

Empfehlenswerthe buchgewerbliche Firmen,
welche auch bei der technischen Herstellung der **Ex-libris-Zeitschrift** beschäftigt wurden.

Dr. E. Albert & Co.
in München.
Lichtdrucke.

C. A. Starke Königl. Hofl.
Görlitz, 39 Salomonstrasse.
Photographische Druckerei, Lithogr. Anstalt,
Stein- und Buchdruckerei.

O. Felsing
in Berlin S.-W., Schöneberger-strasse 8.
Kupferdruckerei.

A. Wetterroth,
München.
Kupferdruckerei.

Albert Frisch
in Berlin W., Lützowstrasse 66.
Lichtdruck. Zinkätzung.

Dr. C. Wolf & Sohn
Kgl. Hof- und Universitäts-buchdruckerei
und lithographische Kunstanstalt
in München, Jungfernthurmstrasse 2.
Licht-, Stein- und Buchdruck.

Wilhelm Greve
in Berlin S.-W., Ritterstrasse 50.
Lichtdrucke.

Just published:

Hildebrandt, Ad. M., Heraldic book-plates.
  25 Ex-libris. Volume II.   . 4 —

Fischer & Dr. Bröckelmann
in Berlin S.-W., Potsdamerstrasse 110.
Zinkätzung (Clichés).

Kissel, Clemens, Symbolical book-plates.
  (25 Ex-libris) . . . . 4/—

Clemens Kissel
in Mainz, Zanggasse 13.
Zinkätzung (Clichés.)

Otto, George, A score of book-plates 4/-

Warnecke, Fr., Rare old book-plates of the
  XVth and XVIth centuries. 5 volumes
  £ 1. 5. 0.

Meisenbach Riffarth & Co.
Schöneberg-Berlin, Hauptstrasse 7a
und München, Dessauerstrasse 15.
Zinkätzung (Clichés) — Heliogravure.

H. Grevel & Co.
Publishers, 33 King-Street, Covent-Garden,
London W. C.

www.ingramcontent.com/pod-product-compliance
Lightning Source LLC
Chambersburg PA
CBHW031445160426
43195CB00010BB/855